本书受到国家自然科学基金青年科学项目（项目批准号：71702157）、教育部人文社会科学研究青年基金项目（项目批准号：19YJC630106）资助。

角色资源跨界增益的实现路径与模型研究

Role Resources Cross Domain Enrichment:
Path and Model

袁梦莎　刘小浪　著

中国社会科学出版社

图书在版编目（CIP）数据

角色资源跨界增益的实现路径与模型研究/袁梦莎，刘小浪著.—北京：中国社会科学出版社，2023.9
ISBN 978-7-5227-2554-3

Ⅰ.①角… Ⅱ.①袁… ②刘… Ⅲ.①家庭社会学—研究 Ⅳ.①C913.11

中国国家版本馆 CIP 数据核字（2023）第165968号

出 版 人	赵剑英
责任编辑	王 衡
责任校对	王 森
责任印制	王 超

出 版	中国社会斜学出版社
社 址	北京鼓楼西大街甲158号
邮 编	100720
网 址	http://www.csspw.cn
发 行 部	010-84083685
门 市 部	010-84029450
经 销	新华书店及其他书店

印 刷	北京明恒达印务有限公司
装 订	廊坊市广阳区广增装订厂
版 次	2023年9月第1版
印 次	2023年9月第1次印刷

开 本	710×1000 1/16
印 张	19.5
插 页	2
字 数	244千字
定 价	99.00元

凡购买中国社会科学出版社图书，如有质量问题请与本社营销中心联系调换
电话：010-84083683
版权所有　侵权必究

序　言

最开始了解到工作家庭关系研究时，我其实并不感兴趣，因为早期工作家庭关系的研究主要立足工作—家庭冲突的视角。基于资源稀缺假说，学者们主要关注员工身兼工作和家庭双重角色导致的一系列消极矛盾，认为多重角色的参与会带来角色的冲突和压力。但生活中我却发现部分员工其实非常享受自己的工作和家庭生活，这让当时的我充满了好奇。在接触积极心理学后，我更加坚信工作与家庭之间存在正向的互动，很庆幸我读到了工作—家庭增益的那篇论文，到现在我都记得那个下午的欣喜若狂，也仍然保留着泛黄的打印版。工作—家庭增益侧重于从个体层面和正向迁移的积极贡献视角，强调角色资源的跨界渗溢有助提升个体参与另一角色领域表现和生活品质的程度，是个体在某一角色参与中所收获的角色资源的跨界应用。近些年，学者们基于工作—家庭双路径模型、"资源—获取—发展"观点模型、工作—家庭资源模型等开展了大量的实证研究，但略显遗憾的是，仅有少量学者尝试在工作—家庭增益的理论研究中加以突破。

本书立足现有研究，重点关注工作家庭间多重角色参与的关系互动本质，力图从心理层面厘清和加深对角色资源跨界增益实现过程的本质理解。首先，从"互惠"交换的理论视角，构建了角色资源累积与动态循环模型、工作—家庭角色资源跨界增益的路径模型。其次，立足中国文化情境开展工作家庭关系的质性研究，构建了工作家庭冲突/增益的资源耗损与获取路径模型。最后，在理论模型的基础上，进一步实证检验了支持性角色资源（组织支持感和家庭支持型主管行为）跨界增益与扩散的作用机理。本书以全新的理论视角解析了工作家庭之间的互动过程，适合管理者从"增益"的视角理解和推动员工工作家庭关系的良性互动体验，这不仅有利于企业自身利益也有利于员工工作生活品质的提高。

本书是国家自然科学基金青年项目"角色资源跨界增益的实现路径与模型研究"（项目批准号：71702157）和教育部人文社会科学青年项目"关系型人力资源管理实践结构及其效用：基于关系认同的追踪研究"（项目批准号：19YJC630106）资助成果。在撰写本书的过程中，我和大家一样需要平衡工作角色和家庭角色。高校教师虽然工作压力大，但工作自主性很强，工作环境的家庭支持型氛围较浓厚，这有助我更好地扮演家庭角色。同时，项目和本书研究的顺利开展也离不开家人的支持，我和受访者一样在家庭中感受到了丈夫和父母对我工作的理解，正因为他们的协助，才让我在工作中收获了积极的体验。

本书由袁梦莎总体设计统稿，刘小浪（广东工业大学）、徐姗（西南财经大学）、张征（山西财经大学）参与了部分章节的编著和内容指导。熊雪薇、张小敏和卞艳艳等同学参与了本书的整理和文字校对工作。研究数据采集阶段，感谢韩施施夫妇等全体受访家庭对本书研究的大力支持。也特别感谢国家自然科学基金委员会对青年学者的理解和信任，我们在这一过程中收获了新的成长，结识了新的研究伙伴，也积累了宝贵的科研经验，感受到了创新知识带来的快乐和满足。最后，愿我们都能拥有幸福美好的人生！

袁梦莎

2023 年 6 月 1 日

目　录

第一章　绪论 ·· 1
　一　研究背景 ·· 1
　二　研究意义 ·· 5
　三　研究内容与目标 ·· 10
　四　研究思路 ··· 13
　五　本书的章节内容概述 ··· 15

第二章　相关文献回顾与发展动态分析 ······················· 18
　一　工作—家庭增益的内涵与测量 ································ 19
　二　工作—家庭增益的理论基础 ··································· 25
　三　工作—家庭增益的理论模型研究综述 ······················ 37
　四　工作—家庭增益的实证研究综述 ····························· 52
　五　本章小结 ··· 72

第三章　角色资源累积与动态循环的理论模型研究 ······· 78
　一　特定角色领域资源累积与动态循环 ························· 79

二　跨角色领域资源累积与动态循环 …………………………… 88
　　三　角色资源累积与动态循环模型提出 ………………………… 93
　　四　本章小结 ……………………………………………………… 96

第四章　工作—家庭角色资源跨界增益的路径模型研究 ………… 100
　　一　角色资源跨界增益的逻辑主线 ……………………………… 101
　　二　个体/角色边界特征对增益发生的限定影响 ……………… 113
　　三　角色资源与边界特征匹配下的跨界增益 …………………… 118
　　四　工作—家庭角色资源跨界增益的路径模型提出 …………… 128
　　五　本章小结 ……………………………………………………… 130

第五章　中国文化情境下工作—家庭关系的质性研究 ……………… 135
　　一　中国文化情境的差异性 ……………………………………… 136
　　二　质性研究方法与数据 ………………………………………… 140
　　三　范畴的提炼与模型构建 ……………………………………… 145
　　四　模型阐释与研究发现 ………………………………………… 161
　　五　结论与管理政策建议 ………………………………………… 181
　　六　本章小结 ……………………………………………………… 188

第六章　组织支持感跨界增益与扩散的实证研究 …………………… 191
　　一　组织支持感跨界增益的理论与研究假设 …………………… 193
　　二　组织支持感跨界增益的研究设计 …………………………… 204
　　三　组织支持感跨界增益的数据分析与结果 …………………… 214
　　四　组织支持感跨界增益实证研究结论与展望 ………………… 231
　　五　本章小结 ……………………………………………………… 238

第七章 家庭支持型主管行为跨界增益与扩散的实证研究 ……… 240
  一 家庭支持型主管行为跨界增益的理论与研究假设 ……… 242
  二 家庭支持型主管行为跨界增益的研究设计 ……………… 250
  三 家庭支持型主管行为跨界增益的数据分析与结果 ……… 259
  四 家庭支持型主管行为跨界增益实证研究结论与展望 …… 267
  五 本章小结 ……………………………………………………… 274

附　录　半结构化访谈提纲 ………………………………………… 276

参考文献 ……………………………………………………………… 279

第一章 绪论

一 研究背景

现如今,随着时代的进步,科学技术的发展呈现出新的社会趋势,如传统性别角色、家庭模式、工作家庭边界等方面的新变化。这些新的变化趋势,让工作家庭界面关系的研究变得更加迫切而有趣。接下来,本节将详细谈论这些新的变化。

(一)传统性别角色的变化

中国是一个具有几千年农耕文明和儒家文化传统的国家,传统性别角色分工中强调"男主外女主内""男耕女织"等,女性的社会性别角色定位中强调"贤妻良母""相夫教子"等,这对于性别分工模式具有广泛而深远的影响。[①] 传统性别角色认为,男性主要承担的是"养家糊口"的工作角色,女性主要承担的是"操持家务"的家庭角色。随着时代的进步,传统性别角色逐渐模糊化。自改革开放以来,

---

① 卿石松:《性别角色观念、家庭责任与劳动参与模式研究》,《社会科学》2017年第11期。

中国女性受教育水平大大提高，妇女的社会经济地位显著提升，男女两性之间的收入差距大大缩小。① 妇女的受教育程度也被认为是就业的先决条件。《中国人口与就业统计年鉴2022》数据显示，中国男性就业人员大专及以上受教育程度占22.2%。女性就业人员大专及以上受教育程度占24.2%。公平就业环境下，女性也步入职场、政坛等领域，呈现出"巾帼不让须眉""妇女能顶半边天"等新时代风采，中国女性自我意识逐渐觉醒，也越来越渴望创造个人价值。在世界范围内，大多数高收入国家和许多低收入国家的大学毕业生中女性数量多于男性。② 这些趋势充分显示传统"男主外女主内"的性别角色观念正发生改变，性别平等化趋势明显。传统性别角色观念对男性劳动参与没有影响，却会束缚和抑制女性的劳动参与行为，现代平等的性别角色观念有助于女性的职业发展。

与此同时，现代社会的职场男性对平衡工作家庭生活也表现出极大的兴趣，突破了传统男性的角色定位。2016年1月1日起全面实施"一对夫妇可生育两个孩子"政策，与此同时，计划生育下的独生子女群体已经陆续结婚生子。"双独"在职夫妻可能面临赡养四位老人和养育两个小孩的情况，双职工家庭面临经济压力和照料压力。女性分担家庭经济压力的同时也需要男性更好地参与家庭照料，双亲育儿。可见男女职工均需要承担赡养老人和照顾子女的家庭责任。现如今部分公司也开始为年轻职员提供慷慨的育儿假和"家庭友好"福利，以吸引和留住青年人才。可见，传统性别角色变得越来越模糊，男女职员

---

① 卿石松：《中国性别收入差距的社会文化根源——基于性别角色观念的经验分析》，《社会学研究》2019年第1期。

② Becker, G. S., Hubbard, W. H. J., Murphy, K. M., "Explaining the Worldwide Boom in Higher Education of Women", *Journal of Human Capital*, 2010, 4 (3): 203-241; van Bavel, J., Schwartz, C. R., Esteve, A., "The Reversal of the Gender Gap in Education and Its Consequences for Family Life", *Annual Review of Sociology*, 2018, 44: 341-360.

都必须直面多重角色参与的挑战。学界和实务界需要重视员工工作与家庭间积极关系的管理，促发工作和家庭间的良性互动。

（二）家庭模式的变化

由于传统性别角色的转变，男女两性的社会地位逐渐平等化。女性广泛参与经济社会发展，实现自我价值，与丈夫共同分担家庭经济压力。夫妻双方共同在职场打拼，并共同抚育孩子和赡养老人，这些趋势使得双职工家庭逐渐增多，成为中国社会最普遍的家庭结构模式。《第四期中国妇女社会地位调查》数据显示，女性在业比例保持较高水平，18—64 岁的在业者中，女性占 43.5%，男性占 56.5%。性别平等观念强，95.4% 的被试认同"有一份有收入的工作对女人很重要"，58.3% 的女性不赞同"男人应该以社会为主，女人应该以家庭为主"。女性在家庭建设中发挥重要作用，平等和谐成为家庭生活的主流，但女性家务劳动负担仍然较重。其中，女性在照料家庭成员和做饭、清洁、日常采购等家务劳动方面花费的时间约为男性的两倍。0—17 岁孩子的日常生活照料、辅导作业和接送主要由母亲承担的分别占 76.1%、67.5% 和 63.6%。并且，减轻女性家庭照料负担的公共服务支持不足。3 岁以下孩子白天主要由托幼机构照料的仅占 2.7%，由母亲照料的占 63.7%。在中国家庭中，重大事务决策由夫妻共同协商的占八成，如"生育决策"由夫妻共同商量的占 91.1%，在"投资/贷款"和"买房/盖房"上，妻子参与决策的占比分别为 89.5% 和 90.0%。这份调查数据呈现了中国现阶段家庭模式的特点。虽然女性在职场中的参与度和受教育水平明显提高，女性的社会地位、家庭地位显著提高，参与家庭重大事务的决策，但实际的家务劳动、照料孩子等家庭事务仍然主要由女性承担。这些中国家庭的现状和新变化趋势，使得更多的员工需要平衡多重角色，其中女性尤为明显。

此外，《中国人口与就业统计年鉴 2022》数据显示，2021 年中国人口出生率降至 7.52‰，全国育龄妇女的生育率为 31.27‰。如今女性生育推迟、人们的预期寿命增加、人口老龄化加剧等趋势，使越来越多的员工将在更长的生命和职业周期里面临抚育年幼孩子和赡养年迈父母的双重角色需求，延长了工作—家庭界面关系管理的持续时间。

（三）工作—家庭边界的变化

移动互联时代呈现出工作域和家庭域的边界模糊化、角色转换多样化、跨界意愿扩大化等新特点。[①] 边界模糊不仅体现为物理边界的模糊化，也体现为时间边界的模糊化。随着科技的进步，移动互联网时代远程办公成为可能，微信、钉钉等即时聊天和办公软件的出现，也让工作域和家庭域之间的角色转换变得越来越频繁。上一秒你可能在家庭群聊天，下一秒你可能在工作群里回复信息。在物理空间上，即使你身处家庭域，也会因为主管或者同事的电话瞬间进入工作状态。即使你身处工作域，也可以通过聊天软件与家人讨论周末的安排。工作和生活之间的边界在时空、心理上变得越来越模糊。我们有意识或无意识地在一天中多频次地转换我们的工作和家庭角色。可见，智能手机等让工作侵入生活变得容易，这些技术也为员工提供了随时随地投入工作的机会和可能，使工作和生活之间的边界更加模糊。[②] 因此，在员工工作和个人生活之间建立清晰而满意的界限变得非常困难。

[①] 林忠、鞠蕾、陈丽：《工作—家庭冲突研究与中国议题：视角、内容和设计》，《管理世界》2013 年第 9 期。

[②] Allen, T. D., Cho, E., Meier, L. L., "Work-Family Boundary Dynamics", *The Annual Review of Organizational Psychology and Organizational Behavior*, 2014, 1 (1): 99-121.

这些新的趋势和现象的出现让工作域和家庭域之间渗透性更加明显。我们会在非工作时间查阅和回复工作信息，会在家里进行远程办公等，这些都增加了员工在工作和家庭角色之间转换的次数，并扩大了边界域模糊化的范围。个人的工作与家庭生活相互交织和影响，工作与家庭之间积极关系的研究，也需要深刻去认识个人如何在工作和家庭之间划分域的边界，如何在工作域和家庭域之间转换，在工作与家庭边界的差异化特征下员工如何实现工作与家庭生活的平衡。

二 研究意义

(一) 理论意义

基于资源稀缺假说，过往一部分工作家庭界面（Work-Family Interface）的研究主要立足于工作家庭关系的冲突视角（工作家庭冲突、角色冲突等)[1]，学者们主要关注员工身兼工作和家庭双重角色带来的一系列消极矛盾。然而，工作家庭角色关系并非只有冲突关系的存在，一部分学者开始关注多重角色参与带来的互利。[2] 基于角色增强假说[3]，学者们开始从全新视角研究工作与家庭之间的相互促进关系，试图揭示工作与家庭角色间正向互动的本质，以拓展传统工作家庭界面研究的层次和水平。自工作—家庭增益提出以后，学者们基于工作—家庭

---

[1] Barnett, R. C., "Toward a Review and Reconceptualization of the Work/Family Literature", *Genetic Social and General Psychology Monographs*, 1998, 124 (2): 125–184.

[2] Grzywacz, J. G., Marks, N. F., "Reconceptualizing the Work-Family Interface: An Ecological Perspective on the Correlates of Positive and Negative Spillover Between Work and Family", *Journal of Occupational Health Psychology*, 2000, 5 (1): 111–126.

[3] Sieber, S. D., "Toward a Theory of Role Accumulation", *American Sociological Review*, 1974, 39 (4): 567–578.

增益双路径（工具性路径和情感性路径）模型①、"资源—获取—发展"观点模型②、工作—家庭资源模型③等开展了大量的实证研究，但略显遗憾的是，仅有少量学者尝试在工作—家庭增益的理论研究中加以突破。过去由于性别角色、家庭结构、工作和职业性质的改变，关于工作与家庭界面的研究激增，但工作—家庭理论研究并没有紧跟时代的变化。④

现有研究已经向我们证实角色资源的生成和获取是工作—家庭增益的前提和增益过程的关键性驱动因素，而工作—家庭增益也会有利于对角色领域的评价，似乎隐藏着"角色资源获取—工作家庭增益—角色评价"的逻辑主线。但问题在于，角色资源在特定角色领域和跨角色领域是如何累积和动态循环的，角色资源累积与跨界增益之间是静态的还是动态的关系，工作家庭角色资源跨界增益的实现路径有哪些，工作—家庭边界特征如何与角色资源匹配以实现工作家庭间的跨界增益，中国文化情境下工作—家庭关系模型又会存在哪些特殊之处。这些问题留给本书足够的思考空间，本书第三章至第五章理论模型研究力图回答和解释上述理论问题，基于社会交换理论和边界理论力图从心理层面厘清和加深对角色资源跨界增益实现过程的本质理解，旨在提出三个重要的理论模型。

---

① Greenhaus, J. H., Powell, G. N., "When Work and Family are Allies: A Theory of Work-Family Enrichment", *Academy of Management Review*, 2006, 31 (1): 72-92.

② Wayne, J. H., Grzywacz, J. G., Carlson, D. S., et al., "Work-Family Facilitation: A Theoretical Explanation and Model of Primary Antecedents and Consequences", *Human Resource Management Review*, 2007, 17 (1): 63-76.

③ ten Brummelhuis, L. L., Bakker, A. B., "A Resource Perspective on the Work-Home Interface: The Work-Home Resources Model", *American Psychologist*, 2012, 67 (7): 545-556.

④ Powell, G. N., Greenhaus, J. H., Allen, T. D., et al., "Introduction to Special Topic Forum: Advancing and Expanding Work-Life Theory from Multiple Perspectives", *Academy of Management Review*, 2019, 44 (1): 54-71.

第一，角色资源累积与动态循环的理论模型，探讨特定角色领域角色资源的累积与动态循环过程，以及跨角色领域中角色资源的累积与动态循环过程。

第二，工作—家庭角色资源跨界增益的路径模型，探讨角色资源跨界增益的逻辑主线，及个体特征、边界特征的限定影响；角色资源与边界特征匹配下的跨界增益，探讨角色资源匹配不同工作家庭边界特征的组合，以实现工作—家庭增益。

第三，中国文化情境下工作—家庭冲突/增益的资源耗损与获取路径模型，探讨中国文化情境下，角色资源获取/耗损下的工作—家庭关系的动态变化。旨在响应基于不同文化情境探寻工作—家庭关系理论模型的呼吁。

而角色资源获取依赖于工作、组织和家庭环境，包括工作自身资源、组织环境资源和家庭环境资源。组织环境资源分为能量资源、支持性资源、条件资源。[1] 现有实证研究中，从组织支持资源角度更多强调了组织对家庭方面的支持政策（社会支持、工作—家庭平衡政策、家庭友好型政策实践、家庭友好型工作文化、同事/主管支持、家庭支持型主管行为等）对工作—家庭增益的积极影响。[2] 但工作—家庭边界

---

[1] Wayne, J. H., Grzywacz, J. G., Carlson, D. S., et al., "Work – Family Facilitation: A Theoretical Explanation and Model of Primary Antecedents and Consequences", *Human Resource Management Review*, 2007, 17 (1): 63 – 76.

[2] Baral, R., Bhargava, S., "Predictors of Work – Family Enrichment: Moderating Effect of Core Self – Evaluations", *Journal of Indian Business Research*, 2011, 3 (4): 220 – 243; Mauno, S., Rantanen, M., "Contextual and Dispositional Coping Resources as Predictors of Work – Family Conflict and Enrichment: Which of These Resources or Their Combinations are The Most Beneficial?", *Journal of Family and Economic Issues*, 2013, 34 (1): 87 – 104; Lapierre L. M., Li Y., Kwan H. K., et al., "A Meta – Analysis of the Antecedents of Work – Family Enrichment", *Journal of Organizational Behavior*, 2018, 39 (4): 385 – 401; Russo M., Buonocore F., Carmeli A., et al., "When Family Supportive Supervisors Meet Employees' Need for Caring: Implications for Work – Family Enrichment and Thriving", *Journal of Management*, 2018, 44 (4): 1678 – 1702.

特征对家庭支持型资源跨界增益的限定影响的相关研究还亟待进一步完善。组织支持环境本身的差异及其资源与个体期望适配度的差异，将会引发同一组织环境中互换的差异，形成差异化的感知。有必要进一步拓展组织支持资源的类型，探寻组织支持资源跨界增益的作用机理。

基于此，本书第六章和第七章的实证研究在结合角色资源跨界增益的理论研究的基础上，关注两个重要的组织支持资源，即组织支持感和家庭支持型主管行为。力图基于社会交换理论从资源"互惠交换"的角度探索组织支持感跨界增益与扩散的作用机理，分析组织支持感跨界增益发生背后蕴藏的心理中介机制。主管作为组织的代言人，能促进家庭支持型组织文化的形成。[①] 基于社会交换理论和边界理论，进一步探索家庭支持型主管行为跨界增益与扩散的作用机理，从"跨界增益"的视角分析家庭支持型主管行为影响工作幸福感的作用机理，验证工作—家庭增益的中介作用和边界控制感的调节作用，旨在扩展跨界增益中支持型角色资源的外延和探寻影响机理。

（二）现实意义

国内正处于社会经济体制转型期，社会大环境的变化引发工作环境和家庭结构中新现象和趋势的产生。传统性别角色观点认为，男性应该把重心放在"养家糊口"的工作角色中，而女性应把重心放在家庭角色中，扮演好"家庭主妇"的角色。[②] 可见，传统性别观念为男性和女性的角色重心制定了规范：女性更适合扮演家庭角色，男性更

[①] Straub, C., "Antecedents and Organizational Consequences of Family Supportive Supervisor Behavior: A Multilevel Conceptual Framework for Research", *Human Resource Management Review*, 2012, 22 (1): 15 – 26.

[②] Eagly, A. H., Wood, W., "The Nature – Nurture Debates: 25 Years of Challenges in Understanding the Psychology of Gender", *Perspectives on Psychological Science*, 2013, 8 (3): 340 – 357.

适合扮演工作角色。同时，传统性别角色也为男性和女性设定了行为期望，认为女性更有可能表现出被家庭领域需要的特征（如同情、养育、对他人需求的敏感性），而男性更有可能表现出被工作领域需要的特征（如攻击性、果断性、独立性）。① 但如今传统男女性别角色逐渐模糊化，"男主外女主内"的传统观念开始发生转变。② 并且，双职工家庭日趋成为家庭结构的主流。现如今，公平的就业环境下，职场中女性职工数量不断增加，在应对职场激烈竞争的同时，男女职员均需要肩负起赡养父母和照顾子女的家庭责任，员工身兼多重角色已经成为普遍现象。③ 许多男性，特别是刚迈入职场的男性，正摒弃传统男性性别角色观念，表现出对平衡工作和家庭多重角色的浓厚兴趣。④ 部分员工群体年轻化程度高的企业也通过提供"育儿假"和"家庭友好型政策"来提升公司对年轻人的吸引力。在中国，计划生育政策产生的独生子女群体已经陆续成家立业，双独夫妻在承担父母赡养义务和子女教育上将迎来更大的挑战。⑤ 学界和实务界都必须直面工作家庭界面相关问题。

基于资源稀缺假说，传统工作家庭界面的干预政策大多是为了解决工作家庭双重角色给员工带来的冲突，冲突的避免和组织干预主要是为了保证员工在工作领域的积极表现。而工作—家庭增益的研究，为管理者们提供了一个新的工作家庭界面干预的视角，员工通过工作

---

① Powell, G. N., Greenhaus, J. H., "Sex, Gender, and Decisions at the Family-Work Interface", *Journal of Management*, 2010, 36 (4): 1011-1039.

② Hirschi, A., Shockley, K. M., Zacher, H., "Achieving Work-Family Balance: An Action Regulation Model", *Academy of Management Review*, 2019, 44 (1): 150-171.

③ Barnett, R. C., Hyde, J. S., "Women, Men, Work, and Family", *American Psychologist*, 2001, 56 (10): 781-796.

④ Powell, G. N., Greenhaus, J. H., Allen, T. D., et al., "Introduction to Special Topic Forum: Advancing and Expanding Work-Life Theory from Multiple Perspectives", *Academy of Management Review*, 2019, 44 (1): 54-71.

⑤ 高中华、赵晨:《工作家庭两不误为何这么难？基于工作—家庭边界理论的探讨》,《心理学报》2014年第4期。

角色获得的资源能够积极渗溢到家庭域，帮助提升员工在家庭角色中的表现。工作—家庭增益不仅有利于提高家庭界面的幸福感和满意度，而且能提高对组织的积极评估。① 冲突与增益的影响因素存在明显的差异，如非正式的组织支持（主管支持）比正式的组织家庭支持制度（弹性工时）更能预测工作—家庭增益。② 换言之，减缓工作家庭冲突并不意味着推动工作—家庭增益的发生。管理者需要从增益的视角理解和推动员工工作家庭关系的良性互动，这不仅有利于企业自身利益，也有利于员工工作生活品质的提高。可见，管理实践也需要我们明晰工作家庭跨界良性互动的本质，了解资源获取/耗损下的工作—家庭关系动态变化，探讨影响工作—家庭增益的因素、影响机理以及扩散作用，研究的结论将有利于组织管理者从正向互动的视角去理解工作家庭角色增益的互动本质和积极作用。本书为组织利用相应的支持性管理政策干预工作家庭界面关系提供实证和理论的依据，具有一定的实践价值。

三 研究内容与目标

（一）研究内容

国内外学者在 Greenhaus 和 Powell③ 提出的双路径（情感性路径和

---

① Wayne, J. H., Grzywacz, J. G., Carlson, D. S., et al., "Work – Family Facilitation: A Theoretical Explanation and Model of Primary Antecedents and Consequences", *Human Resource Management Review*, 2007, 17 (1): 63 – 76.

② Wayne, J. H., Randel, A. E., Stevens, J., "The Role of Identity and Work – Family Support in Work – Family Enrichment and Its Work – Related Consequences", *Journal of Vocational Behavior*, 2006, 69 (3): 445 – 461.

③ Greenhaus, J. H., Powell, G. N., "When Work and Family are Allies: A Theory of Work – Family Enrichment", *Academy of Management Review*, 2006, 31 (1): 72 – 92.

工具性路径）模型的基础上，开展了大量的实证研究，但略微遗憾的是，鲜有学者进行较为深入的理论探讨。目前，林忠等认为，已有的工作—家庭增益的模型已经不再适用于移动互联时代的工作家庭特征，在此基础上提出工作—家庭增益方格模型。① Powell 等也呼吁发展工作—家庭增益的新理论视角。② 本书同样认为，工作—家庭增益研究的理论探索值得重视，特别是对不同文化情境的考虑。而现有实证研究更多的是寻求个体依赖于工作、组织、家庭环境获取的哪些角色资源能够影响工作—家庭增益，忽视了角色资源在跨界增益中个体心理因素的重要作用，也忽视了个体工作—家庭边界这样一堵无形的"心理围墙"的影响。鉴于此，本书的研究内容主要包含以下四方面的内容。

第一，基于社会交换理论，从理论层面论证角色资源累积与动态循环关系，力图探索特定角色领域中资源累积与动态循环的关系，以及跨角色领域中资源累积与动态循环的关系，基于此提出角色资源累积与动态循环理论模型。

第二，从理论层面论证并构建角色资源跨界增益发生的路径模型。一方面，力图从个体心理感知和评估视角加深对角色资源跨界增益实现过程本质的理解。从"互惠交换"视角论证角色资源跨界增益的逻辑主线，并充分考虑情境因素和工作—家庭边界特征、个体特征对跨界增益路径的限定影响。另一方面，从理论层面论证角色资源与边界特征匹配下的跨界增益，力图对现有角色资源进行分类，并充分考虑工作—家庭边界特征的组合特性。基于此，探讨角色资源如何与实

---

① 林忠、孟德芳、鞠蕾：《工作—家庭增益方格模型构建研究》，《中国工业经济》2015 年第 4 期。
② Powell, G. N., Greenhaus, J. H., Allen, T. D., et al., "Introduction to Special Topic Forum: Advancing and Expanding Work - Life Theory from Multiple Perspectives", *Academy of Management Review*, 2019, 44 (1): 54 - 71.

际的工作—家庭边界组合特征匹配，以实现更高水平的工作—家庭增益。

第三，开展中国文化情境下的工作—家庭关系的质性研究。基于中国工作家庭文化情境力图回答两个主要的问题：一是中国情境下哪些因素会影响工作—家庭冲突/增益，二是这些因素是怎样影响工作—家庭冲突/增益的。借助扎根理论方法，抛开一切理论层面的预设，揭示资源获取/耗损下的工作—家庭关系动态变化过程，构建中国文化情境下工作—家庭冲突/增益的资源耗损与获取路径模型。

第四，在理论研究的基础上，进一步开展组织支持型角色资源跨界增益的实证研究，实证检验组织支持感跨界增益与扩散作用以及家庭支持型主管行为跨界增益与扩散作用。

（二）研究目标

现有学者普遍认可资源的获取是角色资源跨界增益的前提，本书认为工作—家庭增益也是角色资源累积循环的保障，力图论证与构建角色资源累积与工作—家庭增益之间的动态关系模型。在此基础上进一步深入解析角色资源是"如何"实现跨界增益的，以及角色资源"如何"与工作—家庭边界特征匹配以促进工作—家庭增益。基于中国文化情境，阐释资源获取/耗损下的工作—家庭关系的动态变化，并实证检验角色资源跨界增益的作用机理。具体研究目标包括以下两种。

第一，通过文献梳理，基于社会交换理论，论证角色资源跨界增益实现过程的一系列理论模型，从心理层面厘清和加深对工作家庭间正向互动的本质理解。基于中国文化情境，充分挖掘工作—家庭冲突/增益的资源获取与耗损路径，从资源的获取/耗损视角解析工作—家庭关系动态变化的本质。

第二,选取科学合理的研究方法,实证验证角色资源跨界增益的作用机理。本书将攻克以下具体问题:理论模型涉及的所有变量如何测量?实证研究如何设计?使用哪些具体方法检验模型?本书拟选取和借鉴成熟量表,运用问卷调查、深度访谈搜集数据。

四 研究思路

本书的整个研究遵循"观测工作家庭中的现象,提出研究问题→收集资料,文献综述→理论模型研究→角色资源跨界增益的实证研究→结果分析与总结→提出管理政策与建议"的研究思路。

第一,理论模型研究思路。对已有文献进行梳理归纳,重点梳理工作—家庭增益的内涵、工作—家庭增益的理论基础、工作—家庭增益的理论模型等,寻求现有理论模型研究的不足之处。全方位了解社会交换理论、边界理论的提出背景、应用范围和内容等,最终结合现有研究和社会交换理论提出本书所涉及的工作—家庭增益的理论模型。

第二,实证研究思路。实证研究的开展基于对工作家庭的现象观察,对已有文献进行梳理和归纳。基于此,发现现有研究的不足及亟待深入研究的地方。依据社会交换理论构建组织支持感跨界增益与扩散的机理模型,基于社会交换理论和边界理论构建家庭支持型主管行为跨界增益与扩散的机理模型。

第三,提出管理对策的思路。首先,根据理论研究和实证研究结论,初步从理论研究的视角提出促进员工工作—家庭关系管理的对策。其次,通过与在职员工访谈,从员工的视角了解中国组织情境中,组织、员工、家庭之间的互动现状特征、关系状态等。最后,结合理论研究和实证研究结论以及实际访谈结果综合提出推动员工工作家庭关系管理的对策建议。考虑管理对策的针对性，本书根据每个章节的研究结论分别给出对应的工作—家庭关系管理的对策建议。

本书的具体研究思路如图1-1所示。

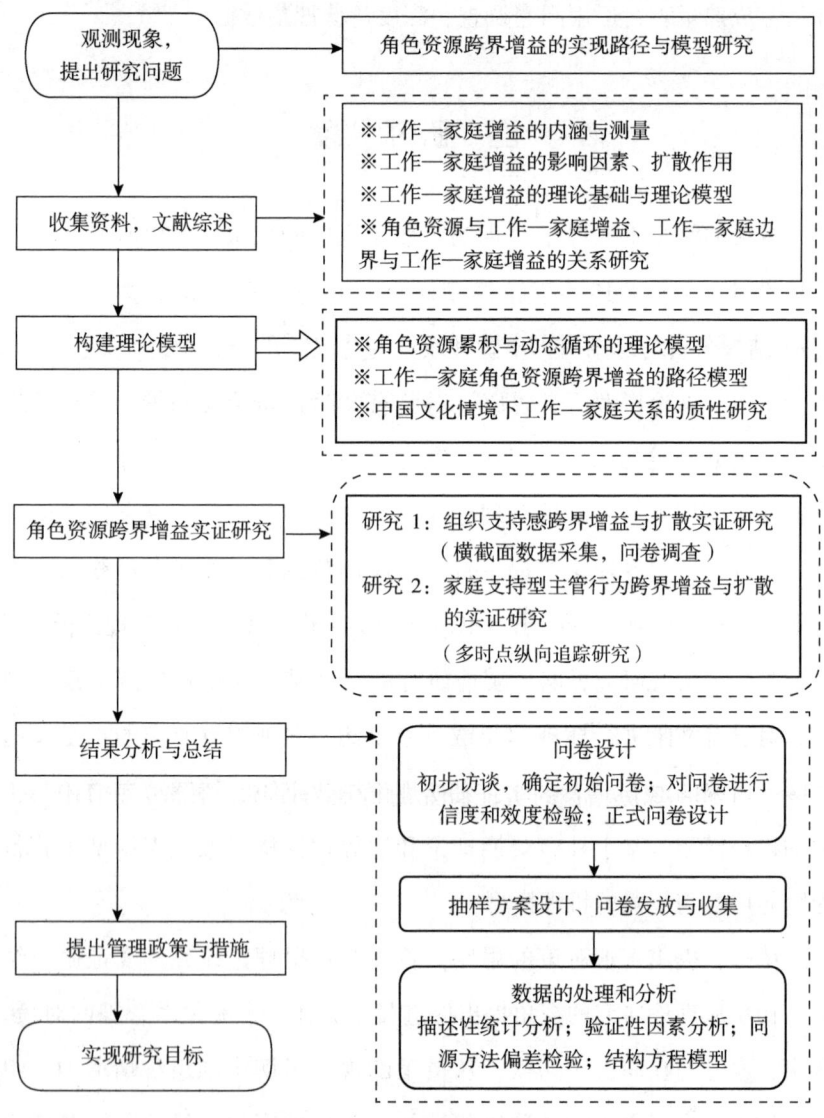

图1-1 本书的具体研究思路

五　本书的章节内容概述

第一章，绪论。本章通过对现有文献的简要概括，结合现实背景提出研究关注的主要问题。结合现有的理论和实证研究成果，分析研究的理论意义和实践意义，阐明本书具体的研究内容和研究目标。在此基础上归纳研究思路。

第二章，相关文献回顾与发展动态分析。本章旨在对相关的文献进行回顾、梳理和评析，以洞察现有相关研究领域的最新动态，寻求已有研究的不足之处，发现亟待进一步探索的研究突破口。主体内容主要包含以下几部分。第一部分，工作—家庭增益的内涵与测量。主要关注工作—家庭增益的内涵及其与相关概念的辨析，工作—家庭增益的测量工具。第二部分，工作—家庭增益的理论基础。主要关注角色积累理论、资源保存理论、工作—家庭边界理论、社会交换理论的梳理和评述。第三部分，工作—家庭增益的理论模型的评述。主要关注工作—家庭增益的双路径模型、"资源—获取—发展"观点模型、工作—家庭资源模型、工作—家庭增益的方格模型的梳理和评述。第四部分，工作—家庭增益的实证研究的梳理与评述。主要关注工作—家庭增益的影响因素、工作—家庭增益的扩散作用、工作—家庭增益的作用机理研究、工作—家庭边界与工作—家庭增益研究、工作—家庭增益的跨文化情境与配对研究的梳理和评述。

第三章，角色资源累积与动态循环的理论模型研究。本章主要包含以下内容。第一部分，特定角色领域资源累积与动态循环研究。主要关注特定角色领域中，角色投入与角色资源积累、角色资源积累与角色评估以及角色评估与角色再投入之间的关系。第二部分，跨角色领域资源累积与动态循环研究。主要论证角色资源获取是跨界增益的基本前提，工作—家庭增益是角色资源累积的持续保障，工作—家庭增益与角色资源领域评估之间的关系。基于以上分析论证提出角色资源累积与动态循环的理论模型。

第四章，工作—家庭角色资源跨界增益的路径模型研究。本章在内容安排上主要包含以下内容。第一部分，主要关注角色资源跨界增益的逻辑主线。在总结过往理论模型中的角色资源与路径基础上，提出社会交换视域下的角色资源与分类。论证角色情境资源引发个体资源的改变，个体资源促发工作—家庭增益。第二部分，个体与角色边界特征因素的限定影响。进一步分析性别差异对逻辑主线成立带来的限定影响，以及工作—家庭边界特征的限定影响。第三部分，角色资源与边界特征匹配下的跨界增益。关注边界弹性与边界渗透性的二维组合形态，以及角色资源与"边界弹性—渗透性"组合特征的匹配；边界弹性意愿与边界弹性能力的二维组合形态，以及角色资源与"边界弹性意愿—能力"组合特征的匹配。最后，提出工作—家庭间角色资源跨界增益的路径模型。

第五章，中国文化情境下工作—家庭关系的质性研究。本章主要包含四部分内容。第一部分，中国文化情境的差异性。重点分析中国传统文化和人口生育政策。第二部分，质性研究方法与数据。分析质性研究的数据来源、数据采集的过程和具体采用的程序化扎根理论方法。第三部分，范畴的提炼和模型的构建。通过开放式编码、主轴编码和选择性编码构建理论模型。第四部分，模型阐释和研究发现。重点阐述工作支持资源、自身资源的获取，工作需求扩张，家庭支持资源获取和家庭角色压力，心理资源的获取与耗损过程。第五部分，综合研究结论提出中国文化情境下工作家庭关系管理的对策建议。

第六章，组织支持感跨界增益与扩散的实证研究。本章主要包含四部分内容。第一部分，组织支持感跨界增益的理论与研究假设。依据相关理论基础，论证研究假设。第二部分，研究设计。包括对研究涉及变量的操作性定义和测量工具的选取，确定主要研究方法和步骤，研究正式样本数据的收集，调研对象的选取，确定抽样的方式和过程，问卷发放、回收与筛选。第三部分，数据分析与结果。包括人口统计特征的方差分析，检验共同方法偏差，主变量的相关系数与中介效应的检验。第四部分，阐述研究结论及其对管理实践的启示，分析研究的局限与未来研究展望。

第七章，家庭支持型主管行为跨界增益与扩散的实证研究。本章主要包含四部分内容。第一部分，家庭支持型主管行为跨界增益的理论与研究假设。依据相关理论，论证研究假设。第二部分，研究设计。包括对研究涉及变量的操作性定义和测量工具的选取，确定主要研究方法和步骤，多时点纵向追踪数据的收集，调研对象的选取，确定抽样的方式和过程，问卷的发放、回收与筛选。第三部分，结果分析。检验共同方法偏差，主变量的相关系数、中介效应和调节效应的检验。第四部分，阐述研究结论及其对管理实践的启示，分析研究的局限与未来研究展望。

第二章　相关文献回顾与发展动态分析

　　根据研究的主要内容和目的，本章将回顾以往相关文献，主要包括以下几方面内容。第一部分，工作—家庭增益的内涵与测量相关研究。此部分对工作—家庭增益的内涵及其与相关概念的关联和区别进行文献的回顾，梳理了工作—家庭增益的主要测量工具。第二部分，工作—家庭增益的理论基础研究。重点梳理角色累积理论、资源保存理论、工作—家庭边界理论以及社会交换理论。第三部分，工作—家庭增益的理论模型研究。此部分总结工作—家庭增益的双路径模型、"资源—获取—发展"观点模型、工作—家庭资源模型以及工作—家庭增益的方格模型。第四部分，工作—家庭增益实证研究综述。此部分对工作—家庭增益的角色资源（前因）、工作—家庭增益的扩散作用（结果）、工作—家庭增益的作用机理的研究，工作—家庭边界与工作—家庭增益的相关研究，工作—家庭增益的跨文化情境对比研究等进行回顾和综述。最后，总结现有研究的不足，明晰后续研究空间，为后续理论模型的提出和构建提供文献基础。

一 工作—家庭增益的内涵与测量

(一) 工作—家庭增益的内涵与相关概念辨析

已有研究认为工作—家庭增益并不是工作家庭冲突的简单对立面，有其特定的内涵。工作—家庭增益研究的理论根源可以追溯到 Sieber[①] 对工作家庭冲突理论的质疑，并提出"角色增强假说"，即个体在多重角色表现中累积的收益是可以超过资源投入而导致损耗，个体参与的多重角色间存在相互促进的关系。为此，提出工作家庭间的增强关系，强调资源和经验的获取有利于个体迎接生活中的挑战。现有关于工作与家庭间正向互动本质的概念包括工作—家庭增强（Work - Family Enhancement）、正向溢出（Positive Spillover）、工作—家庭促进（Work - Family Facilitation）、工作—家庭增益（Work - Family Enrichment）。

工作—家庭增强被定义为从工作或家庭角色领域收获的资源或经验有利于协助个体应对生活中的挑战，工作—家庭增强这一构念强调个体可以从角色领域获得资源，但并未强调资源在跨角色领域的相互溢出性，比如：工作领域资源不一定从工作领域溢出到家庭领域。Crouter[②] 提出正向溢出的概念，强调在某一领域或角色活动中获得的积极情绪、技能、经验、价值观等收益可以正向渗溢到另一角色领域。工作—家庭促进用来描述工作和家庭之间的积极作用，强调个体参与

[①] Sieber, S. D., "Toward a Theory of Role Accumulation", *American Sociological Review*, 1974, 39 (4): 567–578.

[②] Crouter, A. C., "Spillover from Family to Work: The Neglected Side of the Work - Family Interface", *Human Relations*, 1984, 37 (6): 425–441.

工作或家庭角色领域的相关活动所收获的资源，如积极情绪、影响力、自尊、金钱、效能感等，能够提升另一角色领域机能水平的程度。[1] ten Brummelhuis 和 Bakker[2] 将工作—家庭促进定义为个体在一个生活领域（工作/家庭）中的参与会带来收益（发展、情感、资本或效率），以增强另一生活领域（家庭/工作）效能的程度。Greenhaus 和 Powell[3] 在分析比较了相关概念的内涵后，基于资源保存理论、积极组织行为理论提出工作—家庭增益，即在一个角色中的经验提高了另一个角色生活品质的程度。这一概念强调工作和家庭角色参与收获的资源，如增强的自尊、经济收入等，可以提升个体在另一角色领域中的角色表现和生活品质的程度。

虽然几个构念都揭示了工作与家庭之间正向互动的内涵本质，但也存在构念内涵侧重点的差异。唐汉瑛等[4]探讨了其内涵上的差异，认为"工作—家庭增强"关注个体角色表现中累积的收益对生活造成显著影响的可能性，"工作—家庭增益"则强调一个领域的资源获取有助并正向支持另一个角色领域的表现。"正向溢出"与"工作—家庭增益""工作—家庭促进"的关键区别在于"正向溢出"认为积累的角色资源和经验可以转移，只是强调收益发生正向迁移到另一个领域的过程。但"工作—家庭增益"和"工作—家庭

---

[1] Wayne, J. H., Musisca, N., Fleeson, W., "Considering the Role of Personality in the Work – Family Experience: Relationships of the Big Five to Work – Family Conflict and Facilitation", *Journal of Vocational Behavior*, 2004, 64 (1): 108 – 130.

[2] ten Brummelhuis, L. L., Bakker, A. B., "A Resource Perspective on the Work – Home Interface: The Work – Home Resources Model", *American Psychologist*, 2012, 67 (7): 545 – 556.

[3] Greenhaus, J. H., Powell, G. N., "When Work and Family are Allies: A Theory of Work – Family Enrichment", *Academy of Management Review*, 2006, 31 (1): 72 – 92.

[4] 唐汉瑛、马红宇、王斌：《工作—家庭界面研究的新视角：工作家庭促进研究》，《心理科学进展》2007 年第 5 期。

促进"更多强调这一正向迁移过程所带来的积极效益,即能够改善个体在另一角色领域的绩效表现和生活品质这类正向迁移的结果。Masuda 等[1]研究指出,工作—家庭增益在工作家庭正向溢出与生活满意度的关系中起到中介作用,工作—家庭增益与正向溢出是截然不同但有关联的两个构念,提供了正向溢出是增益的前因而不是结果的实证依据。"工作—家庭增益"与"工作—家庭促进"在分析层面上又有差异,"工作—家庭增益"更侧重于关注个体层面角色表现和生活品质的改进,"工作—家庭促进"更强调整体系统效能的提升。换言之,增益的产生并不必然伴随提升整体系统效能。ten Brummelhuis 和 Bakker[2]认为"工作—家庭促进"这一概念与"正向溢出"和"工作—家庭增益"最大的区别在于将系统视为分析单元,工作—家庭促进这一概念的特征是强调一个领域收益转移所创造的系统层面效能的提升,而正向溢出和工作—家庭增益则是将个体视为分析单元。

综上所述,在认可工作家庭之间积极关系的前提下,学者们根据研究的侧重点先后提出了多个构念。目前学术界有关工作家庭积极关系的相关概念并未达成统一认识,但内涵已日渐清晰。本书选取工作—家庭增益这一构念来解释工作家庭正向互动的本质内涵,其更侧重于个体层面和正向迁移的积极贡献视角,强调角色资源的跨界渗溢有助提升个体参与另一角色领域表现和生活品质的程度,是个体在某一角色参与中所收获的角色资源的跨界应用。同时,工作—家庭增益

---

[1] Masuda, A.D., McNall, L.A., Allen, T.D., et al., "Examining the Constructs of Work-to-Family Enrichment and Positive Spillover", *Journal of Vocational Behavior*, 2012, 80 (1): 197–210.

[2] ten Brummelhuis, L.L., Bakker, A.B., "A Resource Perspective on the Work-Home Interface: The Work-Home Resources Model", *American Psychologist*, 2012, 67 (7): 545–556.

是双向的,包括工作对家庭增益(Work–to–Family Enrichment)和家庭对工作增益(Family–to–Work Enrichment)。

(二)工作—家庭增益的测量

由于研究视角及其对工作—家庭正向互动(工作—家庭正向溢出、工作—家庭增益、工作—家庭促进)的理解差异,部分学者关注个体层面,有些又从系统层面入手,导致目前学者们对工作—家庭增益的维度和测量并未形成一致观点。目前测量工作家庭积极渗溢、积极促进的量表①已经比较成熟。但从工作—家庭增益视角开发的量表还较少。在这些研究中,多数的量表都测量了工作对家庭增益及家庭对工作增益,仅少数研究只测量了单一的方向。

Carlson 等②开发并验证了工作—家庭增益的量表,该量表的开发目的是测量两个方向的增益,即工作对家庭增益和家庭对工作增益。工作—家庭增益包括多个维度,在工作对家庭增益的方向上包括发展维度(Development)、情感维度(Affect)和资本维度(Capital),在家庭对工作增益的方向上有发展维度(Development)、情感维度(Affect)和效能维度(Efficiency),该量表是工作—家庭增益最具代表性的量表。该量表采用了 18 个题项,其中工作对家庭增益 9 个题项,家庭对工作增益 9 个题项。工作对家庭增益的 9 个题项包括:工作使

---

① Grzywacz, J. G., Marks, N. F., "Family, Work, Work–Family Spillover, and Problem Drinking During Midlife", *Journal of Marriage and Family*, 2000, 62 (2): 336–348; Wayne, J. H., Musisca, N., Fleeson, W., "Considering the Role of Personality in the Work–Family Experience: Relationships of the Big Five to Work–Family Conflict And Facilitation", *Journal of Vocational Behavior*, 2004, 64 (1): 108–130.

② Carlson, D. S., Kacmar, K. M., Wayne, J. H., et al., "Measuring the Positive Side of the Work–Family Interface: Development and Validation of a Work–Family Enrichment Scale", *Journal of Vocational Behavior*, 2006, 68 (1): 131–164.

我理解不同的观点，帮助我成为一名更好的家庭成员；在工作中获得的知识，帮助我成为一名更好的家庭成员；在工作中获得的技能，帮助我成为一名更好的家庭成员；工作使我有一个愉快的心情，帮助我成为一名更好的家庭成员；工作让我感到开心，帮助我成为一位更好的家庭成员；工作让我感到非常愉悦，帮助我成为一名更好的家庭成员；工作让我感到非常满足，帮助我成为一名更好的家庭成员；工作让我很有成就，帮助我成为一名更好的家庭成员；工作让我体验到成功的感觉，帮助我成为一名更好的家庭成员。家庭对工作增益的9个题项包括：在家庭中获得的知识，帮助我成为一名更好的员工；在家庭中收获的技能，帮助我成为一名更好的员工；家庭帮助我扩大对新事物的了解，帮助我成为一名更好的员工；家庭使我有一个愉快的心情，帮助我成为一名更好的员工；家庭让我感到开心，帮助我成为一名更好的员工；家庭让我感到非常愉悦，帮助我成为一名更好的员工；家庭要求我避免浪费时间，帮助我成为一名更好的员工；家庭鼓励我专注于工作时间，帮助我成为一名更好的员工；家庭使我更加专注于工作，帮助我成为一名更好的员工。虽然该量表已经被证明是可靠和有效的，但它也要求工作家庭研究者在一项研究中采集大量的条目来测量这一构念。在一次调查中纳入双向的工作—家庭增益量表需要包括18个条目，这不仅低效而且研究耗时更长。由于较长的量表调查需要更多的时间来完成，往往会产生更多缺失数据和更高的拒绝率。①

由于工作家庭研究人员呼吁在同一项研究中纳入工作家庭积极和消极互动形式，以充分模拟工作家庭互动过程，因此，也需要一个经

---

① Stanton, J. M., Sinar, E. F., Balzer, W. K., et al., "Issues and Strategies for Reducing the Length of Self – Report Scales", *Personnel Psychology*, 2002, 55 (1): 167 – 194.

过验证的工作—家庭增益的简化版本。① Kacmar 等②力图为工作家庭相关的研究者提供一个更精简的量表，该量表包括工作对家庭增益的3个条目，其中发展维度，如："参与工作能帮助我理解不同的观点，有助我成为一名更好的家庭成员。"情感维度，如："参与工作让我感到快乐，有助我成为一名更好的家庭成员。"资本维度，如："参与工作让我感到充实，有助我成为一名更好的家庭成员。"家庭对工作方向增益的3个条目，其中发展维度，如："在家庭中收获的技能，有助我成为一名更好的员工。"情感维度，如："家庭使我有一个愉快的心情，有助我成为一名更好的员工。"效能维度，如："家庭鼓励我专注于工作时间，有助我成为一名更好的员工。"

唐汉瑛等③首次基于中国情境和文化背景尝试工作—家庭增益问卷的编制及信效度检验。研究得出工作—家庭增益存在工具性增益、心理性增益两个维度，量表信度效度良好。但该量表开发的时限不长，还需要其他实证研究广泛验证。

综上所述，工作—家庭增益的实证研究中更多的是借鉴 Carlson 等④编制的工作—家庭增益量表。专门针对中国工作家庭文化情境开发的工作—家庭增益量表还相对缺乏。目前的量表也主要集中在个体层面的自陈式量表，开发系统层面的工作—家庭增益量表对后续实证研究也

---

① McNall, L. A., Nicklin, J. M., Masuda, A. D., "A Meta-Analytic Review of the Consequences Associated with Work-Family Enrichment", *Journal of Business and Psychology*, 2010, 25 (3): 381-396.

② Kacmar, K. M., Crawford, W. S., Carlson, D. S., et al., "A Short and Valid Measure of Work-Family Enrichment", *Journal of Occupational Health Psychology*, 2014, 19 (1): 32-45.

③ 唐汉瑛、马红宇、王斌：《工作—家庭增益问卷的编制及信效度检验》，《中国临床心理学杂志》2009 年第 4 期。

④ Carlson, D. S., Kacmar, K. M., Wayne, J. H., et al., "Measuring the Positive Side of the Work-Family Interface: Development and Validation of a Work-Family Enrichment Scale", *Journal of Vocational Behavior*, 2006, 68 (1): 131-164.

有很大的价值。

二 工作—家庭增益的理论基础

（一）角色累积理论

Sieber[①]的角色累积理论（Role Accumulation Theory）最早提出不同角色之间可以相互影响。该理论探讨了角色累积是如何降低个人感知的压力以避免冲突的。具体来说，该理论讨论了参与多种角色的积极影响，认为角色累积可以帮助个体获得特权，提升个体的整体安全感，帮助个体获得自身发展所需要的各种资源以及丰富个体的个性并提升个体的精神健康水平。但是，角色累积理论的研究仅限于对角色累积结果的讨论，并没有提出一个参与多种角色而获得益处的完整的理论或者模型。

角色累积理论的提出让学界开始关注多种角色参与带来的积极结果，虽然并未提出一个完整的理论框架，但归纳出四种角色累积带来的积极结果。

第一种，角色特权。个体所参与的每个角色都被赋予了一定的权利和责任，一些权利可以被称为固有权利，属于角色所特有的一种自然属性；而另外一种权利被称为自发权利，即在日常的生活中，与他人的相互作用才能产生的属性。权利与责任的关系通常被假定为权利和责任应当是相匹配的，当然也不排除一些特殊的情况，如权利超过了责任（如剥削关系）等。[②] 因此，角色累积理论认为，个体参与的

[①] Sieber, S. D., "Toward a Theory of Role Accumulation", *American Sociological Review*, 1974, 39 (4): 567 – 578.

[②] Gouldner, A. W., "The Norm of Reciprocity: A Preliminary Statement", *American Sociological Review*, 1960, 25 (2): 161 – 178.

角色越多，能够从角色中获得的特权也越多。

第二种，整体安全状态的角色缓冲作用。个体参与多种角色可以缓解角色压力的第二种作用机制是通过在个体遭遇困境时为个体提供多种帮助来实现的。如果个体有多个与角色相关的"帮助者"，这些人可能隶属于不同的群体或者社会阶层，可以利用关系网络帮助个体走出困境。这种角色累积的缓冲作用对于深陷困境的个体来说非常重要。例如，对于事业上升期的男性员工来说参与多角色所带来的角色累积对于事业的发展有着至关重要的作用。

第三种，获得改进自身状态和提高角色绩效的资源。与个体相关的其他关系人还能够为个体提供一些其他的福利。例如，角色中的关系人可以介绍或者推荐个体进入第三方以帮助个体事业发展。这些福利也可以帮助个体提高角色绩效，或者在其他角色中进行再投资以增加个体的角色累积。

第四种，促进个体的个性发展及提升自我满足感。除了角色特权、角色缓冲，及获得资源，角色累积还可以丰富个体的个性，并且提升个体的自我概念。例如，对不同意见的包容，丰富的信息资源，调整自身需求的弹性都可以使个体与他人建立良好的关系。事实上，角色累积对于个体的精神健康至关重要。

综上所述，基于资源稀缺假说，工作家庭的界面研究更多地关注工作家庭多重角色参与带来的冲突。但角色累积理论的提出，成为工作—家庭增益、工作—家庭促进、工作—家庭增强等相关概念提出的理论基础。Greenhaus 和 Powell[①] 在提出工作—家庭增益理论框架的过程中，就借助角色累积理论来解释为何个体选择参与多重角色。角色累积理

---

① Greenhaus, J. H., Powell, G. N., "When Work and Family are Allies: A Theory of Work – Family Enrichment", *Academy of Management Review*, 2006, 31 (1): 72 – 92.

论阐述的多重角色参与的益处为理解工作家庭正向关系的本质提供了全新的视角，是工作家庭正向关系研究的重要理论之一。

（二）资源保存理论

在过去的 30 年中，资源保存理论（Conservation of Resources Theory）已经成为组织心理学和组织行为学研究中被广泛引用的理论之一。资源保存理论最初是用来解释个体压力及健康的重要理论，描述了个体面对环境中的压力时是如何进行反应的，以及所感知到的压力是如何影响个体健康的，并指出，不论是潜在的资源损耗威胁还是实际的资源耗损都会引起个体紧张的情绪和压力。[1] 资源保存理论认为，在三种情境中会产生压力反应。第一，当重要或关键的资源面临损耗威胁时；第二，当重要或关键资源丢失时，就会产生压力反应；第三，经过大量努力后仍然无法获得重要或关键资源时。[2] 个体保留和获取社交、物资等资源会让组织和家庭倾向于认为，他们有能力应对压力带来的挑战。在某种程度上，资源保存理论对增加组织中压力的理解非常重要。

Halbesleben 等[3]总结了资源保存理论的两个重要原则。一个是资源损失比资源收益更显著；另一个是人们必须投资资源来获得新资源，从而保护自己不受资源损失或能够从资源损失中迅速恢复。资源

---

[1] Hobfoll, S. E., Halbesleben, J., Neveu, J. P., et al., "Conservation of Resources in the Organizational Context: The Reality of Resources and Their Consequences", *Annual Review of Organizational Psychology and Organizational Behavior*, 2018, 5: 103 – 128.

[2] Hobfoll, S. E., "Conservation of Resources: A New Attempt at Conceptualizing Stress", *American Psychologist*, 1989, 44 (3): 513 – 524.

[3] Halbesleben, J. R., Neveu, J. P., Paustian – Underdahl, S. C., et al., "Getting to the 'COR' Understanding the Role of Resources in Conservation of Resources Theory", *Journal of Management*, 2014, 40 (5): 1334 – 1364.

保存理论有四个重要的结论。第一，拥有更多资源的个体能够更好地获得资源收益。资源匮乏的个体更有可能遭受资源损失。第二，初始资源的损失会导致未来资源的损失。第三，初始资源的收益会导致未来资源的收益。第四，资源的匮乏会促发个体保护剩余资源的防御性尝试。

Hobfoll 等[①]资源保存理论认为，个人（和团队）倾向于努力获取、保存、培育并保护重要的资源，其动机来源于进化中适应环境和生存的需要。资源保存理论实质是一种动机理论，人们不仅要利用关键资源来应对压力，还要为将来的需要建立一个可持续的资源库。在资源保存理论的阐述中提出了五个基本原则。

第一，损失优先，即资源的损失比资源的获得更为重要。在个人心理上，失去资源比获得资源更有害。工作中的损失将比同等价值的收益产生更大的影响，如工资损失将比工资同等收益伤害更大。这里的资源包括物质资源（Object Resource），如汽车、工作工具等；条件资源（Condition Resource），如就业、任期和资历等；个体资源（Personal Resource），如关键技能、自我效能和乐观等特质；能量资源（Energy Resource），如知识、金钱等。资源损失的影响远比资源获取更重要，资源损失的影响速度更快，持续的时间也会更长。这一原则也是一个激励因素，表明个人将从事避免资源损失的行为，因为损失可能对个人福祉产生深远的负面影响。[②]

第二，资源投资，即人们必须不断地投资资源以避免资源的损失，

[①] Hobfoll, S. E., Halbesleben, J., Neveu, J. P., et al., "Conservation of Resources in the Organizational Context: The Reality of Resources and Their Consequences", *Annual Review of Organizational Psychology and Organizational Behavior*, 2018, 5: 103 – 128.

[②] Halbesleben, J. R., Neveu, J. P., Paustian – Underdahl, S. C., et al., "Getting to the 'COR' Understanding the Role of Resources in Conservation of Resources Theory", *Journal of Management*, 2014, 40 (5): 1334 – 1364.

更快地从资源损失中恢复,以获取新的资源。可以通过直接替代资源,例如使用储蓄来弥补收入的损失;也可以通过间接的资源投资,例如通过提高员工的技能来为将来的困难做准备,通过增强技能和信心资源来抵消潜在收入的损失。

第三,获取悖论,即在资源流失的情况下,获取资源的重要性增加。在资源损失严重情况下,资源获得变得越来越重要和有价值。对于那些资源较少的个体,资源的补充和增加对其缓解紧张和压力更为重要。

第四,资源耗竭,即资源耗竭时人们会进入自我防御的保护模式,会出现易怒等不合理行为。这很可能是一种进化策略,防御性机制启动可以留出时间重新部署应对方式、等待他人帮助或等待压力源消失。因为看似不合理的行为也可能改变压力源的范围或引发新的应对策略。

第五,资源车队(Resource Caravan)和通道,即资源不是单独存在的,而是像一个行进的车队一样,彼此相互影响,相互联系。[①] 并且资源总是存在于生态环境中(就像汽车行驶在车道上),环境既可以对资源进行培育,也可以对资源进行限制和阻碍。在资源保存理论的阐述中提出三个重要的推论。一是拥有更多资源的人较少遭受资源损失,且更有能力获得资源。与之相反,缺乏资源的个体或组织更容易遭受资源的损失,而获得资源的能力也更弱。二是资源损失螺旋(Resource Loss Cycles)。资源的损失会引发资源损失螺旋的发展,且资源损失的发展比获得资源更加迅猛和强烈。由于在资源损失过程中会产生压力,在压力螺旋的每次迭代中,个人和组织很难进行投资等来抵消资源损失,螺旋带来的影响会让阻止资源损失变得更加困难。三是资源获得

---

① Hobfoll, S. E., "Conservation of Resource Caravans and Engaged Settings", *Journal of Occupational and Organizational Psychology*, 2011, 84 (1): 116–122.

螺旋（Resource Gain Spirals）。资源的获取有利于促发资源的进一步获取，资源获取的螺旋较弱且发展缓慢，需要一定时间。

综上所述，资源保存理论侧重于资源的保护、获取和保存。在工作家庭关系的研究中也得到了广泛的应用，Wayne 等[1]整合了资源保存理论和生态系统理论，提出资源—获取—发展观点（Resource - Gain - Development Perspective）以定义工作—家庭促进的前因、结果和调节变量，并解释工作—家庭促进的发生机理。基于资源保存理论，ten Brummelhuis 和 Bakker[2]将工作—家庭增益的过程描述为一个资源积累的过程，将工作家庭冲突描述为资源损耗的过程，提出工作—家庭资源模型（Work - Home Resource Model），该模型描述了工作—家庭冲突/工作—家庭增益的发生过程。

（三）工作—家庭边界理论

边界理论（Border Theory）关注人们创造、维护或改变边界的方式，以简化和区分周围的世界。[3] 工作—家庭边界理论涉及个体工作和家庭领域之间存在的认知、物理和行为边界，这些边界将这两个实体定义为彼此不同的实体。[4] Clark[5]指出，边界理论涉及划分与工作和家庭角色相关的时间、地点和人的边界，用于解释个人管理工作和家

---

[1] Wayne, J. H., Grzywacz, J. G., Carlson, D. S., et al., "Work - Family Facilitation: A Theoretical Explanation and Model of Primary Antecedents and Consequences", *Human Resource Management Review*, 2007, 17 (1): 63 - 76.

[2] ten Brummelhuis, L. L., Bakker, A. B., "A Resource Perspective on the Work - Home Interface: The Work - Home Resources Model", *American Psychologist*, 2012, 67 (7): 545 - 556.

[3] Ashforth, B. E., Kreiner, G. E., Fugate, M., "All in a Day's Work: Boundaries and Micro Role Transitions", *Academy of Management Review*, 2000, 25 (3): 472 - 491.

[4] Hall, D. T., Richter, J., "Balancing Work Life and Home Life: What can Organizations do to Help?", *Academy of Management Perspectives*, 1988, 2 (3): 213 - 223.

[5] Clark, S. C., "Work/Family Border Theory: A New Theory of Work/Family Balance", *Human Relations*, 2000, 53 (6): 747 - 770.

庭领域边界以实现工作家庭平衡的理论，这里的平衡强调一种对工作家庭的满意感和更好地发挥工作家庭的功能。工作—家庭平衡可以通过多种方式实现，这取决于工作和家庭领域的相似性以及领域之间边界的强度等因素。该理论认为，工作与家庭之间的首要关联是跨越边界的人，人们每天在工作和家庭领域之间跨越转换，塑造了工作与家庭之间的边界，并确定了边界跨越者与工作和家庭其他成员之间的关系。

Clark[①]从域（Domains）、边界（Borders）、边界跨越者（Border-crossers）三个方面介绍了边界理论。

第一，角色域。"工作"和"家庭"是两个不同的角色领域，有着不一样的规则、思维方式和行为。为应对角色域之间的差异，出现了"分离"（Segmentation）和"融合"（Integration）两种方式，"融合"更加强调将工作和家庭融为一体。尽管投入工作和家庭领域的目的和意义不同，但个体会在一定程度上设法融合两个角色领域。

第二，域的边界。边界是角色域之间的分界线。工作和家庭领域之间存在物理、时间和心理上三种形式的界限。物理边界决定了角色域行为发生的位置。时间边界决定何时完成特定角色域的工作，例如：划分工作时间和照顾家庭的时间。心理边界主要是一种自我的约束，是个体在思维模式、行为模式和情感上适应于一个角色域的规则。基于此，提出边界弹性（Flexibility）和渗透性（Permeability）。边界弹性强调的是时间和空间边界的柔韧程度。边界渗透性强调一个角色领域对身处另一个角色领域的个体心理和行为的渗透影响，如：在家中接打工作来电。同时，边界还具有边界混合（Blending）和边界强度

---

① Clark, S. C., "Work/Family Border Theory: A New Theory of Work-Family Balance", *Human Relations*, 2000, 53（6）: 747-770.

(Border Strength) 两个重要特征。当个体边界的渗透性和弹性较大时，边界容易发生混合。而边界的渗透性、弹性和混合性又共同决定了边界强度。边界强度越大，即边界渗透性、弹性、混合性越弱。

第三，边界跨越者（Border Crosser）。由于角色域和边界在一定程度上是自我创造的产物，在边界跨越者的属性中，最重要的属性是改变角色领域和边界以满足需求的能力。

Allen 等[1]边界理论最初是作为一种认知社会学的视角来发展的，用于理解与人们在生活中所做的日常区分有关的过程和社会含义。由于难以理解整个世界，因此倾向于将一组实体分类为有界类别。该理论已应用于工作—家庭互动，以更好地理解人们分配给家庭和工作的意义[2]，以及工作和家庭角色之间跨越的容易程度和频率。[3] 边界理论认为，当个人在工作和家庭之间转换时，个体每天都在时空和心理上跨越边界。角色领域成员被称为边界守卫者（Border Keepers），其在边界管理中发挥着重要作用。工作中的主管上司是工作角色领域的守卫者；在家中，配偶成为家庭领域边界的守卫者。边界守卫者对工作或家庭有自己的看法和判断，并提供不同程度的边界弹性，这会影响到个人跨越边界处理另一角色领域（工作或家庭）需求的难易程度。比如，工作守卫者要求上班期间不能接打私人电话，会让家庭对工作的侵入变得困难。

---

[1] Allen, T. D., Cho, E., Meier, L. L., "Work – Family Boundary Dynamics", *Annual Review of Organizational Psychology and Organizational Behavior*, 2014, 1 (1): 99 – 121.

[2] Nippert – Eng Christena E., *Home and Work: Negotiating Boundaries through Everyday Life*, Chicago: University Chicago Press, 1996.

[3] Ashforth, B. E., Kreiner, G. E., Fugate, M., "All in A Day's Work: Boundaries and Micro Role Transitions", *Academy of Management Review*, 2000, 25 (3): 472 – 491; Desrochers, S., Sargent, L. D., "Boundary/Border Theory and Work – Family Integration", *Organization Management Journal*, 2004, 1 (1): 40 – 48.

综上所述,边界理论已经在工作—家庭界面研究中得以运用。工作—家庭边界理论描述了工作—家庭角色领域的边界特征和边界管理,有利于我们认识工作—家庭之间跨界的互动本质,更好地理解工作和家庭的意义。现有工作—家庭关系的理论和实证研究,通常借助边界理论来揭示工作—家庭边界特征对于工作—家庭关系的重要影响。林忠等[1]基于边界理论提出的两个核心构念:边界弹性意愿(Boundary Flexibility – Willingness)和边界弹性能力(Boundary Flexibility – Ability),结合人与环境匹配理论,构建了工作—家庭增益的二维方格模型,推动了移动互联网时代的工作家庭关系理论研究。

(四)社会交换理论

社会交换理论(Social Exchange Theory)主张人们会在获得回报的预期下,涉入并维持与他人的交换关系,该理论仅限于关注那些从他人处得到回报的行为,当双方感知不到交换互惠时,这些交换将会被立即停止。[2] 而交换的过程具有双边、交互、互惠的规则。[3] 利益交换或给予他人更有价值的东西是人类行为的基础。[4]

Cropanzano 和 Mitchell[5]认为,社会交换理论是组织行为学研究中最具影响力的理论之一,并结合了人类学、社会心理学和社会学等多学科领域。虽然浮现出对社会交换的不同观点,却一致认为社会交换

---

[1] 林忠、孟德芳、鞠蕾:《工作—家庭增益方格模型构建研究》,《中国工业经济》2015年第4期。

[2] Blau P. M., *Exchange and Power in Social Life*, New York: Wiley, 1964.

[3] Emerson, R. M., "Social Exchange Theory", *Annual Review of Sociology*, 1976, 2(1): 335 – 362.

[4] Homans, G. C., "The Humanities and the Social Sciences", *American Behavioral Scientist*, 1961, 4(8): 3 – 6.

[5] Cropanzano, R., Mitchell, M. S., "Social Exchange Theory: An Interdisciplinary Review", *Journal of Management*, 2005, 31(6): 874 – 900.

涉及一系列生成义务的交互。这些交互通常被认为是相互依存的，取决于另一个人的行动。但是，在应用中，需要注意四类问题：第一，概念上含糊不清的根源；第二，交换的规范和规则；第三，交换资源的性质；第四，社会交换关系。社会交换理论详细阐述了社会交换的规则和规范。例如，社会交换理论的基本原则之一是关系随着时间的推移演变为信任、忠诚和相互承诺。参与交换的各方必须遵守交换的"规则"。交换规则构成"交换关系参与者之间形成规范定义"[1]。交换规则和规范成为交换过程中的"准则"。社会交换理论在组织行为模型中的使用建立在研究者依赖交换规则的基础上。组织科学中的社会交换模型主要关注的是社会交换的"互惠原则"或对他人的"偿还义务"，这是社会交换理论中最著名的交换规则之一。

Gouldner[2]指出，交换中互惠的本质并区分出三种不同类型的互惠：互为依存的交换、文化期望（Folk Belief）以及道德规范。

首先，互惠是互为依存的交换。一方对他人一般存在独立、依赖和相互依存三种不同的立场。[3] 交换具有交互性，即必须给出一些东西并返回一些东西。互为依存强调相互的补充，被视为社会交换的一个决定性特征。相互依存降低了风险，鼓励了合作。[4]

其次，互惠是一种文化期望。在某些情况下，文化期待可以降低出现破坏性行为的可能性，但组织领域研究者并没有重点探索文化期待的互惠性。

---

[1] Emerson, R. M., "Social Exchange Theory", *Annual Review of Sociology*, 1976, 2 (1): 335–362.

[2] Gouldner, A. W., "The Norm of Reciprocity: A Preliminary Statement", *American Sociological Review*, 1960: 161–178.

[3] Blau, P. M., *Exchange and Power in Social Life*, New York: Wiley, 1964.

[4] Molm, L. D., "Dependence and Risk: Transforming the Structure of Social Exchange", *Social Psychology Quarterly*, 1994, 57: 163–176.

最后，互惠是一种规范和个人取向。规范和文化期待之间的关键区别在于规范是一种标准，它描述了一个人应该如何表现，遵循这些规范的人有义务做出互惠的行为。个体在互惠的认可程度上存在差异，具有强烈交换倾向的个体比那些交换倾向低的人更有可能回馈。互惠代表了交换条件的倾向，无论是积极的还是消极的。消极的互惠取向是一种"以牙还牙"的倾向，积极的互惠取向是一种"以德报德"的倾向。虽然互惠的规范可能是被普遍接受的准则，但不同人和文化对互惠原则的应用程度存在差异。

Meeker[①]认为，人与人之间的交换可以被视为个人的决定。因此，他们需要一些规则来指导所做的选择。研究提出了六个规则：互惠、理性、利他、群体受益、地位一致和竞争。理性是指使用逻辑来确定可能的目的以及如何得到那些被重视的东西。利他是一条规则，即使会让自己付出极大的代价，也试图使另一个人受益。群体受益强调所有的事情都是共同的，不管他们的特殊贡献如何，个人都从这个共同的集合中获取他们需要的东西。地位一致性基于一个人在一个社会群体中的地位和利益分配。竞争可以被认为是利他主义的对立面。即使可能伤害自己，利他主义也强调帮助他人；即使竞争中危及自己的收入，竞争也会伤害他人。二者虽然矛盾，但都存在于现实的交换中。

Cropanzano 和 Mitchell[②]进一步详细阐述了社会交换中六种可用于交换的资源。这里的交换资源超越普通物质属性的东西。六种可用于交换的资源，包括爱、地位、信息、金钱、商品和服务。资源的益处和特殊性越小、越具体，它就越可能以一种短期的方式进行

---

① Meeker, B. F., "Decisions and Exchange", *American Sociological Review*, 1971, 36: 485-495.
② Cropanzano, R., Mitchell, M. S., "Social Exchange Theory: An Interdisciplinary Review", *Journal of Management*, 2005, 31 (6): 874-900.

交换。Foa 和 Foa[①]提出，资源分为经济资源和社会情感资源两类。经济资源包括货物、资产、信息、咨询和服务等，经济资源是满足物质需要的有形资源。社会情感资源包括寒暄、友谊、声望、尊重和社会认可等无形资源。社会情感资源是那些解决一个人的社会和尊重需求的结果（通常是抽象和特殊的），传达了个体被重视和被有尊严地对待。

Blau[②]认为，社会交换是人们在期望得到回报的预期下激发的自愿行为。交换的必要条件是继续得到想要的东西，个体要为过去已得到的服务履行义务。社会交换与经济交换最重要的区别是包含了未加规定的义务，这些义务的履行取决于信任。个体为他人贡献价值会形成交换伙伴关系或更优于他人的地位，他人通过"回报"增强了交换伙伴之间的相互信任，促发新一轮的交换。只有社会交换会引起个人的义务感、感激之情和信任感，而纯粹的经济交换则不能。社会交换的过程受到社会条件的影响，比如，交易伙伴之间的关系的发展阶段和特点，进入交易的利益特征和提供他们所引起的成本，以及交换发生的社会情境。信任对社会关系的稳定性非常重要，交换的义务可以促进信任，因此有特殊的机制使义务永久存在，并因此加强了感激和信任的纽带。那些在与他人交换中获得报酬的人，有一种继续向他人提供交换诱因的动力。

综上所述，近年来，学者们运用社会交换理论框架来研究员工与组织之间的关系，如心理契约、诱因—贡献模型、组织认同、组织承诺等。基于社会交换理论，员工为了获取更大的个人利益而与他人建

---

① Foa, U. G., Foa, E. B., *Societal Structures of the Mind*, Springfield, Illinois: Thomas, 1974.

② Blau, P. M., *Exchange and Power in Social Life*, New York: Wiley, 1964.

立关系，会积极、主动地去回报曾给予其帮助的人。① 通过文献梳理，目前从社会交换来理解和揭示工作家庭界面关系的研究较少，Tang 等②基于社会交换理论，认为员工与组织之间存在一种互惠交换关系，个体会以积极有利的态度回报为其提供角色资源的领域，当个体感知到组织支持有助协调工作家庭角色，会将家庭中良好的角色表现归功于组织提供支持，将会增强对工作和组织的满意度。McNall 等③利用社会交换理论论证了工作—家庭增益与工作相关结果变量（工作满意度、情感承诺）和非工作相关结果变量（家庭生活满意度）的关系。综上，用社会交换理论来解释工作—家庭关系的研究还较少。

三 工作—家庭增益的理论模型研究综述

自工作—家庭增益这一构念提出后，学者们基于工作—家庭增益模型中提出的工具性路径和情感性路径开展了大量的实证研究，但一直缺乏对工作—家庭增益的理论模型的探讨。现有关于工作—家庭增益的理论模型主要包括工作—家庭增益双路径模型、"资源—获取—发展"观点模型、工作—家庭资源模型，以及工作家庭方格模型等。Powell 等④

---

① Masterson, S. S., Lewis, K., Goldman, B. M., et al., "Integrating Justice and Social Exchange: The Differing Effects of Fair Procedures and Treatment on Work Relationships", *Academy of Management Journal*, 2000, 43: 738 – 748.

② Tang, S. W., Siu, O. L., Cheung, F., "A Study of Work – Family Enrichment among Chinese Employees: The Mediating Role between Work Support and Job Satisfaction", *Applied Psychology*, 2014, 63 (1): 130 – 150.

③ McNall, L. A., Nicklin, J. M., Masuda, A. D., "A Meta – Analytic Review of the Consequences Associated with Work – Family Enrichment", *Journal of Business and Psychology*, 2010, 25 (3): 381 – 396.

④ Powell, G. N., Greenhaus, J. H., Allen, T. D., et al., "Introduction to Special Topic Forum: Advancing and Expanding Work – Life Theory from Multiple Perspectives", *Academy of Management Review*, 2019, 44 (1): 54 – 71.

呼吁：从全新的视角去发展工作家庭的理论模型以指导未来的研究。在本章我们将重点回顾工作—家庭增益现有的理论模型。

（一）工作—家庭增益的双路径模型

Greenhaus 和 Powell[①] 提出的工作—家庭增益的双路径模型，如图 2-1 所示，即在角色 A（工作或家庭）中的资源或经验是如何提高角色 B（家庭或工作）的生活品质。其中生活品质主要考虑两个因素：高角色绩效和积极的情绪。模型中涵盖了五种可以在角色参与中获取的资源：技能和观点、心理和生理资源、社会资本资源、工作或家庭弹性、物质资源。基于此，模型定义了两种角色领域之间相互促进的路径，包括工具型路径和情感性路径。

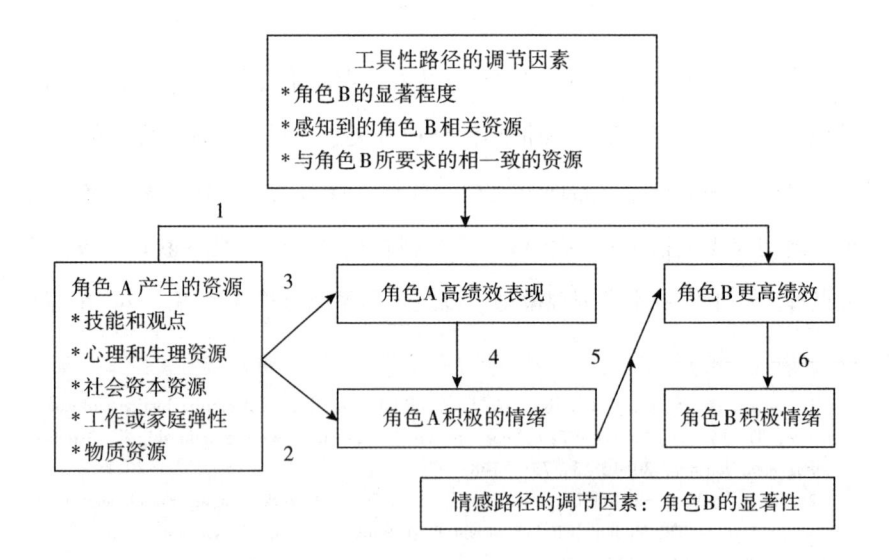

图 2-1　工作—家庭增益的双路径模型

---

① Greenhaus, J. H., Powell, G. N., "When Work and Family are Allies: A Theory of Work-Family Enrichment", *Academy of Management Review*, 2006, 31 (1): 72-92.

第一，工具性路径。在此路径中，不同类型的资源是直接从角色 A 转移到角色 B，提高后者的绩效。并分别讨论了不同资源在工具型路径中的作用。其一，技能和观点。技能指的是与任务相关的认知，人际关系处理技能，应对事物的技能，多任务处理技能，以及从角色经验中获得的知识和智慧等。观点是指个体感知和控制环境的方式。个体在工作中获得的技能和观点可以转移到家庭领域，并为个体所用。其二，心理和生理资源。如：积极自我评价（自我效能感和自尊感）。这些资源还包括对未来的积极情绪，例如乐观、希望和生理健康。这种资源可以从一个角色转移到另一个角色中，此外，在角色 A 中产生的积极情绪能够促使个体在面对失败和挑战时拥有更多的耐性和顺应能力，进而有效提高角色 B 中的绩效。其三，社会资本。个体可以从一个角色的社会资本中获取资源和信息，以解决另一角色领域中的问题，提高另一个角色的绩效。如家庭社会资本可以帮助个体成功获取营销机会，获得银行贷款开辟新的业务等。其四，工作或家庭弹性。弹性是个体在参与一个角色时可以自由决定时间、空间和地点的程度。工作弹性可以使员工更有效地利用时间来履行他们的家庭责任，减少了家庭对工作干扰，进而提高员工在角色中的绩效。其五，物质资源。物质资源指的是个体从工作和家庭中获得的金钱等。员工在一个角色当中获取的物质资源也可以帮助个体在另一个角色中提高绩效。员工在工作中获取的工资可以通过购买更多家庭所需要的用品及服务来帮助员工提高家庭生活质量。与此类似，家庭角色中获得的财务资源（如礼物、无息贷款、遗产）也可用于个体进行事业上的投资，如职业发展教育。

第二，情感型路径。此路径中，角色 A 中产生的资源可以促使个体在角色 A 中产生积极情绪，而这种积极情绪可以帮助个体提高在角色 B 中的绩效以及积极情感。之所以被称为情感型路径是因为多种角色之间相互正向影响的过程是通过情感的积极影响产生的。积极情感包括了从角色经验中获取的积极情绪和状态。情感性增益路径有两个重要的组成部分：第一个重要的组成部分是角色 A 中获取的资源对角色 A 积极情绪的影响。角色 A 中产生的资源可以通过两种方式来影响角色 A 的积极情绪。一方面，模型中的一些资源可以对角色的积极情绪产生直接影响，如图 2－1 箭头 2 所示。例如，心理资源、社会资源、工作弹性和物资资源。另一方面，角色 A 中生成的资源可以提升角色 A 的绩效表现，如图 2－1 箭头 3 所示，进而增强角色 A 的积极情绪，如图 2－1 箭头 4 所示。第二个重要的组成部分是角色 A 中的积极情绪对另一角色 B 中绩效表现的影响。具体表现为角色 A 中的积极情绪对角色 B 中的绩效表现的促进作用，如图 2－1 箭头 5 所示。Rothbard[1]认为一个角色当中产生的积极情绪可以促进另一个角色的绩效，并为上述关系提供了三种可能的解释。首先，积极的情感与助人行为有关[2]，它可以增加一个人参与另一个角色的心理可得性（Psychological Availability）。其次，拥有积极情感使个体更加关注外界而不是关注自身，更容易激发个体与外界（同事或者家人）的积极互动。最后，积极的情感可以增强个人精力，进而增加个体更多地投入另一角色的可能性。

综上所述，工作—家庭增益双路径模型解释了角色 A 中获取的资源如果影响角色 A 自身的绩效和积极情绪，同时也解释了角色 A

---

[1] Rothbard, N. P., " Enriching or Depleting? The Dynamics of Engagement in Work and Family Roles", *Administrative Science Quarterly*, 2001, 46: 655 – 684.

[2] Isen, A. M., Baron, R. A., " Positive Affect as a Factor in Organizational Behavior", *Research in Organizational Behavior*, 1991, 13: 1 – 53.

中的资源可以通过两种形式影响角色 B 中的绩效和积极情绪：一种方式是直接影响角色 B 的绩效和积极情绪，而另一种方式则是通过角色 A 的积极情绪间接地影响角色 B 的绩效和积极情绪。因此，工作—家庭增益理论模型可以帮助我们解释工作—家庭正向溢出与结果变量之间的关系，角色 A 的资源对于角色 A 自身的绩效及情绪的影响可以帮助我们解释工作—家庭正向溢出与结果变量的直接影响效应，而角色 A 的资源对于角色 B 的绩效和情绪的影响可以帮助我们理解工作—家庭正向溢出与结果变量的交叉影响。ten Brummelhuis 和 Bakker[1]认为，工作—家庭增益的双路径模型并没有考虑工作领域及家庭领域以外的因素（如生态、文化、个性特征）对工作—家庭关系的影响。

（二）"资源—获取—发展"观点模型

Wayne 等[2]研究指出，积极组织学术研究、生态系统理论和资源保存理论并不能单独或者直接形成一个工作家庭促进的模型。积极组织学术研究和生态系统理论说明了为什么工作家庭促进会发生，却不能给工作家庭关系的逻辑框架带来启发。而资源保存理论强调人们倾向于努力保存资源以减少压力，却未能直接或明确个体成长及发展背后的原动力。基于此，"资源—获取—发展"观点模型定义了工作—家庭促进的前因、结果和调节变量，并解释了工作—家庭促进的发生机理。

---

[1] ten Brummelhuis, L. L., Bakker, A. B., "A Resource Perspective on the Work – Home Interface: The Work – Home Resources Model", *American Psychologist*, 2012, 67 (7): 545 – 556.

[2] Wayne, J. H., Grzywacz, J. G., Carlson, D. S., et al., "Work – Family Facilitation: A Theoretical Explanation and Model of Primary Antecedents and Consequences", *Human Resource Management Review*, 2007, 17 (1): 63 – 76.

"资源—获取—发展"观点模型的基本前提是个体具有成长、发展、完善自我以及提升自身所处系统（工作和家庭）功能的自然属性。正是因为个体寻求积极发展的自然倾向，当个体投入某一角色时，倾向于从中获取资源以获得更好的成长和发展。个体倾向于最大化利用可用资源以获取更多的收益。当从一个领域获得的收益可以在另一个领域得以应用和维持，甚至加强时，那么个体整个工作家庭系统的功能便得以改善。"资源—获取—发展"观点认为，工作向家庭的促进发生的关键在于资源的获取，这些资源包括个体特征及环境资源（食物、条件、能量、支持），以及促进个人发展的技能、观点、积极情绪、经济条件、社会网络和健康资本等，这些资源可以提高整个系统（工作及家庭）的效率。也就是说，个体拥有越多的资源，工作—家庭促进作用机制越有可能发生。

"资源—获取—发展"观点模型明晰了工作家庭促进发生的个人特征和环境资源，如图2-2所示。一方面，个人特征是个体的一种特质，可以有利于个体对积极情绪状态的感知并有利于寻求自身发展的积极经验，从而获得更高的地位及其他资产。同时，这些积极的改变和收获也可以帮助个体在其他生活领域有更好的绩效表现，促使个体工作家庭系统整体效能得以改善，最终实现工作—家庭促进。另一方面，环境因素也是触发工作—家庭促进的重要因素。个体可获得的环境资源（如条件、能量和支持资源）越多，个体越容易获得自身的成长和发展机会并更容易体验工作—家庭促进。在环境资源触发工作—家庭促进的机理中还需要考虑需求特征（职业状态和性别等）的影响。需求特征会直接影响环境资源的可用性，从而影响工作—家庭促进的潜力。同时，需求特征在环境资源与工作—家庭促进之间的关系中起调节作用。

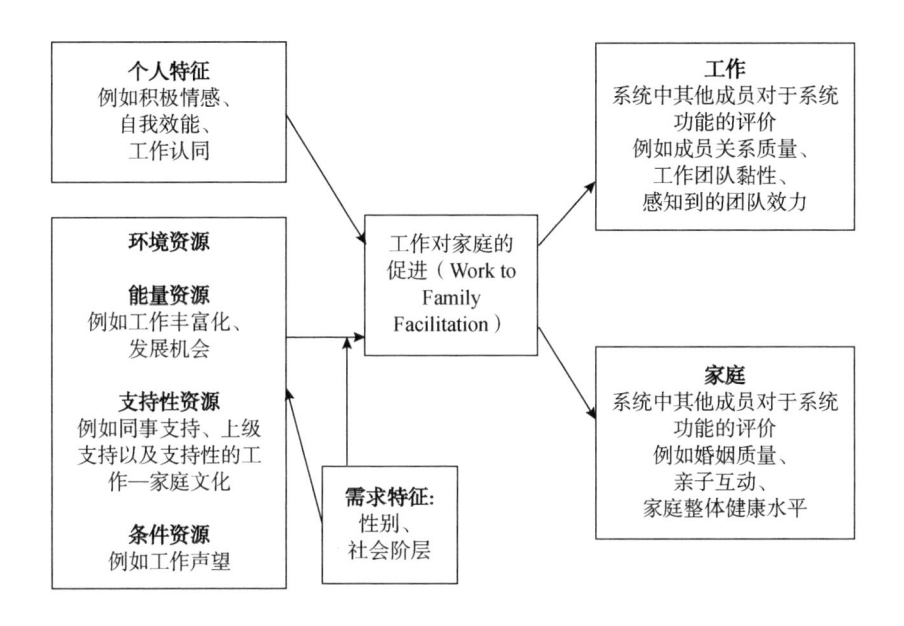

图 2-2 "资源—获取—发展"观点模型

过往关于工作—家庭促进的结果变量研究更多关注了个体层面的相关变量，如个体的精神及生理健康（抑郁、酗酒、肥胖症等）。[①] 但积极的情感、经历以及事件可以改善个体整个工作家庭系统的效能，而这种系统整体效能的改善不仅有利个体某一领域的绩效改进，也可以有利于整个工作家庭系统，包括家人和同事等。当个体从一个领域获得收益时，其整个工作家庭系统的效能可能得到改进，与此同时也会影响系统中其他成员（家人或同事）对整个系统结果变量（如与所处系统中其他成员之间的关系，以及系统的整体功能等）的评价。

---

① Grzywacz, J. G., "Work-Family Spillover and Health During Midlife: Is Managing Conflict Everything?", *American Journal of Health Promotion*, 2000, 14: 236-243; Grzywacz, J. G., Marks, N. F., "Reconceptualizing the Work-Family Interface: An Ecological Perspective on the Correlates of Positive and Negative Spillover between Work and Family", *Journal of Occupational Health Psychology*, 2000, 5: 111-126.

资源被定义为实现三大功能的环境特征。[1] 首先，它们帮助个人实现目标；其次，它们解决需求（即工作方面需要持续努力的需求，如高工作压力）；最后，它们鼓励个人成长和发展。工作—家庭增益的"资源—获取—发展"观点是基于一个基本的前提，即个人在他们参与的所有领域中努力成长和发展，这促使个人在每个领域积极寻求资源以获取成长。"资源—获取—发展"观点强调个体生来就具有完善自我发展的能力。因此，当参与一个角色时，个体能够能动地从该角色中获取资源，并最大化地利用获取的资源来提高个体整个生活系统的绩效及功能。

综上所述，正如工作—家庭增益双路径理论模型所解释的那样，参与多个角色可以使员工受益，因为一个角色的经验可以延续下去，以改善另一个角色的参与经验。例如，个人在工作中获得资源（社会支持和自我效能），个人就可以将这些资源再投资于非工作角色，以获得积极的结果。Wayne 等[2]扩展了工作—家庭双路径理论模型，基于资源保存理论提出工作—家庭增益的"资源—获取—发展"观点。该模型强调的是当个体从工作领域获得收益时，其整个生活系统（工作和家庭）的功能可能得到改进，与此同时，也会影响系统中其他成员（家人或者同事）对于整个系统层面的结果变量的评价。工作—家庭增益的"资源—获取—发展"观点模型给本书的研究带来了新的启发，应该重视工作—家庭增益对工作和家庭整个系统效能的作用。这有助于突破对单一领域的考虑。例如，工作对家庭增益会对工

---

[1] Bakker, A., Demerouti, E., "The Job Demands – Resources Model: State of the Art", *Journal of Managerial Psychology*, 2007, 22 (3): 309 – 328.

[2] Wayne, J. H., Grzywacz, J. G., Carlson, D. S., et al., "Work – Family Facilitation: A Theoretical Explanation and Model of Primary Antecedents and Consequences", *Human Resource Management Review*, 2007, 17 (1): 63 – 76.

作域和家庭域的结果变量带来综合的影响，而非仅仅考虑家庭域或工作域的结果。

（三）工作—家庭资源模型

基于资源保存理论，ten Brummelhuis 和 Bakker[①] 将工作—家庭增益的过程描述为一个资源积累的过程，提出工作—家庭资源模型（Work – Home Resource Model），该模型描述了工作—家庭冲突和工作—家庭增益的发生过程。工作—家庭冲突描述的是个体在一个领域的需求会消耗个体的资源，并阻碍个体在另一领域履行其肩负的责任。而工作—家庭增益则描述的是角色积累的过程，认为工作或家庭领域的资源会增加个体资源（如时间、精力、情绪等），这些个体资源又可以用来改善工作和家庭领域的结果变量。此外，工作—家庭资源模型也解释了个体和文化因素会对工作—家庭冲突和工作—家庭增益的发生带来怎样的影响。工作—家庭资源模型还解释了工作—家庭冲突及工作—家庭增益的发展如何随时间变化。以往工作—家庭关系的主要模型都忽视了工作域与家庭域以外的因素（如生态、文化、个性特征等）对工作—家庭关系的影响[②]。基于此，工作—家庭资源模型借助资源保存理论，并结合了条件因素即工作—家庭关系随时间发展的过程，阐明了工作—家庭冲突及工作—家庭增益的发生机制。

资源保存理论描述的资源损耗和获取的过程同样可以用来解释工

[①] ten Brummelhuis, L. L., Bakker, A. B., "A Resource Perspective on the Work – Home Interface: The Work – Home Resources Model", *American Psychologist*, 2012, 67 (7): 545 – 556.

[②] Parasuraman, S., Greenhaus, J. H., "Toward Reducing Some Critical Gaps in Work – Family Research", *Human Resource Management Review*, 2002, 12 (3): 299 – 312.

作家庭关系发生的机制。工作—家庭资源模型从压力角度解释了工作—家庭冲突的发生机理。压力也可以被定义为一种环境型压力，工作—家庭冲突反映了在一个角色领域中的需求会消耗个体资源，以至影响另一个角色领域的相关结果。相反，情境资源（Contextual Resources）似乎可以催生工作—家庭增益过程，认为个体可以借助资源以生成更多其他资源。工作—家庭增益可以被视为个体从工作领域或家庭领域获得的情境资源增强个体资源的过程。随后，个体在某一个角色领域中获得的个体资源可以提高个体在另一个角色领域中的表现。虽然环境中的压力和资源分别是引发工作家庭冲突/增益的主要原因，但个体资源是连接工作领域与家庭领域的重要桥梁。工作—家庭资源模型，如图2-3所示。

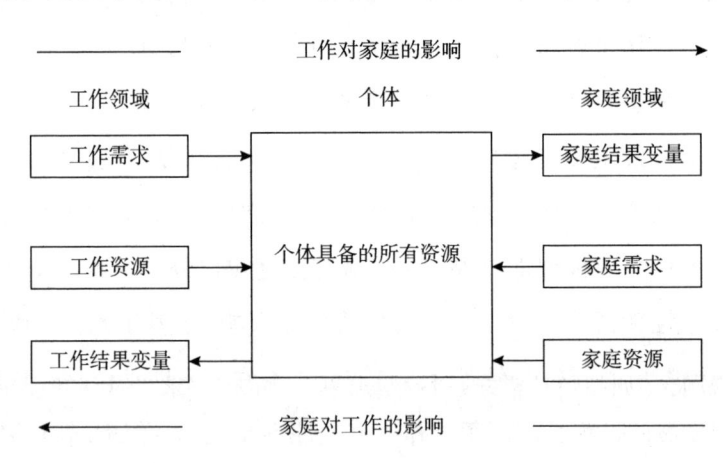

图2-3 工作—家庭资源模型

耗损机制强调的工作需求包括超负荷需求、情感型需求、生理需求以及认知需求。[1] 超负荷需求是指个体需要在短时间内完成很多任

---

[1] Bakker, A., Demerouti, E., "The Job Demands-Resources Model: State of the Art", *Journal of Managerial Psychology*, 2007, 22 (3): 309-328.

务。在工作域表现为员工需要在较短的工作期限内完成任务，而在家庭域表现为个体需要在短时间内完成家务劳动等。情感型需求是指促使个体产生情绪耗损的需求（如夫妻冲突等）。生理需求是指个体在完成任务时需要消耗大量的体力。认知需求是指个体需要集中精力处理事情。增益机制强调的情境资源包括工作情境资源和家庭情境资源。如社会支持强调上司、同事和家人等给予的工具型支持与情感型支持。工作自主性可以使员工决定什么时候以及怎样完成工作。其他的情境资源也包括个人成长的机会以及绩效反馈等。[1] 模型中强调的个体资源包括心理资源、生理资源、认知资源、情感性资源以及资本资源。心理资源指的是能够有效帮助个体完成任务的心理资源，如关注点、注意力等。生理资源包括生理能量及健康。认知资源是指个人所具备的知识、技能，以及经验。情感资源包括个体所感知到的积极情绪，如乐观的心态以及成就感等。资本资源指的是能够促使个体完成角色绩效的工具性资源，如时间、金钱等。

综上所述，ten Brummelhuis 和 Bakker[2] 以资源保存理论为基础，构建了能够整体解释工作与家庭之间的冲突和增益发生机制的整合模型。在解释工作家庭冲突机制的发生机理中强调某一角色领域的角色需求（如超负荷需求、情感型需求、生理需求以及认知需求等）会消耗个体资源以应对角色的需求，并影响另一角色领域的表现。在解释工作—家庭增益的发生机理中强调工作或家庭领域资源有利于个体蓄积个体资源，并跨领域地影响角色表现。该模型将情境资

---

[1] Demerouti, E., Bakker, A. B., Nachreiner, F., et al., "The Job Demands - Resources Model of Burnout", *Journal of Applied Psychology*, 2001, 86 (3): 499-512.

[2] ten Brummelhuis, L. L., Bakker, A. B., "A Resource Perspective on the Work - Home Interface: The Work - Home Resources Model", *American Psychologist*, 2012, 67 (7): 545-556.

源（如社会支持、工作自主性、成长机会等）视为角色领域资源，角色资源的获取是工作—家庭增益发生的前提条件，并强调某一领域（工作或家庭）的角色资源有利于积累个体资源（如心理资源、情感资源、认知资源等）以提升另一角色领域（家庭或工作）表现。但这一理论模型并未解答个体从角色情境中获取个体资源的规则，在本书的角色资源跨界增益理论中，我们将借助工作—家庭资源模型与社会交换理论来重点阐述个体是如何在角色情境中增强个体资源的。因此，工作—家庭资源模型适合解释本书中工作—家庭增益发生的逻辑主线。

（四）工作—家庭增益的方格模型

林忠等[①]认为，移动互联网时代对工作—家庭关系带来了许多新的影响，工作—家庭边界呈现出新的特征。

第一，两域边界模糊化，包括行为边界模糊化、物理边界模糊化、时间边界模糊化、社会边界模糊化和心理边界模糊化。行为边界模糊化强调与亲戚朋友的家庭沟通中也可能嵌入销售产品等工作域属性。物理边界模糊化强调移动互联网时代让远程办公模式变为可能，突破了传统工作与家庭物理空间的边界。时间边界模糊化强调在移动互联网时代家人和单位都有可能打破工作域和家庭域的时间边界。社会边界模糊化强调员工与同事家人的社会关系网络在互联网时代发生了交叉和融合。心理边界模糊化强调个体行为、物理、时间边界和社会边界的模糊化所带来的心理边界模糊化。

第二，角色转换多样化，包括无意识的角色转换和有意识的角

---

① 林忠、孟德芳、鞠蕾：《工作—家庭增益方格模型构建研究》，《中国工业经济》2015年第4期。

色转换。无意识的角色转换则是因为微信等即时聊天工具的出现,使得线上的工作域和家庭域的参与切换成为一种全新的惯性体验。有意识的角色转换则强调工作域和家庭域的转换中的主观性和目的性。

第三,跨域意愿扩大化,包括"实体空间"中的跨域意愿扩大化、"虚拟空间"中的跨域意愿扩大化和"虚实空间"中的跨域意愿扩大化。移动互联网时代给我们创建了一个全新的虚拟空间,信息网络等技术让虚实空间的切换能够实现无缝衔接。特别是在虚拟空间中的跨域可以打破时间、空间的限制,跨域意愿被扩大化。

林忠等[1]基于移动互联网时代工作域和家庭域的新特点,融合边界理论和人与环境匹配理论,构建了工作—家庭增益的二维方格模型,推动了移动互联网时代的工作家庭关系理论研究。基于边界理论提出两个核心构念:边界弹性意愿(Boundary Flexibility – Willingness)和边界弹性能力(Boundary Flexibility – Ability)。其中边界弹性意愿指个体主观上期望缩小或扩大工作域/家庭域边界以满足家庭域/工作域需求的意愿,包括工作弹性意愿和家庭弹性意愿。边界弹性能力指个体感知的客观实际上能够缩小或扩大工作域/家庭域边界以满足家庭域/工作域需求的能力,包括工作弹性能力和家庭弹性能力。基于此,融合人与环境匹配理论提出工作对家庭增益的二维模型,如图 2-4 所示。工作对家庭增益的二维模型以工作弹性意愿为横坐标,工作弹性能力为纵坐标,形成工作弹性意愿和能力共同构成的四个象限。第Ⅰ象限代表供求均衡的高水平工作对家庭增益,第Ⅱ象限代表供过于求的低水平工作对家庭增益,第Ⅲ象限代表供

---

[1] 林忠、孟德芳、鞠蕾:《工作—家庭增益方格模型构建研究》,《中国工业经济》2015 年第 4 期。

求均衡的低水平工作对家庭增益，第Ⅳ象限代表供不应求的低水平工作对家庭增益。家庭对工作增益的二维模型，如图2-5所示。家庭对工作增益的二维模型以家庭弹性意愿为横坐标，家庭弹性能力为纵坐标，形成家庭弹性意愿和能力共同构成的四个象限。第Ⅰ象限代表供求均衡的高水平家庭对工作增益，第Ⅱ象限代表供过于求的低水平家庭对工作增益，第Ⅲ象限代表供求均衡的低水平家庭对工作增益，第Ⅳ象限代表供不应求的低水平家庭对工作增益。

工作弹性能力		
高	Ⅱ 供过于求的低水平 工作对家庭增益	Ⅰ 供求均衡的高水平 工作对家庭增益
低	Ⅲ 供求均衡的低水平 工作对家庭增益	Ⅳ 供不应求的低水平 工作对家庭增益
	低　　　　　　　　　　高 工作弹性意愿	

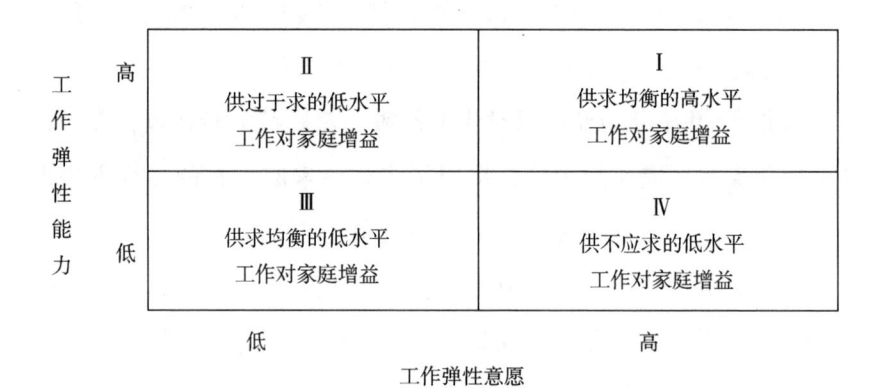

图2-4　工作对家庭增益二维模型

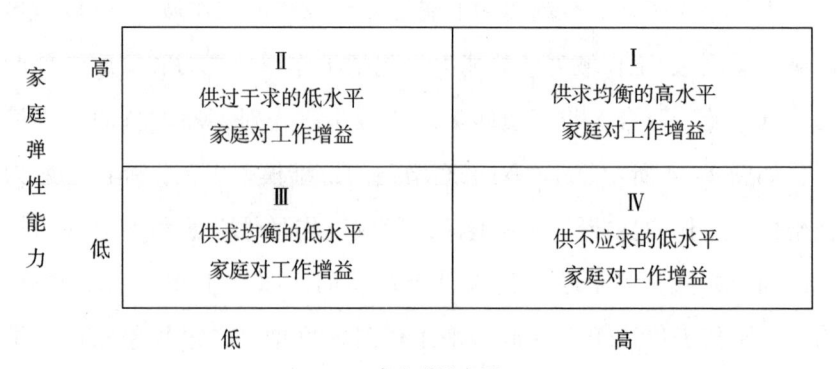

家庭弹性能力		
高	Ⅱ 供过于求的低水平 家庭对工作增益	Ⅰ 供求均衡的高水平 家庭对工作增益
低	Ⅲ 供求均衡的低水平 家庭对工作增益	Ⅳ 供不应求的低水平 家庭对工作增益
	低　　　　　　　　　　高 家庭弹性意愿	

图2-5　家庭对工作增益二维模型

林忠等[①]在上述基础上进一步将"工作弹性意愿和工作弹性能力的匹配水平和质量"设定为横坐标，将"家庭弹性意愿与家庭弹性能力匹配水平和质量"设定为纵坐标。根据增益水平高低和增益质量优劣对图2-4、图2-5中的四个象限赋值，最终形成了包括16个方格的工作—家庭增益方格模型，如图2-6所示。其中，图2-6右上角加粗的四个方格被定义为理想区域，即方格4.4、方格3.4、方格3.3和方格4.3。四个方格的工作弹性意愿和家庭弹性意愿分别被工作弹性能力和家庭弹性能力恰好满足，理想方格并无好坏区分，只有适合与否。处于理想方格的员工个体，虽然在工作—家庭增益的水平上存在高低，但工作—家庭增益的质量均是最优的。

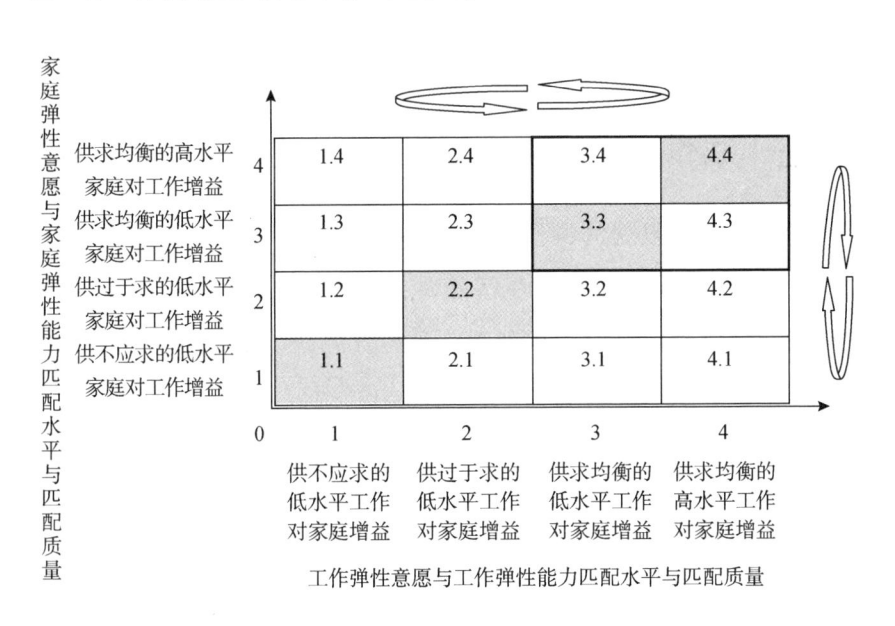

图2-6 工作—家庭增益方格模型

---

① 林忠、孟德芳、鞠蕾：《工作—家庭增益方格模型构建研究》，《中国工业经济》2015年第4期。

综上所述，在移动互联网时代，工作—家庭方格模型充分考虑了工作—家庭边界特征（工作—家庭边界弹性意愿、工作—家庭边界弹性能力）的重要作用，这是过往很多工作家庭关系模型所忽略的；并且将边界理论、人与环境匹配理论相结合，强调边界弹性意愿和边界弹性能力之间的匹配，具有创新性。但目前该模型并未得到实证数据的验证，尚缺乏数据的支持，模型中仅考虑了角色领域边界这唯一因素，缺乏对个体因素、情境因素的综合考虑。工作—家庭增益方格模型为本书的角色资源跨界增益的理论和实证研究中考虑工作—家庭边界特征的作用提供了重要的启发。

四 工作—家庭增益的实证研究综述

（一）工作—家庭增益的影响因素

角色参与中收获的哪些资源能够跨界应用于另一个角色领域，并有助于提升其角色表现和生活品质，实现工作家庭间的跨界增益？这需要对角色资源获取进行分析。角色资源获取依赖于工作、组织和家庭环境，包括工作自身资源、组织环境资源和家庭环境资源。但近些年也有部分研究关注到了工作—家庭边界特征对工作—家庭增益的影响。本节将对现有工作—家庭增益影响因素的相关研究进行梳理。

第一类视角：简单地把影响工作家庭冲突的变量等同于工作—家庭增益的影响因素。但是 Grzywacz 和 Butler[1]的实证研究表明，工

---

[1] Grzywacz, J. G., Butler, A. B., "The Impact of Job Characteristics on Work‐to‐Family Facilitation: Testing a Theory and Distinguishing a Construct", *Journal of Occupational Health Psychology*, 2005, 10 (2): 97–109.

作特征对工作—家庭增益和工作家庭冲突的影响显著不同，因而证明了增益和冲突是两个不同的构念，两者具有不同的影响因素。Grzywacz 和 Marks[①] 也实证证明了四种工作家庭关系，即工作对家庭冲突、工作对家庭增益、家庭对工作冲突、家庭对工作增益存在显著的差别。这类视角已经受到学者们的挑战，基本可以判定是错误的。

第二类视角：工作自身资源。影响工作自身资源获取的因素主要包括工作特征和工作资源两方面。工作特征影响个体工作角色参与过程中资源获取的类型和程度差异，不仅包括工作年限、工作自由度、工作丰富性、弹性工作安排、控制感、不合理任务等综合特征，还包括工作中可获得的具体资源（如知识技能和观点、发展性经验、社会资源、灵活性、物质资源等[②]）。资源丰富的工作有利于工作对家庭的增益，当个体从事的工作具有更多自主性和多样性，并且工作要求个体具有相当程度的专业性社会技能时，个体能够体验更多工作对家庭的增益。Lingard 等[③]进一步指出，当工作相关的资源能够与个体及其

---

① Grzywacz, J. G., Marks, N. F., "Family, Work, Work – Family Spillover, and Problem Drinking During Midlife", *Journal of Marriage and Family*, 2000, 62 (2): 336 – 348.

② Greenhaus, J. H., Powell, G. N., "When Work and Family are Allies: A Theory of Work – Family Enrichment", *Academy of Management Review*, 2006, 31 (1): 72 – 92; Carvalho, V. S., Chambel, M. J., "Work – to – Family Enrichment and Employees' Well – Being: High Performance Work System and Job Characteristics", *Social Indicators Research*, 2014, 119 (1): 373 – 387; Lapierre, L. M., Li, Y., Kwan, H. K., et al., "A Meta – Analysis of the Antecedents of Work – Family Enrichment", *Journal of Organizational Behavior*, 2018, 39 (4): 385 – 401; Ahmed, S. F., Eatough, E. M., Ford, M. T., "Relationships between Illegitimate Tasks and Change in Work – Family Outcomes Via Interactional Justice and Negative Emotions", *Journal of Vocational Behavior*, 2018, 104: 14 – 30; Carlson, D. S., Thompson, M. J., Crawford, W. S., Kacmar, K. M., "Spillover and Crossover of Work Resources: A Test of the Positive Flow of Resources through Work – Family Enrichment", *Journal of Organizational Behavior*, 2019, 40 (6): 709 – 722.

③ Lingard, H. C., Francis, V., Turner, M., "Work – Family Enrichment in the Australian Construction Industry: Implications for Job Design", *Construction Management and Economics*, 2010, 28 (5): 467 – 480.

家庭的期望相适配时，个体认为，工作安排是适宜的，工作安排的适宜度正向影响工作家庭之间的互动增益。部分学者将工作资源进一步细化，弹性工作安排、工作自主性、压缩周、充足时间、控制感将有助于员工体验到更多工作对家庭的增益。① 在弹性工作计划中，雇员能够在组织限制范围内自主选择工作时间，如扩充每天工作的时间，缩短每周工作的天数。这种灵活和自由有利于个体实现跨边界角色转换。

第三类视角：组织环境资源。个体在角色参与过程中依附于特定的组织环境。Wayne 等②将组织环境资源分为能量资源、支持性资源、条件资源。能量资源包括发展机会和工作机会等。支持性资源包括主管和同事支持、支持性工作家庭文化等。在机会多且支持性强的组织环境中，工作能够促进个体积极的情绪和情感，为参与另一角色储备心理能量和资源。同时，在组织资源丰富的环境下个体有更多可供利用的能量、支持和条件资源，这些将有利于追求和实现个人的成长和发展，有利于体验到更多跨界增益。随后学者展开了支持性资源的细化研究，发现组织提供的各类工作家庭平衡政策有利于个体感知到组织对家庭的支持。主管和同事提供的工具和情感性的支持，能够有利于个体协调工作和家庭角色。工作家庭文化通过增强自信心和灵活

---

① Lingard, H. C., Francis, V., Turner, M., "The Rhythms of Project Life: A Longitudinal Analysis of Work Hours and Work – Life Experiences in Construction", *Construction Management and Economics*, 2010, 28 (10): 1085 – 1098; McNall, L. A., Masuda, A. D., Nicklin, J. M., "Flexible Work Arrangements, Job Satisfaction, and Turnover Intentions: The Mediating Role of Work – to – Family Enrichment", *The Journal of Psychology*, 2009, 144 (1): 61 – 81; Carvalho, V. S., Chambel, M. J., "Work – to – Family Enrichment and Employees' Well – Being: High Performance Work System and Job Characteristics", *Social Indicators Research*, 2013, 119 (1): 373 – 387.

② Wayne, J. H., Grzywacz, J. G., Carlson, D. S., et al., "Work – Family Facilitation: A Theoretical Explanation and Model of Primary Antecedents and Consequences", *Human Resource Management Review*, 2007, 17 (1): 63 – 76.

性增加员工的心理资源。在不同组织环境中，感知到的组织资源存在差异性。组织环境资源主要包括社会支持、工作—家庭平衡政策、家庭友好型政策实践、家庭友好型工作文化、同事/主管支持、家庭支持型主管行为等。①

第四类视角：家庭环境资源。工作对家庭的增益更多考虑工作和组织环境资源，家庭对工作的增益则更多关注来自家庭环境的资源，包括家庭支持、婚姻状况、配偶支持等。② 有关家庭领域相关变量影响家庭对工作增益的实证研究为数甚少，可能的原因在于组织很难干预雇员的家庭生活，研究采样也相对困难。但家庭环境是角色资源获取不可忽视的依存环境。个人婚姻状况、子女年龄、配偶的情感支持等微观家庭系统因素，对工作家庭之间的积极渗溢产生影响。③ 家庭支持能够发挥外在激励作用，为个体提供工具性建议和情感资源，有利于个体实现工作目标。感受到更多来自家庭的支持，会相应体验到更多家庭对工作增益，家庭支持是家庭对工作增益的重要前因。④

---

① Baral, R., Bhargava, S., "Examining the Moderating Influence of Gender on the Relationships between Work – Family Antecedents and Work – Family Enrichment", *Gender in Management: An International Journal*, 2011, 26（2）：122 – 147；Russo, M., Buonocore, F., Carmeli, A., et al., "When Family Supportive Supervisors Meet Employees' Need for Caring: Implications for Work – Family Enrichment and Thriving", *Journal of Management*, 2018, 44（4）：1678 – 1702.

② Lapierre, L. M., Li, Y., Kwan, H. K., et al., "A Meta – Analysis of the Antecedents of Work – Family Enrichment", *Journal of Organizational Behavior*, 2018, 39（4）：385 – 401.

③ Grzywacz, J. G., Marks, N. F., "Family, Work, Work – Family Spillover, and Problem Drinking During Midlife", *Journal of Marriage and the Family*, 2000, 62：336 – 348.

④ Bhargava, S., Baral, R., "Antecedents and Consequences of Work – Family Enrichment Among Indian Managers", *Psychological Studies*, 2009, 54（3）：213 – 225.

第五类视角：工作—家庭边界特征与管理。Daniel 和 Sonnentag[①]指出边界管理（Boundary Management）涉及边界渗透性（心理边界）和边界灵活性（物理边界），工作对家庭增益在渗透性偏好与工作满意度之间的关系中起中介作用。工作对家庭增益在工作弹性感知与工作满意度之间的关系中起中介作用。McNall 等[②]研究指出目前工作家庭关系研究中对边界偏好是否有助于个人在多重角色参与中获益的研究较少。边界偏好强调个体对工作与非工作角色的整合与分离偏好。研究基于工作—家庭增益理论、边界理论和资源保存理论发现，具有积极情感的人更有可能体验工作对家庭增益和家庭对工作增益，而那些具有工作家庭整合偏好的个体更有可能体验工作对家庭增益（但不是家庭对工作增益）。反过来，工作对家庭增益（但不是家庭对工作增益）与较低的离职意愿和情绪衰竭有关。

第六类视角：工作—家庭增益前因研究元分析视角。Lapierre 等[③]对工作—家庭增益（包括工作对家庭增益和家庭对工作增益）的前因进行元分析。认为每个角色领域都有其特有的情境和个体特征，工作领域资源供给（Resource – Providing）的情境特征包括社会支持、家庭友好型政策、家庭友好型工作文化、工作年限、工作自主性。家庭领域资源供给的情境特征包括家庭支持、婚姻状况。工作领域资源损耗（Resource – Depleting）的情境特征包括工作耗时、工作角色过载、工

[①] Daniel, S., Sonnentag, S., "Crossing the Borders: The Relationship between Boundary Management, Work – Family Enrichment and Job Satisfaction", *The International Journal of Human Resource Management*, 2016, 27 (4): 407 – 426.

[②] McNall, L. A., Scott, L. D., Nicklin, J. M., "Do Positive Affectivity and Boundary Preferences Matter for Work – Family Enrichment? A Study of Human Service Workers", *Journal of Occupational Health Psychology*, 2015, 20 (1): 93 – 104.

[③] Lapierre, L. M., Li, Y., Kwan, H. K., et al., "A Meta – Analysis of the Antecedents of Work – Family Enrichment", *Journal of Organizational Behavior*, 2018, 39 (4): 385 – 401.

作不安全感。家庭领域资源耗损的情境特征包括家庭耗时、家庭角色过载、子女数量、年幼子女、配偶就业情况及配偶工作时间。与工作相关的个体特征包括工作卷入、工作投入、工作中心性。与家庭相关的个体特征包括家庭投入、家庭中心性。研究显示，情境和个体特征对工作—家庭增益有显著影响，工作相关的变量与工作对家庭的增益的关系更强，家庭相关的变量往往与家庭对工作增益的关系更强。资源获取情境特征与增益的关系强于资源损耗情境特征与增益的关系。但性别几乎不能调节情境特征与工作—家庭增益之间的关系。元分析结构方程建模验证了一个理论路径模型，即工作投入在情境特征和增益之间起中介作用。

第七类视角：角色资源整体效应视角。仅少量学者尝试综合看待工作资源的整体效应，如工作和家庭资源的整体获得和损耗对工作家庭冲突/增益的影响。[1] 跨领域资源溢出训练对工作—家庭增益的影响。[2] 工作资源（发展经验、主管支持、控制感和自我效能）通过影响在职员工工作—家庭增益来提高婚姻状况和家庭效能。[3] 角色资源（家庭友好型组织政策、主管/同事/家庭支持、工作自主性）通过工作投入影响工作—家庭增益。[4] 个体资源、工作资源、家庭资源对工作家

---

[1] Chen, Z., Powell, G. N., Cui, W., "Dynamics of the Relationships among Work and Family Resource Gain and Loss, Enrichment, and Conflict Over Time", *Journal of Vocational Behavior*, 2014, 84 (3): 293 – 302.

[2] Heskiau, R., McCarthy, J. M., "A Work – Family Enrichment Intervention: Transferring Resources across Life Domains", *Journal of Applied Psychology*, 2020, 106 (10): 1573 – 1585.

[3] Carlson, D. S., Thompson, M. J., Crawford, W. S., et al., "Spillover and Crossover of Work Resources: A Test of the Positive Flow of Resources through Work – Family Enrichment", *Journal of Organizational Behavior*, 2019, 40 (6): 709 – 722.

[4] Siu, O. L., Lu, J. F., Brough, P., et al., "Role Resources and Work – Family Enrichment: The Role of Work Engagement", *Journal of Vocational Behavior*, 2010, 77 (3): 470 – 480.

庭冲突/增益的综合影响。①

(二) 工作—家庭增益的扩散作用

在组织、个人、家庭的整合系统中，获取的工作或家庭角色资源能够在角色之间相互渗溢，影响另一角色领域表现和生活品质。工作家庭间良性的互动体验不是仅对某一个角色领域带来影响，而是扩散影响到个体、组织、家庭相关领域。工作—家庭增益的扩散作用强调工作家庭间的增益这样一种良性的体验所带来的积极效果会作用到不同的角色领域，进一步影响个体心理与行为、组织或家庭等多领域的相关变量，形成更全面的跨界影响。本节内容将详细归纳现有关于工作—家庭增益扩散作用的相关文献。

第一，工作—家庭增益影响个体心理与行为。工作—家庭增益会对个体的心理和行为产生积极的影响，包括积极情绪、工作绩效、职业成功、员工建言行为等。工作—家庭增益正向影响积极情绪，进而影响个体在工作领域的绩效表现。② Zhang 等③基于中国情境，尝试挖掘工作—家庭增益对员工行为层面的影响，研究指出工作—家庭增益显著影响员工建言行为。工作—家庭增益不仅表现在个体自身的跨界作用中，个体之间也可能感受到增益的影响，尤其是主管对员工的影响作用显著。主管给予下属日程安排的自主权不仅增强了下属工作—

---

① Wayne, Julie H., et al., "Predictors and Processes of Satisfaction with Work – Family Balance: Examining the Role of Personal, Work, and Family Resources and Conflict and Enrichment", *Human Resource Management*, 2020, 59 (1): 25–42.

② Carlson, D. S., Ferguson, M., Kacmar, K. M., et al., "Pay it Forward: The Positive Crossover Effects of Supervisor Work – Family Enrichment", *Journal of Management*, 2011, 37 (3): 770–789.

③ Zhang, H., Zhou, X., Wang, Y., et al., "Work – to – Family Enrichment and Voice Behavior in China: The Role of Modernity", *Frontiers of Business Research in China*, 2011, 5 (2): 199–218.

家庭增益发生的可能性，而且主管自身的工作—家庭增益会影响下属对家庭友好型环境的感知，影响下属的工作—家庭增益，并进一步影响下属的绩效表现。

第二，工作—家庭增益向组织领域的扩散作用。当个体认为工作对家庭存在积极正向增益、家庭对工作存在积极正向增益时，会产生对参与角色的积极心理评价，同时也能积极扩散到工作领域并影响其角色表现，包括工作满意度、个体的离职意向、个体对组织的承诺、组织公民行为等。工作满意度是关于对工作的整体评价和感受，当个体感受到更多工作对家庭增益时，将会有更强的工作满意度。[1] 离职意向是一种有意识并深思熟虑后决定离开组织的意愿，研究显示工作—家庭增益与离职意向负相关。[2]

组织承诺是员工与组织间的心理关联，体现员工对组织的认同、参与及忠诚度，当员工认为工作角色参与有利于其扮演好家庭角色时，员工会产生更多对工作和组织的积极情感和评价。工作—家庭增益与组织承诺中的情感承诺正相关。[3] 家庭—工作增益影响家庭满意度、情感性承诺、组织公民行为[4]和员工离职意愿[5]。同时，

---

[1] Tang, S. W., Siu, O. L., Cheung, F., "A Study of Work–Family Enrichment among Chinese Employees: The Mediating Role between Work Support and Job Satisfaction", *Applied Psychology*, 2014, 63 (1): 130–150.

[2] McNall, L. A., Nicklin, J. M., Masuda, A. D., "A Meta–Analytic Review of the Consequences Associated with Work–Family Enrichment", *Journal of Business and Psychology*, 2010, 25 (3): 381–396.

[3] Wayne, J. H., Casper, W. J., Matthews, R. A., et al., "Family–Supportive Organization Perceptions and Organizational Commitment: The Mediating Role of Work–Family Conflict and Enrichment and Partner Attitudes", *Journal of Applied Psychology*, 2013, 98 (4): 606–622.

[4] Bhargava, S., Baral, R., "Antecedents and Consequences of Work–Family Enrichment among Indian Managers", *Psychological Studies*, 2009, 54 (3): 213–225.

[5] Wayne, J. H., Randel, A. E., Stevens, J., "The Role of Identity and Work–Family Support in Work–Family Enrichment and Its Work–Related Consequences", *Journal of Vocational Behavior*, 2006, 69 (3): 445–461.

Carlson 等①的研究进一步明晰了工作—家庭增益影响满意度的作用机理，积极情绪是工作—家庭增益与工作满意度关系间的重要中介变量。Wayne 等②工作对家庭增益正向预测情感性组织承诺，家庭对工作增益负向预测离职意向。

第三，工作—家庭增益向家庭领域的扩散作用。工作与家庭中不同角色体验能够获取角色资源，促进另一角色领域的表现并提升生活品质。角色体验中孕育的希望、乐观这类积极情感有助于个体在另一角色中迎接困难与挑战，增强毅力和韧性，在家中有更强积极情感的个体将更关注家庭成员关系，更好地履行家庭责任。③ 在家庭角色（配偶、父母）参与中积极的体验能够弱化工作压力和心理压力。工作—家庭增益与个体心理健康、生活满意度、情感平衡、配偶关系质量这些个人福祉存在正向关系并有助于提升个人幸福感。④ Jaga 和 Bagraim⑤ 指出工作—家庭增益能够解释工作满意度和职业满意度很大比例的方差，家庭对工作增益能够解释家庭满意度很大比例的方差。Bhargava 和 Baral⑥ 根据印度的四个制造和信息技术行业的 245 位

---

① Carlson, D. S., Hunter, E. M., Ferguson, M., et al., "Work – Family Enrichment and Satisfaction Mediating Processes and Relative Impact of Originating and Receiving Domains", *Journal of Management*, 2014, 40 (3): 845 – 865.

② Wayne, J. H., Casper, W. J., Matthews, R. A., et al., "Family – Supportive Organization Perceptions and Organizational Commitment: The Mediating Role of Work – Family Conflict and Enrichment and Partner Attitudes", *Journal of Applied Psychology*, 2013, 98 (4): 606 – 622.

③ Greenhaus, J. H., Powell, G. N., "When Work and Family are Allies: A Theory of Work – Family Enrichment", *Academy of Management Review*, 2006, 31 (1): 72 – 92.

④ Carvalho, V. S., Chambel, M. J., "Work – to – Family Enrichment and Employees' Well – Being: High Performance Work System and Job Characteristics", *Social Indicators Research*, 2013, 119 (1): 373 – 387.

⑤ Jaga, A., Bagraim, J., "The Relationship between Work – Family Enrichment and Work – Family Satisfaction Outcomes", *South African Journal of Psychology*, 2011, 41 (1): 52 – 62.

⑥ Bhargava, S., Baral, R., "Antecedents and Consequences of Work – Family Enrichment among Indian Managers", *Psychological Studies*, 2009, 54 (3): 213 – 225.

员工的数据，研究显示家庭对工作增益会影响家庭满意度和情感承诺。

第四，工作—家庭增益扩散作用研究元分析。工作—家庭界面研究从冲突视角转向增益视角，导致人们对工作—家庭增益的结果研究越来越感兴趣。[①] 研究基于工作—家庭增益双路径模型提出的框架，通过元分析研究了工作—家庭增益的结果。结果显示，工作—家庭增益主要的四类结果变量，包括工作领域的情感结果（工作满意度、组织承诺、离职意向）、资源结果（工作投入、工作倦怠）、绩效结果（角色内绩效、组织公民行为）和一般福祉（健康、生活满意度、压力）。家庭领域的情感性结果（家庭满意度）、绩效结果（家庭绩效）。并且，工作—家庭增益对角色内的结果影响强于对跨角色域结果的影响。McNall 等[②]对 21 篇工作对家庭增益和 25 篇家庭对工作增益的研究进行元分析，结果显示工作—家庭增益正向影响工作满意度、情感性承诺和家庭满意度。其中，工作对家庭增益与工作相关结果更相关，家庭对工作增益与非工作领域的结果更相关。无论是工作对家庭增益还是家庭对工作增益均能正向影响个体身心健康。

（三）工作—家庭增益的作用机理研究

1. 工作—家庭增益的中介机制

工作对家庭增益在弹性工作安排与工作结果变量（工作满意度和

[①] Zhang, Y., Xu, S., Jin, J., et al., "The Within and Cross Domain Effects of Work - Family Enrichment: A Meta - Analysis", *Journal of Vocational Behavior*, 2018, 10 (4): 210 - 227.

[②] McNall, L. A., Nicklin, J. M., Masuda, A. D., "A Meta-Analytic Review of the Consequences Associated with Work - Family Enrichment", *Journal of Business and Psychology*, 2010, 25 (3): 381 - 396.

离职意向）之间起中介作用。弹性工作安排（弹性时间、压缩周）可以帮助员工体验更多工作对家庭增益，最终提升工作满意度，降低离职意愿。[①] Hunter 等[②]研究指出，团队可以在工作中提供关键的社会资源，帮助个人成长和发展，从而在工作和家庭领域之间产生积极的溢出效应。研究基于"资源—获取—发展"观点模型，探讨了团队资源如何影响工作—家庭增益和角色领域满意度。结论显示，拥有团队资源的个体更有可能体验工作对家庭增益和家庭对工作增益，并且工作对家庭增益在团队资源与工作满意度之间的关系中起中介作用，家庭对工作增益在团队资源与家庭满意度之间的关系中起中介作用。Chen 等[③]认为，工作—家庭增益在家庭友好型工作实践（即弹性时间和压缩工作周）与工作结果（工作满意度和离职意向）的关系中起中介作用。此外，对女性员工来说，工作对家庭增益与离职意愿之间的关系更强。Siu 等[④]提出工作—家庭增益的理论模型，并检验了工作投入的中介作用，采集中国 786 名员工两个时点的数据，研究结果表明，工作投入是工作—家庭增益最近端的预测因子。工作投入在家庭友好型组织政策与工作—家庭增益的关系中起完全中介作用，工作投入同样在工作自主性与工作—家庭增益的关系中起完全中介作用。此外，工作投入

[①] McNall, L. A., Masuda, A. D., Nicklin, J. M., "Flexible Work Arrangements, Job Satisfaction, and Turnover Intentions: The Mediating Role of Work – to – Family Enrichment", *The Journal of Psychology*, 2009, 144 (1): 61 – 81.

[②] Hunter, E. M., Perry, S. J., Carlson, D. S., et al., "Linking Team Resources to Work – Family Enrichment and Satisfaction", *Journal of Vocational Behavior*, 2010, 77 (2): 304 – 312.

[③] Chen, W., Zhang, Y., Sanders, K., et al., "Family – Friendly Work Practices and Their Outcomes in China: The Mediating Role of Work – to – Family Enrichment and the Moderating Role of Gender", *The International Journal of Human Resource Management*, 2018, 29 (7): 1307 – 1329.

[④] Siu, O. L., Lu, J. F., Brough, P., et al., "Role Resources and Work – Family Enrichment: The Role of Work Engagement", *Journal of Vocational Behavior*, 2010, 77 (3): 470 – 480.

在工作资源（主管支持、工作自主性）与工作—家庭增益之间的关系中起部分中介作用。同时，工作投入在家庭支持与家庭对工作增益之间的关系中起部分中介作用。Carlson 等[①]基于情感事件理论（Affective Events Theory），力图验证积极情绪和工作满意度在工作—家庭增益与工作绩效关系中的链式中介作用，其中，包括工作对家庭增益和家庭对工作增益。研究 1 中的样本来自 240 位全职员工，研究 2 中的样本来自 189 名主管和下属匹配的样本。在工作对家庭增益方面，两个样本数据的结果均支持了理论模型。在家庭对工作增益方面，第一个样本的结果支持概念模型，但第二个样本的结果不支持。Mishra 等[②]采集了 398 名服务部门员工的数据。发现工作对家庭增益与家庭对工作增益均与心理资本正相关，心理资本在工作—家庭增益与创新工作行为（Innovative Work Behavior）之间的关系中起中介作用。

2. 工作—家庭增益的调节机制

性别在工作家庭平衡政策与工作—家庭增益的关系中起调节作用，即两者关系在女性员工中显得更强。性别也在工作特征和工作对家庭增益的关系中起调节作用，即两者关系在男性员工中显得更强。[③] Chen 和 Powel[④] 采集了 1052 位中国员工的数据，研究显示工作角色资源的

---

① Carlson, D., Kacmar, K. M., Zivnuska, S., et al., "Work - Family Enrichment and Job Performance: A Constructive Replication of Affective Events Theory", *Journal of Occupational Health Psychology*, 2011, 16 (3): 297 - 312.

② Mishra, P., Bhatnagar, J., Gupta, R., et al., "How Work - Family Enrichment Influence Innovative Work Behavior: Role of Psychological Capital and Supervisory Support", *Journal of Management and Organization*, 2019, 25 (1): 58 - 80.

③ Baral, R., Bhargava, S., "Examining the Moderating Influence of Gender on the Relationships between Work - Family Antecedents and Work - Family Enrichment", *Gender in Management: An International Journal*, 2011, 26 (2): 122 - 147.

④ Chen, Z., Powell, G. N., "No Pain, No Gain? A Resource - Based Model of Work - to - Family Enrichment and Conflict", *Journal of Vocational Behavior*, 2012, 81 (1): 89 - 98.

获取或损耗（Work Role Resource Gain and Loss）分别在工作角色投入与工作—家庭增益或冲突的关系中起中介作用。调节聚焦（Regulatory Focus）强调不同的人存在不同的调节定向模式。促进聚焦（Promotion Focus），即关注最终目标（理想状态）、提高、志向、成就，追求积极结果；预防聚焦，即关注责任义务、保护、安全、可靠，避免消极结果。预防聚焦和促进聚焦分别在工作角色投入与工作角色资源获取和损耗的关系中起调节作用。Zhang 等[1]采集了中国 230 位已婚员工的数据，探讨了下属感知服务型领导（Servant Leadership）对工作—家庭增益的影响。结论显示，服务型领导与工作对家庭增益正相关，组织认同在两者关系中起中介作用。此外，家庭关切性工作氛围（Work Climate for Sharing Family Concerns）弱化了服务型领导对组织认同和工作—家庭增益的影响。

（四）工作—家庭边界与工作—家庭增益研究

企业、社会和个人开始意识到个体的工作和家庭生活逐渐相互交织和彼此影响。由于工作领域和家庭领域之间的重叠日益突出，边界管理（Boundary Management）也逐渐吸引了学者的关注。一个重要的问题：个体如何划清工作和家庭角色之间界限，并顺利在工作和家庭之间跨界过渡和切换，以努力实现工作与家庭的平衡。基于此，本节内容将梳理工作—家庭边界特征与管理的内涵，以及工作—家庭边界管理或边界特征与工作—家庭增益相关的现有研究。

---

[1] Zhang, H., Kwong Kwan, H., Everett, A. M., et al., "Servant Leadership, Organizational Identification, and Work – to – Family Enrichment: The Moderating Role of Work Climate for Sharing Family Concerns", *Human Resource Management*, 2012, 51 (5): 747 – 767.

1. 工作—家庭边界管理的内涵与分类

Allen 等[①]认为,边界管理可以从个人的角度强调个人用来管理工作和家庭角色的策略或战略,也可以从组织的角度强调灵活性工作安排等组织用来帮助个体驾驭工作和家庭角色的政策和方法。但组织政策和方法往往会限制个人对边界的管理方式。该研究中更多地关注个人管理工作—家庭界面的方式。研究回顾了工作—家庭边界管理的内涵、相关概念之间的区别,包括融合与分离(Integration/Segmentation)、弹性(Flexibilities)和渗透性(Permeations)以及其他相关构念。一是融合与分离。这一构念强调一个领域(工作/家庭)与另一个领域(家庭/工作)保持分离的程度。融合/分离的偏好与实际的融合/分离的情况不同,融合/分离偏好具有个体差异,是个体倾向于保持工作和家庭融合/分离的程度,如个体不喜欢在家里考虑工作的事情。[②] 二是弹性。弹性是角色的物理空间和时间边界的柔韧程度。如家人允许在家里的业余时间做工作项目。弹性通常是根据一个人改变边界的能力来评估的。Matthews 等[③]将弹性区分为弹性能力(Flexibility - Ability)和弹性意愿(Flexibility - Willingness)。弹性能力是个体感知能够扩大/缩小领域边界的能力,强调个体对行为的控制力。弹性意愿是个体愿意在角色领域之间转换的

[①] Allen, T. D., Cho, E., Meier, L. L., "Work - Family Boundary Dynamics", *Annual Review of Organizational Psychology and Organizational Behavior*, 2014, 1 (1): 99 - 121.

[②] Kreiner, G. E., "Consequences of Work - Home Segmentation or Integration: A Person - Environment Fit Perspective", *Journal of Organizational Behavior: The International Journal of Industrial, Occupational and Organizational Psychology and Behavior*, 2006, 27 (4): 485 - 507.

[③] Matthews, R. A., Barnes - Farrell, J. L., Bulger, C. A., "Advancing Measurement of Work and Family Domain Boundary Characteristics", *Journal of Vocational Behavior*, 2010, 77 (3): 447 - 460.

动机，强调个体对行为的态度。三是渗透性。边界渗透性强调一个角色领域对身处另一个角色领域的个体心理和行为的渗透影响，如在家时接到与工作有关的电话。四是角色模糊。角色模糊（Role Blurring）是一个人工作和家庭角色区分的难度或不确定性。[1] 五是干扰。干扰（Interruptions）是指从一个角色侵入另一个角色。但需要独立区分工作对家庭角色领域的干扰和家庭对工作角色领域的干扰。六是工作心理脱离（Psychological Detachment from Work）。工作心理脱离是一种状态，人们在精神上与工作脱节，在离开工作时不考虑与工作有关的问题。[2] 如在下班后的时间里根本不考虑工作的一种脱离状态。七是工作—家庭角色转换（Work and Family Role Transitions）。Matthews 等[3]发现，工作向家庭转换与家庭对工作冲突正相关。家庭向工作转换的增加也有相似之处。家庭向工作转换的增加与更多的家庭弹性（能力和意愿）和更少的工作弹性—意愿有关。Kossek 等[4]将边界管理风格定义为个人用来划定边界、平衡工作和家庭以及其他非工作角色的方法，包括角色身份中心性和边界控制感。

结合角色和边界理论，确定了工作—非工作边界管理的三个主要

---

[1] Desrochers, S., Hilton, J. M., Larwood, L., "Preliminary Validation of the Work - Family Integration - Burring Scale", *Journal of Family Issues*, 2005, 26 (4): 442 - 466; Glavin, P., Scott, S., "Work - Family Role Blurring and Work - Family Conflict: The Moderating Influence of Job Resources and Job Demands", *Work and Occupations*, 2012, 39 (1): 71 - 98.

[2] Sonnentag, S., "Psychological Detachment from Work during Leisure Time: The Benefits of Mentally Disengaging from Work", *Current Directions in Psychological Science*, 2012, 21 (2): 114 - 118.

[3] Matthews, R. A., Barnes - Farrell, J. L., Bulger, C. A., "Advancing Measurement of Work and Family Domain Boundary Characteristics", *Journal of Vocational Behavior*, 2010, 77 (3): 447 - 460.

[4] Kossek, E. E., Ruderman, M. N., Braddy, P. W., et al., "Work - Nonwork Boundary Management Profiles: A Person - Centered Approach", *Journal of Vocational Behavior*, 2012, 81 (1): 112 - 128.

特征。第一，跨角色干扰行为（Cross-Role Interruption Behaviors），包括工作对非工作的干扰和非工作对工作的干扰。跨角色干扰行为是指个体允许一个角色干扰另一个角色的程度。第二，工作和家庭角色身份中心性（Identity Centrality of Work and Family Roles），包括工作身份中心性和家庭身份中心性。工作身份中心性是指个体职业身份的突出性。家庭身份中心性是对家庭角色的认同程度。第三，边界控制感（Perceived Control of Boundaries）。边界控制感不同于角色干扰行为和身份中心性这类个体特征，而是个体对边界控制感的心理解释。

2. 工作—家庭边界与工作—家庭增益的实证研究

现有关于工作—家庭边界与工作家庭界面关系的研究总量偏少，近些年关注工作—家庭边界与工作—家庭增益的研究则更少。部分研究关注了工作—家庭边界与工作家庭冲突的关系。例如，Kreiner[①]研究揭示了个人的工作—家庭分割偏好与工作实际的分割感知之间的交互作用如何影响工作—家庭冲突、压力和工作满意度。

Daniel 和 Sonnentag[②] 在边界理论的基础上，研究边界管理作为工作对家庭增益的预测指标，进而影响工作满意度。将边界管理包含渗透性（心理边界）和灵活性（物理边界），涉及员工个人对边界的偏好和对工作场所实际边界的感知。结果显示，员工的渗透性偏好、工作对家庭增益和工作满意度之间有很强的正向关系；工作

---

① Kreiner, G. E., "Consequences of Work-Home Segmentation or Integration: A Person-Environment Fit Perspective", *Journal of Organizational Behavior: The International Journal of Industrial, Occupational and Organizational Psychology and Behavior*, 2006, 27 (4): 485–507.

② Daniel, S., Sonnentag, S., "Crossing the Borders: The Relationship between Boundary Management, Work-Family Enrichment and Job Satisfaction", *The International Journal of Human Resource Management*, 2016, 27 (4): 407–426.

场所灵活性感知、工作对家庭增益和工作满意度之间也有很强的正向关系。工作对家庭增益中介了渗透性偏好与工作满意度之间的关系。此外，工作对家庭增益中介了灵活性感知和工作满意度之间的关系。McNall等[1]认为，目前边界偏好（Boundary Preferences）是否有助于个人从多重角色参与中获益的研究较少，研究基于工作—家庭增益双路径理论、边界理论和资源保存理论。结论显示，具有积极情感的人更有可能体验工作对家庭增益和家庭对工作增益，而那些对工作家庭角色融合偏好强的个体更有可能体验工作对家庭增益。

Carlson等[2]考察了角色边界管理（Role Boundary Management）对工作与家庭界面关系的影响，以及对组织（工作嵌入）（Job Embeddedness）和家庭（紧张关系）的影响。家庭向工作边界转换（Family to Work Boundary Transitions）强调员工从家庭时间过渡到满足工作需求，例如打电话或改变家庭计划以满足工作责任。[3] 研究显示，家庭向工作边界转换与工作对家庭冲突、工作对家庭增益、工作嵌入以及传递给配偶的边界管理压力相关。传递给配偶的边界管理压力中介了家庭向工作边界转换与工作对家庭冲突/增益之间的关系。配偶的边界管理压力和员工工作—家庭冲突中介了家庭向工作边界转换与工作嵌入和紧张关系之间的间接影响。因此，家庭向工作边界转换通过促进工作嵌入为组织提供了一些好处，但同时也付出了一定的代价，因为它

---

[1] McNall, L. A., Scott, L. D., Nicklin, J. M., "Do Positive Affectivity and Boundary Preferences Matter for Work – Family Enrichment? A Study of Human Service Workers", *Journal of Occupational Health Psychology*, 2015, 20 (1): 93 – 104.

[2] Carlson, D. S., Kacmar, K. M., Zivnuska, S., et al., "Do the Benefits of Family – to – Work Transitions Come at Too Great a Cost?", *Journal of Occupational Health Psychology*, 2015, 20 (2): 161 – 171.

[3] Matthews, R. A., Barnes – Farrell, J. L., Bulger, C. A., "Advancing Measurement of Work and Family Domain Boundary Characteristics", *Journal of Vocational Behavior*, 2010, 77 (3): 447 – 460.

们与工作—家庭冲突和紧张关系有关。

马红宇等[①]从人—环境匹配理论的视角探讨工作和家庭边界弹性能力和边界弹性意愿对个体工作—家庭冲突和工作—家庭增益的交互影响。结果表明，工作弹性能力与工作弹性意愿的匹配对工作—家庭冲突有显著的负向效应，对工作—家庭增益无显著影响。其中只有工作弹性能力能够显著预测工作对家庭增益。而家庭弹性能力和家庭弹性意愿的匹配影响家庭对工作增益的假设与预期完全相反，即当家庭弹性能力逐渐向家庭弹性意愿增加的时候，家庭对工作增益呈下降趋势，当家庭弹性能力超过家庭弹性意愿继续增加时，家庭对工作增益逐渐上升。在家庭弹性能力和家庭弹性意愿匹配的情况下，当个体的家庭弹性能力和意愿均很低时，家庭对工作增益最低。

（五）工作—家庭增益的跨文化情境与配对研究

1. 工作—家庭增益的跨文化情境研究

Ahmed 等[②]探讨了工作场所的不合理任务（Illegitimate Tasks）与工作家庭冲突/增益变化的关系。链式中介模型显示，不合理任务降低了互动公平感，进而增加了员工的负面情绪，这与工作对家庭的结果（冲突和增益）有关。他验证了这一链式中介模型的跨国差异，以检验文化情境对链式模型的影响。通过采集来自美国和印度的321名受试者的两个时点数据，借助多群体结构方程模型的结果表明，不

[①] 马红宇、申传刚、杨璟等：《边界弹性与工作—家庭冲突、增益的关系：基于人—环境匹配的视角》，《心理学报》2014年第4期。

[②] Ahmed, S. F., Eatough, E. M., Ford, M. T., " Relationships between Illegitimate Tasks and Change in Work – Family Outcomes via Interactional Justice and Negative Emotions", *Journal of Vocational Behavior*, 2018, 104: 14 – 30.

合理任务与工作对家庭结果（冲突和增益）之间的链式关系因国家而异，只有美国样本支持了该理论模型。Lee 等①从韩国采集了363名公务员的数据，在提倡个人主义的西方文化情境中，无论工具性还是情感性家庭角色资源，都可以通过缓解工作压力与工作满意度的负向关系来改善工作角色，但倡导集体主义文化的韩国社会的数据却显示出意想不到的相反效果。由于集体主义文化价值观情境下，家庭角色和工作角色之间的界限较弱，家庭资源尤其是情感资源更多地被视为一种额外的工作压力源，因此，研究揭示了在角色身份分离/整合上的文化差异可能是决定家庭对工作增益发生机理的考虑基础。Russo等②根据"资源—获取—发展"观点模型和自我决定理论，采集了156个意大利样本数据，表明家庭支持型主管行为通过工作—家庭增益进而影响工作繁荣（Work Thriving），这一间接关系对那些认为更需要被照顾的人（Need for Caring）更重要。随后又采集了356个中国样本，结果表明心理可得性和工作—家庭增益在支持型主管行为与工作繁荣之间的关系中起链式中介作用。具体而言，照料需求较高的人比照料需求较低的人会对家庭支持型主管行为表现出更强的反应。

2. 工作—家庭增益的配对研究

Carlson 等③通过采集351对双职工夫妇的配对数据，探讨了工

---

① Lee, E., Chang, J. Y., Kim, H., "The Work - Family Interface in Korea: Can Family Life Enrich Work Life?", *The International Journal of Human Resource Management*, 2011, 22 (9): 2032 - 2053.

② Russo, M., Buonocore, F., Carmeli, A., et al., "When Family Supportive Supervisors Meet Employees' Need for Caring: Implications for Work - Family Enrichment and Thriving", *Journal of Management*, 2018, 44 (4): 1678 - 1702.

③ Carlson, D. S., Thompson, M. J., Crawford, W. S., et al., "Spillover and Crossover of Work Resources: A Test of the Positive Flow of Resources through Work - Family Enrichment", *Journal of Organizational Behavior*, 2019, 40 (6): 709 - 722.

作资源如何影响员工的工作—家庭增益，以及如何溢出进一步影响在职员工的家庭结果（婚姻满意度和家庭效能），并最终过渡到对员工配偶结果的影响。研究显示，支持性发展经验、主管支持、工作控制和自我效能（而不是工资）通过影响员工工作—家庭增益进而影响员工的婚姻满意度和家庭效能。此外，通过配偶的积极跨界传输（Positive Crossover Transmission），有助于提升配偶的婚姻满意度和员工对组织的承诺。van Steenbergen 等[1]收集了 215 对有子女的双职工夫妇的数据，结论显示婚姻积极行为和对伴侣行为的积极评价传导了工作—家庭增益与婚姻满意度之间的积极关系。此外，体验更多工作—家庭增益的丈夫会表现出更多的婚姻积极行为，这与他们妻子的婚姻满意度增加有关，但妻子对丈夫的影响未被证实。Carlson 等[2]采集 161 名下属及其 48 位直属主管的配对样本，发现主管在下属的生活中起着至关重要的作用。主管的工作—家庭增益会创造一个家庭友好的工作环境，这又会反过来促进下属的工作—家庭增益和绩效表现。同时，主管的工作—家庭增益透过影响下属工作控制感（Schedule Control）的强度进而影响下属的工作—家庭增益和绩效表现。家庭支持型组织（Family Supportive Organization）和工作控制在主管工作—家庭增益到下属工作—家庭增益的过渡过程中起中介作用。

---

[1] van Steenbergen, E. F., Kluwer, E. S., Karney, B. R., "Work - Family Enrichment, Work - Family Conflict, and Marital Satisfaction: A Dyadic Analysis", *Journal of Occupational Health Psychology*, 2014, 19 (2): 182.

[2] Carlson, D. S., Ferguson, M., Kacmar, K. M., et al., "Pay it Forward: The Positive Crossover Effects of Supervisor Work - Family Enrichment", *Journal of Management*, 2011, 37 (3): 770 - 789.

五 本章小结

通过对工作—家庭增益相关文献的回顾梳理可以看出，目前，学者们普遍认可资源的获取是工作—家庭增益的前提，当前该领域对工作—家庭增益影响因素（角色资源产生）探讨较多，角色资源主要包括工作自身资源、组织环境资源、家庭环境资源、边界特征等。工作自身资源主要包括工作特质/特征（工作丰富性、工作自主性、弹性工作安排、控制感等）、工作资源（技能与经验、心理资源、社会资源、灵活性、物质资源等）。组织环境资源包括支持资源（主管和同事支持、工作家庭平衡政策、工作家庭文化、家庭支持型主管行为、组织家庭支持感、家庭友好型工作实践等）、能量资源（发展机会、工作机会等）和团队资源等。家庭环境资源主要包括家庭支持（配偶支持、工具性支持、家庭资源等）、家庭特征（婚姻状况、子女年龄、家庭负担等）、边界特征（边界渗透性、弹性、边界整合分离偏好）。

工作—家庭增益的扩散作用主要是对员工心理与行为和角色领域评价的影响。员工的心理行为主要包括心理状态（积极情绪情感、心理健康、情感平衡、个人幸福感、心理压力等）和行为表现（绩效表现、员工建言行为、组织公民行为和离职意向等）。角色领域评价主要包括工作领域评价（组织承诺、情感承诺、工作满意度、职业满意度、创新工作行为等）和家庭领域评价（配偶关系、家庭满意度、生活满意度等）。

现有文献的梳理和归纳如图2-7所示。但现有研究还存在值得继续探索的空间。第一，从新的视角探索工作—家庭增益的理论模型

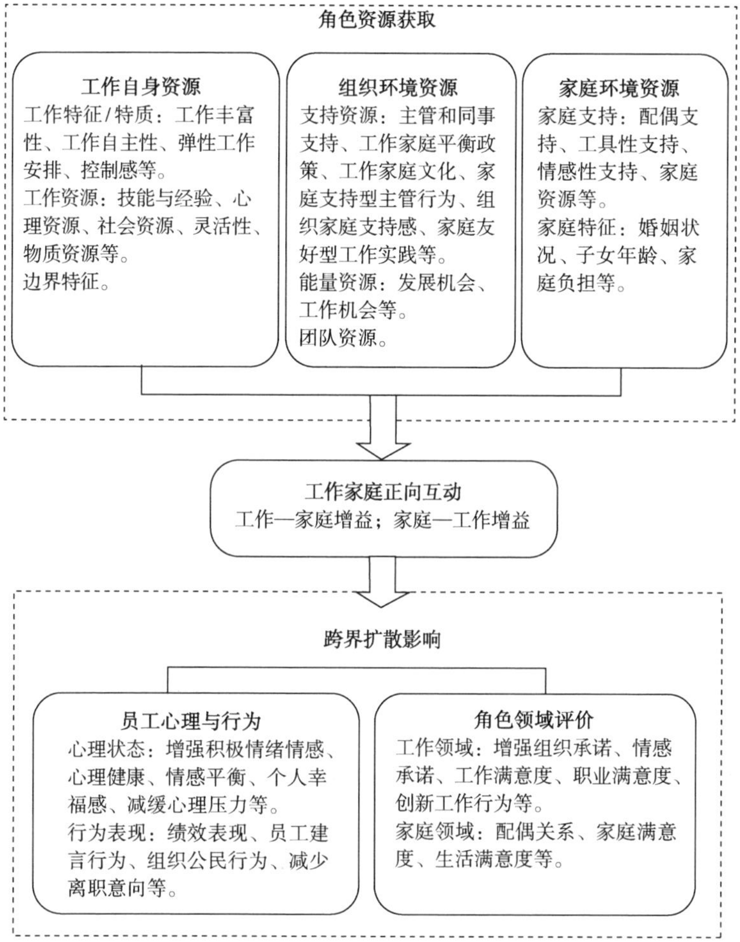

```
┌─────────────────────────────────────────────────────────────┐
│                        角色资源获取                           │
│  ┌──────────────┐   ┌──────────────┐   ┌──────────────┐    │
│  │  工作自身资源  │   │  组织环境资源  │   │  家庭环境资源  │    │
│  │工作特征/特质：│   │支持资源：主管│   │家庭支持：配偶│    │
│  │工作丰富性、工│   │和同事支持、工│   │支持、工具性支│    │
│  │作自主性、弹性│   │作家庭平衡政│   │持、情感性支  │    │
│  │工作安排、控制│   │策、工作家庭文│   │持、家庭资源  │    │
│  │感等。        │   │化、家庭支持型│   │等。          │    │
│  │工作资源：技能│   │主管行为、组织│   │家庭特征：婚姻│    │
│  │与经验、心理资│   │家庭支持感、家│   │状况、子女年  │    │
│  │源、社会资源、│   │庭友好型工作实│   │龄、家庭负担  │    │
│  │灵活性、物质资│   │践等。        │   │等。          │    │
│  │源等。        │   │能量资源：发展│   │              │    │
│  │边界特征。    │   │机会、工作机会│   │              │    │
│  │              │   │等。          │   │              │    │
│  │              │   │团队资源。    │   │              │    │
│  └──────────────┘   └──────────────┘   └──────────────┘    │
└─────────────────────────────────────────────────────────────┘
                              ↓
              ┌──────────────────────────────┐
              │       工作家庭正向互动          │
              │ 工作—家庭增益；家庭—工作增益  │
              └──────────────────────────────┘
                              ↓
┌─────────────────────────────────────────────────────────────┐
│                        跨界扩散影响                           │
│  ┌──────────────────────┐   ┌──────────────────────┐       │
│  │     员工心理与行为      │   │     角色领域评价      │       │
│  │心理状态：增强积极情绪│   │工作领域：增强组织承│       │
│  │情感、心理健康、情感平│   │诺、情感承诺、工作满│       │
│  │衡、个人幸福感、减缓心│   │意度、职业满意度、创│       │
│  │理压力等。            │   │新工作行为等。        │       │
│  │行为表现：绩效表现、员│   │家庭领域：配偶关系、│       │
│  │工建言行为、组织公民行│   │家庭满意度、生活满意│       │
│  │为、减少离职意向等。  │   │度等。                │       │
│  └──────────────────────┘   └──────────────────────┘       │
└─────────────────────────────────────────────────────────────┘
```

图 2-7 现有研究成果归纳框架

研究。现有关于工作—家庭增益的理论模型主要包括工作—家庭增益双路径模型、"资源—获取—发展"观点模型、工作—家庭资源模型以及工作家庭方格模型等。现有的理论模型更多从资源保存理论的视角，未来研究可以从全新的视角去发展工作家庭的理论模型以指导未来的工作家庭研究，如自我决定理论、社会交换理论、社会认知理论等。目前大多数实证研究的理论框架都借助西方文化情境下的理论模型，后续研究可以基于不同的文化情境去发展本土化的工作—家庭增益理论模型。

第二，拓展工作—家庭增益发生机制的动态视角。现有研究更多是对角色资源跨界增益过程本质的静态思考。但工作—家庭增益的发生，如何随资源的耗损或获取，进而动态变化的研究相对匮乏。增益的发生过程是一个基于角色资源累积循环的动态过程，而工作家庭界面良性互动的体验又驱动着角色资源的循环累积。已有学者开始尝试从动态的视角解析工作家庭间的互动关系，认为工作资源的损耗，会减弱前后两个时段工作—家庭增益的正向关系。[1] 可见，深度剖析跨界增益发生的动态过程，从时间序列上去思考角色资源的损耗或获取对于工作—家庭增益的影响研究显得非常必要。

第三，探寻工作—家庭增益前因和结果变量研究新视角。从现有该领域的研究文献来看，工作—家庭增益的前因变量和结果变量的探讨中研究视角比较单一，基本上遵循着"工作—家庭增益的双路径模型"和"资源—增益—发展"观点模型中提到的角色资源去开展实证研究。目前学者们主要从个体特征因素视角和支持性环境资源视角来探讨工作—家庭增益影响因素。关于工作—家庭增益的结果研究主要还停留在工作/家庭满意度、离职意向、组织承诺、积极心理状态、个体绩效等方面，近些年逐渐开始探索对创新工作行为[2]的影响。未来研

---

[1] Chen, Z., Powell, G. N., Cui, W., "Dynamics of the Relationships among Work and Family Resource Gain and Loss, Enrichment, and Conflict Over Time", *Journal of Vocational Behavior*, 2014, 84 (3): 293–302.

[2] Mishra, P., Bhatnagar, J., Gupta, R., et al., "How Work – Family Enrichment Influence Innovative Work Behavior: Role of Psychological Capital and Supervisory Support", *Journal of Management & Organization*, 2019, 25 (1): 58–80.

究一方面可以在已有的模型框架下继续挖掘环境资源中其他资源因素的影响，另一方面可以从工作—家庭增益前因和结果全新研究视角上加以突破，如深度挖掘个体感知和心理层面的资源因素、各国文化差异因素、负向性资源因素等。

第四，深化工作—家庭增益影响机理的研究。目前，早期工作—家庭增益的实证研究大多还处于对经典理论模型的实证检验阶段，即从不同的视角去探索直接影响工作—家庭增益的因素，但对影响和作用机理的探讨还需要有更大突破。近些年，学者们尝试挖掘工作—家庭增益的影响和作用机理，但更多搭建了"角色资源—工作家庭增益—领域结果"的中介路径，例如工作—家庭增益在家庭友好型工作实践（即弹性时间和压缩工作周）与工作结果（工作满意度和离职意向）的关系中起中介作用。[1] 家庭支持型主管行为通过工作—家庭增益进而影响工作繁荣（Work Thriving）。[2] 但对于角色资源影响工作—家庭增益的作用机理还需要更深入的挖掘，挖掘变量关系间的中介、调节及交互作用。例如：双中介机制挖掘。资源的产生和获取是工作—家庭增益的前提，资源需要通过个体的感知和评价得以累积保存，最终渗溢到另一个角色领域并增强角色表现。因而可以挖掘个体感知和积极心理状态的变量作为双中介路径探讨对工作—家庭增益的影响。可以从个体视角、情景文化视角、工作—家庭边界视角挖掘能够强化或弱化角色资源与工作—家庭增益之间关系的调节变量。工作家庭关

---

[1] Chen, W., Zhang, Y., Sanders, K., et al., "Family - Friendly Work Practices and Their Outcomes in China: The Mediating Role of Work - to - Family Enrichment and the Moderating Role of Gender", *The International Journal of Human Resource Management*, 2018, 29 (7): 1307 – 1329.

[2] Russo, M., Buonocore, F., Carmeli, A., et al., "When Family Supportive Supervisors Meet Employees' Need for Caring: Implications for Work - Family Enrichment and Thriving", *Journal of Management*, 2018, 44 (4): 1678 – 1702.

系不是环境变量或者个体变量所决定的，环境变量和个体变量的相互作用——互动匹配程度可能影响更大。① 个体特征变量（性别、自我评估、自我效能、积极情感、需求特征）一部分能对工作—家庭增益产生直接影响，一部分还能在环境资源变量对工作—家庭增益的影响中起到调节作用，这给未来探寻环境资源变量与个体特征差异变量交互影响工作—家庭增益的研究提供了理论依据。有关支持性资源跨界增益的路径研究的系统性不足，需要进一步探索角色资源跨界增益过程中的心理中介机制，深入剖析工作—家庭边界的哪些特征会约束或影响工作与家庭之间角色资源跨界增益的程度。

第五，开展跨层次整合研究及跨文化情境对比研究。目前，有关工作—家庭增益的实证研究主要从单一界面来分析。缺乏对个体、组织、家庭的跨界面整合研究。未来研究可以开展主管与下属、领导与追随者、丈夫和妻子的匹配研究，同时可以探寻工作—家庭增益如何提升其系统（组织、家庭、个体）整体效能的跨层次跨界面研究。工作—家庭增益理论产生于西方社会情境中，后续的理论研究和实证研究也大部分基于对西方国家特定研究对象的观察和分析。由于传统文化和角色分工的差异，西方个体主义价值观下得出的研究结论在集体主义价值观下或许并不成立甚至出现相反的结论。② 未来的研究需要更多地在不同文化情境中实证检验固有结论，并进行跨文化情境的对比研究。同时开展专门针对中国情景的研究，重视国内特有和特殊的社会文化情境。中国人的家庭传统观念与家庭结构有其自身的特点，中

---

① 马丽、徐枞巍：《基于个人—环境匹配理论的边界管理与工作家庭界面研究》，《南开管理评论》2011 年第 5 期。
② Lee, E., Chang, J. Y., Kim, H., "The Work – Family Interface in Korea: Can Family Life Enrich Work Life?", *The International Journal of Human Resource Management*, 2011, 22 (9): 2032 – 2053.

国文化中重视人情、面子、孝道、集体主义价值观等。这些特有的文化情景因素可能对工作家庭界面研究产生影响。比如，在中国家庭中，存在几代同堂的状况，在考虑家庭支持性资源时是不能忽视家庭中老人的支持。因此，未来研究非常有必要在工作—家庭增益的研究中引入体现本土文化情境的特征变量。

第六，寻求研究方法和研究设计上的新突破。有关的实证研究成果总量并不多，测量工具欠缺、质量参差。基于"增益"内涵视角的量表开发聚焦个体，但开发时限较短，对情感和心理层面的挖掘还不够，未来研究可以开发基于特定文化情景的量表。目前，工作家庭实证研究主要采用横截面数据，采用具有因果链的纵向数据的研究成果相对较少，未来研究为更好地揭示因果关系可以从纵向数据上去挖掘，多方验证该领域的研究结论。目前研究采样方式也比较单一，主要采用个体一次性填答问卷形式，很难规避共同方法偏差。加之工作家庭界面的研究会涉及对家庭界面的调查，测量内容本身相对敏感，容易影响到问卷数据的可靠性。如何在研究设计和方法上尽可能地保护调查对象的隐私，获取更加真实可靠的数据是目前该领域研究在研究设计上的挑战。未来研究可以结合定性定量的研究方法，例如运用深度访谈等质性研究的方式，在研究方法和设计上寻求突破，从更多方视角检视研究结论。Casper 等[1]通过对现有工作家庭界面关系研究的回顾和梳理，建议未来工作家庭的研究可以更多地利用纵向数据和实验研究设计，数据的来源更加多样，并能够突破个体层面。加强对家庭概念的多样化理解，将家庭的范围拓展到少数族裔等。

---

[1] Casper, W. J., Eby, L. T., Bordeaux, C., et al., "A Review of Research Methods in IO/OB Work – family Research", *Journal of Applied Psychology*, 2007, 92 (1): 28 – 43.

第三章　角色资源累积与动态循环的理论模型研究

结合上一章节的相关理论文献回顾，我们发现工作—家庭增益这一构念提出后，现有关于工作—家庭增益的理论模型主要包括工作—家庭增益双路径模型、"资源—获取—发展"观点模型、工作—家庭资源模型以及工作家庭方格模型等。其中，"资源—获取—发展"观点模型扩展了工作—家庭增益双路径模型，并基于资源保存理论，提出了工作—家庭增益的"资源—获取—发展"观点，模型中涵盖了工作—家庭促进的前因、结果和调节变量，并深入解析了工作—家庭促进的发生机理。同时，"资源—获取—发展"观点模型也概括了能够促使工作—家庭发生的个人特征和环境资源。该模型强调的是当个体从工作领域获得收益时，个体整个工作家庭系统的效能得以改进的程度。这给本章内容带来了新的启发，有必要将工作—家庭增益的发生机理放在一个更大的资源循环保存系统中去思考。本章基于社会交换理论，在角色资源累积与动态循环模型构建中重点关注两个问题：第一，在特定角色领域中，角色资源如何累积和动态循环？第二，在更大的跨角色领域中，角色资源又是如何实现跨角色域的累积和动态循环的？

一 特定角色领域资源累积与动态循环

基于社会交换理论①,组织和个体间的社会关系可归结为一种交换关系。在个体的工作家庭跨界活动中,个体对组织和家庭都有相应的贡献和付出。个体在参与工作和家庭角色活动时,都会获取相应的角色资源,这些资源的生成和获取正是工作—家庭增益的前提和增益过程的关键性驱动因素。②问题在于,特定角色领域收获的角色资源如何实现累积?这种角色资源的累积关系是静态的还是动态的?如果将个体与组织(工作或家庭)的互动交换关系,限定在参与某一特定的角色领域中,会发现角色资源的获取呈现出累积循环的状态。本节内容力图回答和解释上述问题,从资源互换的视角厘清角色资源在特定角色领域实现累积循环过程的本质。

(一) 特定角色领域中角色投入与角色资源累积

在特定角色领域中角色投入与角色资源获取的关系中我们需要解答三个问题:第一,个体与组织(工作或家庭)的本质关系如何?第二,参与特定角色可以获取哪些角色资源?第三,特定角色领域投入与角色资源获取存在何种关系?

有关第一个问题,社会交换理论指出个体会在获取回报的预期下,参与社会交换活动,该理论仅限于检验那些从他人处得到回报的行为,并且这个类似"交易"的过程被视为一种"交换"关系。这个关系中

---

① Blau, P. M., *Exchange and Power in Social Life*, New York: Wiley, 1964.
② Greenhaus, J. H., Powell, G. N., "When Work and Family are Allies: A Theory of Work – Family Enrichment", *Academy of Management Review*, 2006, 31 (1): 72 – 92.

强调双边、交互和互惠的特性。① 我们将个体特定角色领域的参与或投入视为个体以获取回报为预期的社会交换活动。

有关第二个问题，个体投入工作角色领域，以个人的时间、精力、能力、学识、经验、情感等个体的物质资源和情感资源为"代价"，预期收获工作领域相应的角色资源为"报酬"。在个体与工作组织的社会交换中，可能需要处理上下级关系、同事关系及利益相关者的关系。而投入工作获取的工作领域角色资源（报酬）主要包括以下三种。

第一，工作资源。参与工作可以让我们提升自己的技能，收获行业经验。个体投入工作，身处工作环境，会感受到组织的支持资源，例如：主管和同事支持、工作家庭平衡政策、工作家庭文化、家庭支持型主管行为、组织家庭支持感、家庭友好型工作实践等；也会收获新的发展机会、工作机会。身处工作团队的个体也会从团队中收获团队资源。社会地位与关系也是工作参与预期下重要的工作资源。例如：个体因为成为一名教师，被赋予教书育人的崇高社会使命，这正是参与工作带来的重要社会资源。同时，因为参与工作与其他业务伙伴建立的社会联系，丰富了个人的社会人际关系并拓展了良好的人脉，这也是参与工作收获的重要社会资源。工作特征（工作丰富化、工作自主性、弹性工作安排等）也是从工作角色参与中收获的角色资源。第二，心理资源。投入工作感受到积极心理资源（成就感、归属感、安全感、积极情绪等）和消极心理资源（心理压力、工作倦怠等）。例如：顺利解决某一个重大工作难题会让你倍感成就。但周而复始的加班也会让你身心疲惫。第三，经济物质资源。包括收获的工资、绩效、

---

① Emerson, R. M., "Social Exchange Theory", *Annual Review of Sociology*, 1976, 2 (1): 335-362.

奖金、福利等物质资源。

个体投入家庭角色领域，以个人的时间、精力、能力、经验、情感、金钱等个体的物质资源和情感资源为"代价"，预期收获家庭角色领域相应的角色资源为"报酬"。在家庭角色领域的投入中，重点需要处理与配偶的关系、与老人的关系、与孩子的关系，甚至与亲朋好友的关系。投入家庭中预期获取的家庭角色资源主要包括以下三种。

第一，家庭支持资源。配偶的情感性支持，例如：个体在婚姻家庭关系中的良好投入，会拥有更美好的婚姻，也会收获配偶的支持。老人的支持也是家庭给予的重要支持，特别是在中国，年轻双职工的家庭中，老人协助带年幼孙儿的情况更是常见。当然也会收获家庭社会关系带来的人脉和资源的支持。第二，心理资源。经营婚姻、赡养父母、照顾小孩的家庭参与也会让我们收获重要的情感性资源，收获来自家人的关心、理解、包容和帮助等。第三，经济物质资源。家庭参与中我们需要投入金钱等物质资源，但同时也因为家庭参与可以让我们收获物质资源。例如：中国社会中，老年人在年轻夫妇的买房、教育子女方面给予经济帮助。

综上，特定角色领域中角色投入会让个体收获角色资源，工作领域角色的参与中，组织会将工作资源、心理资源和物质资源等作为"回报"，以增强个体资源。家庭角色领域的参与中，家庭会将支持资源、心理资源、物质资源等作为"回报"。

有关第三个问题，个人的角色参与可以被视为获得宝贵资源的过程，同时也会造成资源损失，角色的投入同时在消耗和产生资源，"角色资源收益"和"角色资源损失"从理论和经验上均具有独立的结构，资源"收益"的对立面是"没有收益"而不是"损失"，资源"损失"

的对立面是"没有损失"而不是"收益",角色资源的获取/耗损分别在工作角色投入与工作对家庭增益/冲突之间的关系中起中介作用。[1] 但我们更加关注工作与家庭之间正向的互动,个人在工作角色参与过程中获得角色资源的观点源于角色累积理论。[2] 多重角色投入会增加个人的自我价值、积极情绪[3]、信任和技能[4]等角色资源。因此,工作角色投入与工作角色资源的获取相关。家庭角色的投入,也同样面临角色资源的"收益"和角色资源的"损失"。从家庭与工作界面的正向互动中,我们更多认为跨界增益的前提是角色资源的获取。更高水平的个体角色参与度和投入度会进一步影响角色资源获取的状态。个体自律特质的差异会影响个体角色投入与资源累积的关系。在角色参与中更加关注自我提升,积极寻求成长和进步的机会,争取积极结果的个体,相较于那些寻求安全和避免过失的个体而言,角色投入与角色资源获取的正向关系更强[1],有利于增强个体在工作投入中角色资源的累积。

(二) 特定角色领域中角色资源累积与角色评估的关系

社会交换理论指出,在社会交换中交换的标的可以是经济资源也可以是社会资源。经济资源包括商品、货币、资产、信息、咨询和服务等有形的商品。社会资源包括友谊、寒暄和声望等无形资源。这种

---

[1] Chen, Z., Powell, G. N., "No Pain, No Gain? A Resource – Based Model of Work – to – Family Enrichment and Conflict", *Journal of Vocational Behavior*, 2012, 81 (1): 89 – 98.

[2] Marks, S. R., "Multiple Roles and Role Strain: Some Notes on Human Energy, Time and Commitment", *American Sociological Review*, 1977, 42 (6): 921 – 936.

[3] Rothbard, N. P., "Enriching or Depleting? The Dynamics of Engagement in Work and Family Roles", *Administrative Science Quarterly*, 2001, 46 (4): 655 – 684.

[4] Ruderman, M. N., Ohlott, P. J., Panzer, K., et al., "Benefits of Multiple Roles for Managerial Women", *Academy of Management Journal*, 2002, 45 (2): 369 – 386.

社会交换结果的价值取决于当事人的主观感受,并且社会交换中的部分社会资源(如社会认可、尊重、成就等)即使没有物质价值也无法用价格来衡量,但被视为最有价值的资源,每个人都有自己想要而觉得有价值的东西。① 角色资源的价值因人而异,价值的判断与他们的个人经历和境况有关。在某种程度上,角色资源可以帮助一个人实现一个目标或满足一个需要,这时它应该对个人而言有更大的价值。② 有些人把与家人在一起的时间视为最宝贵的资源,但它可能不被其他人重视,甚至可能被视为对其他资源的威胁。③ 换言之,角色资源满足个体需求并符合个体期望的程度,反映了交换的质量。因此,从工作或者家庭角色参与中收获的角色资源能够满足个体回报预期的程度,将成为个体评估原角色领域好坏的标准,即对原角色产生满意和认同的程度。具体而言,个体投入工作中收获的角色资源与自己的期望相符,且满足个体需求(包括综合角色需求)时,个体更倾向于对工作角色领域产生满意感和认同感。

部分实证研究也支持了工作角色资源获取与角色评估的正向关系。第一,工作资源与角色评估。Zhang 等④认为,服务型领导将组织描绘为提供员工成长和发展的一个培育环境,塑造了对组织形象的积极看法。因此,员工倾向于认为组织具有吸引力,并表现出强烈的组织认

---

① Blau, P. M., "The Hierarchy of Authority in Organizations", *American Journal of Sociology*, 1968, 73 (4): 453-467.

② Hobfoll, S. E., "The Influence of Culture, Community, and the Nested-Self in the Stress Process: Advancing Conservation of Resources Theory", *Applied Psychology*, 2001, 50 (3): 337-421.

③ Halbesleben, J. R., Neveu, J. P., Paustian-Underdahl, S. C., et al., "Getting to the 'COR' Understanding the Role of Resources in Conservation of Resources Theory", *Journal of Management*, 2014, 40 (5): 1334-1364.

④ Zhang, H., Kwong Kwan, H., Everett, A. M., et al., "Servant Leadership, Organizational Identification, and Work-to-Family Enrichment: The Moderating Role of Work Climate for Sharing Family Concerns", *Human Resource Management*, 2012, 51 (5): 747-767.

同。Brown[1]认为，组织中积极的人际关系有助于增强组织成员价值与信仰的相似性，进而增强员工的组织认同。Morgan 等[2]发现，同事间如家庭成员般的亲密关系有利于提升员工的组织认同感。谭小宏等[3]认为，组织支持感与工作满意度存在显著的正相关。李超平等[4]认为，自主性对员工满意度与组织承诺有正向的影响。

第二，心理资源与角色评估。相对于外在的物质条件，学者们也开始逐渐关注员工态度和心理感受对组织认同产生的影响。吴伟炯等[5]认为职业幸福感（工作投入、工作倦怠、离职意愿和工作满意度）的积极情感体验（工作投入）与认知评价（工作满意度）存在增益螺旋过程。Brough 等[6]家庭友好型的实践正向预测了工作满意度和家庭满意度，组织提供的家庭友好型工作实践将有助改善当代员工的心理状况。

第三，物质资源与角色评估。Morgan 等[7]的研究表明，组织从财务、社会、职业或个人等多方面对员工提供支持，有效促进组织成员

---

[1] Brown, J. D., "Evaluations of Self and Others: Self – Enhancement Biases in Social Judgments", *Social Cognition*, 1986, 4 (4): 353–376.

[2] Morgan, J. M., Reynolds, C. M., Nelson, T. J, et al., "Tales from the Fields: Sources of Employee Identification in Agribusiness", *Management Communication Quarterly*, 2004 (17): 360–395.

[3] 谭小宏、秦启文、潘孝富：《企业员工组织支持感与工作满意度、离职意向的关系研究》，《心理科学》2007 年第 2 期。

[4] 李超平、李晓轩、时勘等：《授权的测量及其与员工工作态度的关系》，《心理学报》2006 年第 1 期。

[5] 吴伟炯、刘毅、路红等：《本土心理资本与职业幸福感的关系》，《心理学报》2012 年第 10 期。

[6] Brough, P., O'Driscoll, M. P., Kalliath, T. J., "The Ability of 'Family Friendly' Organizational Resources to Predict Work – Family Conflict and Job and Family Satisfaction", *Stress and Health*, 2005, 21: 223–234.

[7] Morgan, J. M., Reynolds, C. M., Nelson, T. J, et al., "Tales from the Fields: Sources of Employee Identification in Agribusiness", *Management Communication Quarterly*, 2004 (17): 360–395.

对组织的认同。

部分实证研究也支持了家庭角色资源获取与角色评估的正向关系。Ferguson 等[1]采集了双职工夫妇的数据，研究了工作相关的配偶支持对工作家庭平衡以及工作家庭满意度的影响。研究显示配偶支持有助于工作与家庭之间的平衡进而提高了家庭满意度和工作满意度。情感支持也能够通过增加工作家庭平衡来减弱压力的传输并最终增强家庭的满意度并减弱配偶之间的紧张关系。Yedirira 和 Hamartab[2] 研究显示，表达情感的能力可以预测婚姻满意度，配偶支持是婚姻满意度的重要预测变量。

综上所述，若要个体投入某一角色领域，组织需要提供适当的诱因以便使个体能够生存并满足需要，同时组织提供给个体的资源还应是一种差别化、能够满足成员不同需求的适当诱因。[3] 员工个体在与某一组织交换并实现交换目标需求的过程中，当组织提供的资源能够满足个体需求并与个体期望相符合时，个体将倾向于对组织给予积极正向的评价，并产生对自己所投入角色的满意感。

（三）特定角色领域中角色评估与角色再投入的关系

个体角色再投入，会获得新的角色资源，可以理解为角色资源不断累积的过程。角色资源的累积状态是基于资源耗损和获取的动态变化过程，投入工作或家庭角色中，资源的得与失是各自独立的结果。

---

[1] Ferguson, M., Carlson, D., Kacmar, K. M., et al., "The Supportive Spouse at Work: Does Being Work-linked Help?", *Journal of Occupational Health Psychology*, 2016, 21 (1): 37-50.

[2] Yedirira, S., Hamartab, "Emotional Expression and Spousal Support as Predictors of Marital Satisfaction: The Case of Turkey", *Educational Sciences: Theory & Practice*, 2015, 6: 1549-1558.

[3] Shore, L. M., Coyle Shapiro, J. A. M., "New Developments in the Employee-Organization Relationship", *Journal of Organizational Behavior*, 2003, 24 (5): 443-450.

个人如何评估确定角色资源的价值？Morelli 和 Cunningham[①] 从资源对个人的重要性角度考虑了资源价值，对于符合个人价值的资源，重要性会更大。Halbesleben 等[②]认为，可以根据资源将在多大程度上帮助实现一个人的目标来定义资源的价值，具体可以表现为愿意投资现有资源以获取新资源；并认为，新资源将比现有资源更能实现目标，这个定义下的资源价值与预期交换中的期望概念是一致的。基于此，个体投入角色领域（工作或家庭）中资源的状态可以从资源收益的数量多少和资源满足角色需求预期的质量两个方面来对角色进行评估，以确定角色资源的价值。一方面，当从角色参与中收获的物质和情感等资源的总数量大于投入角色所耗损的时间、精力、情感、知识等资源的总量时，个体将更多感受到资源的获取而不是衰竭。但由于绝对数量的比较是非常困难的，特别是在交换关系中很多有价值的资源具有情感性或非物质性，不能简单地用数量和价格来衡量。在情感性资源的数量评估上相对具有主观性。另一方面，由于从数量上评估难以衡量，可以考虑采用资源满足角色需求的程度来评估价值。这里的角色需求不仅是工作或家庭角色，还是一个综合性的社会人角色需求。例如：一位投入工作的员工，赚取了足够的经济回报，充分满足了自身和家庭经济所需，这位员工会倾向于认为，从工作领域获取的经济回报满足个人需求的程度较好，会更加积极的评价工作角色领域。参与组织或家庭活动累积的角色资源越能满足个体的角色期许，个体对角色领域的积极评价越高，越愿意在角色中投入更多，进而更有可能收获角

[①] Morelli, N. A., Cunningham, C. J., "Not all Resources are Created Equal: COR Theory, Values, and Stress", *The Journal of Psychology*, 2012, 146 (4): 393–415.

[②] Halbesleben, J. R., Neveu, J. P., Paustian‐Underdahl, S. C., et al., "Getting to the 'COR' Understanding the Role of Resources in Conservation of Resources Theory", *Journal of Management*, 2014, 40 (5): 1334–1364.

色领域的资源,实现角色资源的累积与循环。

社会交换理论中强调随着时间的推移,得到的收益会增加交换关系中的互信和承诺,交换规范和期望从互惠交换关系中建立和发展起来。社会交换和经济交换的相似之处在于,两者均包含当前所做贡献的未来收益预期,在这种社会交换中双方都相信对方会履行自己的长期义务。[①] 决定个体长期在特定角色领域(工作和家庭)投入与累积角色资源可能有以下两方面原因。一方面,个体在先前的角色参与中得到了角色资源收益,增强了组织(工作和家庭)与个体的长期互信和承诺,这让个体相信和愿意继续投入角色以累积更多的角色资源收益。例如,投入工作中的个体,获得了预期的回报,体会到与组织交换的互惠性,伴随互惠交换的次数越来越多,交换的范围越来越大,对组织的信任感也会逐渐增强,最终也更加愿意再投入工作。另一方面,个体相信与组织(工作和家庭)的社会交换中双方均具有长期义务,当在特定角色领域的阶段性投入中收获角色资源时,更加愿意维持长期的社会交换关系,愿意继续在原角色领域投入。例如:一个投入家庭中收获更多积极情绪的个体,会以更加饱满的热情投入家庭角色。社会交换理论解释了个体与组织在交换中建立的互信和社会交换双方的长期义务促使个体不断地投入角色领域,实现更加广泛和长期的互惠交换。对角色领域的积极评估,也正是互信和互惠交换的结果。

接下来,我们基于资源保存理论来解释为何人们倾向于在角色参与中积累资源。资源保存理论认为,个体有获取、保存和保护有价值的资源的倾向,这里的资源包括物质资源、条件资源、个体特征资源

---

① Holmes, John G., "The Exchange Process in Close Relationships", in *The Justice Motive in Social Behavior*, Boston: Springer, 1981, pp. 261–284.

和能量资源。① 而人们努力获取、保持、培育和保护资源的动机是人类适应环境、维持生存的基本需要。② 个体不断地投入角色领域获取新的角色资源并保存起来本身就是一种基本的需要。Hobfoll 等③在资源保存理论的阐述中提出资源获取螺旋（Resource Gain Spirals）。资源获取有利于激发资源的进一步获取，资源获取的螺旋较弱且发展缓慢，并且需要一定的时间。处于资源获取过程中的个体在资源的投资方面可能更加具有优势。基于此，那些在工作或家庭中处于资源获取过程中的个体，更愿意再次投入工作或家庭角色领域获取更多的角色资源，因为最初的资源获得有益于资源进一步获得。

二 跨角色领域资源累积与动态循环

个体角色投入、资源累积、跨界增益的行为与体验过程，实际上是在组织（工作领域）、个体、家庭所依存的一个更大、更长期和更稳定的资源保存与交换系统中发生的。资源保存理论作为一种动机理论，该理论的基本假设是人们有动力保护自己当前的资源以获得新的资源。问题在于，角色资源累积或工作—家庭增益的持续保障是什么？跨角色资源的累积如何实现跨界增益？本节内容力图回答和解释上述问题，基于社会交换理论和资源保存理论解释跨角色领域中如何实现资源的

---

① Hobfoll, S. E., "Conservation of Resources: A New Attempt at Conceptualizing Stress", *American Psychologist*, 1989, 44 (3): 513 - 524.

② Halbesleben, J. R., Neveu, J. P., Paustian - Underdahl, S. C., et al., "Getting to the 'COR' Understanding the Role of Resources in Conservation of Resources Theory", *Journal of Management*, 2014, 40 (5): 1334 - 1364.

③ Hobfoll, S. E., Halbesleben, J., Neveu, J. P., et al., "Conservation of Resources in the Organizational Context: The Reality of Resources and Their Consequences", *Annual Review of Organizational Psychology and Organizational Behavior*, 2018, 5: 103 - 128.

累积循环过程，重点阐述工作—家庭增益的重要作用。

（一）角色资源获取是跨界增益的基本前提

工作角色资源获取会增强工作—家庭增益的论点得到了过去研究的充分支持。Greenhaus 和 Powell[①]表明从工作角色中产生的不同类型的资源（灵活的工作安排等）增强了员工的工作—家庭增益。Chen 和 Powell[②]认为，个人的工作角色参与有两个独立的结果，工作角色资源获取与工作资源耗损，它们分别在工作角色投入与工作对家庭增益或冲突之间的关系中起中介作用。但我们仍然需要借助资源保存理论来解释为何个体期望获得更多资源的累积，这对工作—家庭增益有什么影响。Hobfoll 等[③]基于资源保存理论，认为人们必须不断地对资源进行投资以避免资源的损失，当面临资源损失时，也需要更快地从资源损失中恢复，以获取新的资源。那些资源富足的人会较少遭受资源损失，并且会更有能力获得新的资源。与之相反，资源匮乏的个体或组织更容易遭受资源的损失，并且获得新的角色资源的能力也更弱。可见，人们倾向于获取、投资和积累资源以应对不确定性，避免资源的损失。员工个体在其整个职业生涯中，工作角色与家庭角色的相互转换是反复出现和恒定不变的主题，并且难以轻言工作角色与家庭角色孰重孰轻，这期间个体必然在不同角色的参与中获得角色资源，以应对多重角色参与的需求，避免将来陷入

---

① Greenhaus, J. H., Powell, G. N., "When Work and Family are Allies: A Theory of Work - Family Enrichment", *Academy of Management Review*, 2006, 31 (1): 72-92.

② Chen, Z., Powell, G. N., "No Pain, No Gain? A Resource - Based Model of Work - to - Family Enrichment and Conflict", *Journal of Vocational Behavior*, 2012, 81 (1): 89-98.

③ Hobfoll, S. E., Halbesleben, J., Neveu, J. P., et al., "Conservation of Resources in the Organizational Context: The Reality of Resources and Their Consequences", *Annual Review of Organizational Psychology and Organizational Behavior*, 2018, 5: 103-128.

多重角色参与的资源衰竭困境。工作—家庭增益发生的前提是个体能够将角色领域获取的角色资源跨界面应用到另一角色参与中，以促进另一角色表现和提升生活品质，体验工作和家庭间的跨界增益。角色资源的累积状态是基于资源耗损和获取的动态变化过程，个体想要实现工作—家庭增益的持续体验，需要通过角色投入不断地获取和累积角色资源，即角色资源的累积是实现工作家庭间角色资源跨界增益的基本前提。

(二) 工作—家庭增益是角色资源累积的持续保障

个体角色投入、资源累积、跨界增益的行为与体验过程，实际上是在组织 (工作领域)、个体、家庭所依存的一个更大、更长期和更稳定的资源保存与交换系统中发生的。进而，工作—家庭增益的持续发生又是跨界面角色资源累积循环的持续保障。参与组织或家庭活动累积的角色资源越能满足个体的角色期许，个体对角色的积极评价越高，越愿意在角色中投入更大，进而更有可能收获角色领域的资源，实现角色资源的累积与循环。ten Brummelhuis 和 Bakker[1] 将增益描述为通过工作或家庭资源来增加个体资源的一个资源积累过程，这些个体资源又可以用来改善工作和家庭的结果。工作家庭冲突被描述为一个角色域的需求会耗尽个体资源并阻碍另一个角色域表现。个体在工作与家庭环境中的各种活动与行为受到交换需求的支配，在持续的角色参与和角色投入中收获并循环累积角色资源。从长期来看，角色资源数量不会保持在一个绝对水平，资源的获取和耗损与工作家庭关系 (冲

---

[1] ten Brummelhuis, L. L., Bakker, A. B., "A Resource Perspective on the Work – Home Interface: The Work – Home Resources Model", *American Psychologist*, 2012, 67 (7): 545 – 556.

突或增益）相互间存在动态影响。① 个体在多重角色的参与和转换中，工作家庭间的互动体验不仅影响个体心理行为②，还会扩散影响个体对组织、家庭角色领域的评价，形成更全面的跨界影响。当个体体验到工作—家庭增益，会认为工作能够提供有价值和可转移应用的资源，个体将会积极评价自己的工作，对工作表示满意。③ 为持续获取跨界增益，个体更愿意对原资源领域（工作领域）付出更多，并充分累积角色资源。因此，工作—家庭增益也是跨界面角色资源累积的持续保障。

（三）工作—家庭增益与角色领域的评估

某一角色领域收获的角色资源跨界面满足个体另一角色需求，提升角色表现的程度，决定了角色资源跨界增益的水平。角色资源的跨界增益基于个体对角色资源跨界面满足角色需求状态的评估，同时工作—家庭增益也会有助于个体对原资源领域产生积极正向的评估。社会交换理论④主张个体行为受到某种可以带来奖励和报酬的交换活动的支配，归结为一种交换。即人们之间的社会关系是建立在代价与报酬分析之上的，个体都有可用于和他人交换的资源，包括有形资源（实物商品、服务）和无形资源（权利、同情、怜悯、认同等）。组织

---

① Chen, Z., Powell, G. N., Cui, W., "Dynamics of the Relationships among Work and Family Resource Gain and Loss, Enrichment, and Conflict over Time", *Journal of Vocational Behavior*, 2014, 84 (3): 293–302.

② Carlson, D. S., Kacmar, K. M., Zivnuska, S., et al., "Work - Family Enrichment and Job Performance: A Constructive Replication of Affective Events Theory", *Journal of Occupational Health Psychology*, 2011, 16 (3): 297–312.

③ Carlson, D. S., Hunter, E. M., Ferguson, M., et al., "Work - Family Enrichment and Satisfaction Mediating Processes and Relative Impact of Originating and Receiving Domains", *Journal of Management*, 2014, 40 (3): 845–865.

④ Blau, P. M., *Exchange and Power in Social Life*, New York: Wiley, 1964.

(工作场所)与员工之间,并通过员工个体与员工家庭之间也必然存在交换关系,尤其是基于情感和心理资源的互换。个体投入角色领域,以时间、精力、能力、情感等个体资源为"代价",组织(角色领域)提供相应的角色资源为"报酬",角色资源满足个体需求并符合个体期望的程度,反映了交换的质量。个体不仅需要通过资源累积增强个体资源以满足个体生存和成长需求,同时也需要将资源跨界面应用以满足多重角色的参与需求。家庭是个体生活和满足需求的一种特殊方式,也是个体与组织(社会)互动交换的重要目标指向。因此,组织(工作场所)—个体—家庭的相互交往及交往的质量和稳定性,一定程度地建立在相互的代价与报酬的基础上,并取决于他们能否从交往中通过交换获得他们所需要的东西。

基于互惠交换原则,个体与工作、家庭间良性互动的体验将会进一步增强个体对原资源领域和跨界领域的积极态度和评价。[1] 根据社会交换理论,当在组织中感受到有利待遇时,也会意识到有义务回报。[2] 在个体工作家庭界面跨域互动中,当个体感受到组织在帮助他们管理工作和多重角色参与等支持性资源时,社会交换的互惠性规范会迫使个体回报组织,通常会对组织表现出积极的态度,例如:对工作和组织有更积极的评估。[3]

同样,家庭生活的参与也是如此,当个体体验到家庭对工作增益

---

[1] Tang, S. W., Siu, O. L., Cheung, F., "A Study of Work – Family Enrichment among Chinese Employees: The Mediating Role between Work Support and Job Satisfaction", *Applied Psychology*, 2014, 63 (1): 130 – 150.

[2] Rhoades, L., Eisenberger, R., "Perceived Organizational Support: A Review of the Literature", *Journal of Applied Psychology*, 2002, 87 (4): 698 – 714.

[3] Wayne, J. H., Randel, A. E., Stevens, J., "The Role of Identity and Work – Family Support in Work – Family Enrichment and Its Work – Related Consequences", *Journal of Vocational Behavior*, 2006, 69 (3): 445 – 461.

时，个体也会对家庭角色表达积极的评价或态度。基于社会交换理论，那些对家庭角色具有较强积极情绪的个体，会将个体对家庭角色的积极评价视为对家庭的回报，家庭对工作的增益会促发个体的家庭满意度。[1] McNall等[2]为了说明工作—家庭增益对组织的重要作用，验证了工作—家庭增益与工作相关结果（工作满意度、离职意向）之间的关系。结果显示，工作对家庭增益越大，个体对工作的满意度越高，个体的离职意向越弱。工作—家庭增益与工作场所的情感和态度有关，如工作满意度、组织承诺和离职意向。[3]

三 角色资源累积与动态循环模型提出

社会交换理论主张人类的一切行为都受到某种可以带来奖励和报酬的交换活动的支配，人类的一切社会活动都可以归结为一种交换。[4] 因此，组织（工作场所）、个体、家庭的相互交往及交往的质量和稳定性，一定程度地建立在相互的代价与报酬的基础上，取决于他们能否从交往中通过交换获得他们所需要的东西。某一角色领域收获的角色资源跨界面满足个体另一角色需求，提升角色表现的程度，决定了角

---

[1] Haar, J. M., Bardoel, E. A., "Positive Spillover from the Work – Family Interface: A Study of Australian Employees", *Asia Pacific Journal of Human Resources*, 2008, 46 (3): 275 – 287; Zhang, Y., Xu, S., Jin, J., et al., "The Within and Cross Domain Effects of Work – Family Enrichment: A Meta – Analysis", *Journal of Vocational Behavior*, 2018, 104: 210 – 227.

[2] McNall, L. A., Masuda, A. D., Nicklin, J. M., "Flexible Work Arrangements, Job Satisfaction, and Turnover Intentions: The Mediating Role of Work – to – Family Enrichment", *The Journal of Psychology*, 2009, 144 (1): 61 – 81.

[3] McNall, L. A., Nicklin, J. M., Masuda, A. D., "A Meta – Analytic Review of the Consequences Associated with Work – Family Enrichment", *Journal of Business and Psychology*, 2010, 25 (3): 381 – 396; Tang, S. W., Siu, O. L., Cheung, F., "A Study of Work – Family Enrichment among Chinese Employees: The Mediating Role between Work Support and Job Satisfaction", *Applied Psychology*, 2014, 63 (1): 130 – 150.

[4] Blau, P. M., *Exchange and Power in Social Life*, New York: Wiley, 1964.

色资源跨界增益的水平。因此，角色资源的跨界增益是基于个体对角色资源跨界面满足角色需求状态的评估，最终实现循环。资源保存理论认为个体有获取、保存和保护有价值的资源的倾向，个人有动机保护当前资源和获取新资源。[①] 那些有资源可供利用的人有更多的机会投资资源以获取新资源。[②] 因此，个体不断地投入角色领域中获取新的角色资源并保存起来本身就是一种基本的需要，那些在工作或家庭中处于资源获取状态的个体，更愿意再次投入工作和家庭角色领域获取更多的新资源，实现循环。在前文的分析梳理下，基于社会交换理论和资源保存理论提出角色资源累积与动态循环模型，如图3-1所示，模型中主要涉及以下两方面的内容。

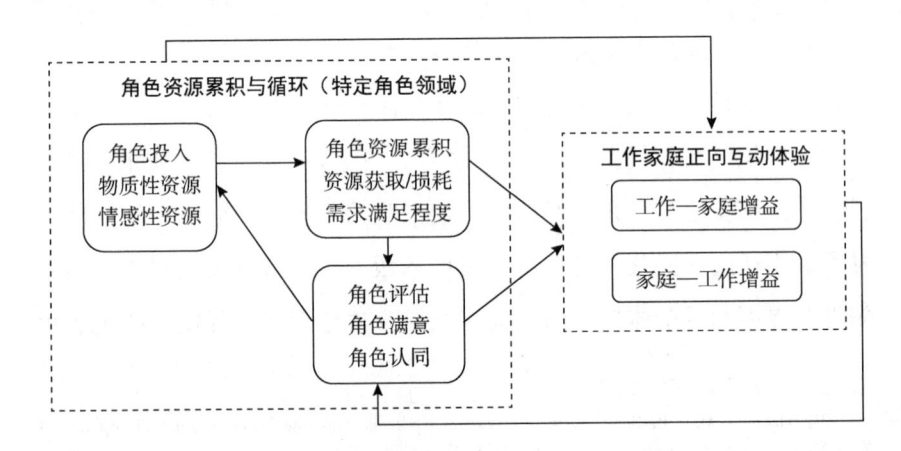

图3-1 角色资源累积与动态循环理论模型

---

① Hobfoll, S. E., "Conservation of Resources: A New Attempt at Conceptualizing Stress", *American Psychologist*, 1989, 44 (3): 513-524.

② Halbesleben, J. R., Neveu, J. P., Paustian - Underdahl, S. C., et al., "Getting to the 'COR' Understanding the Role of Resources in Conservation of Resources Theory", *Journal of Management*, 2014, 40 (5): 1334-1364; Hobfoll, S. E., Halbesleben, J., Neveu, J. P., et al., "Conservation of Resources in the Organizational Context: The Reality of Resources and Their Consequences", *Annual Review of Organizational Psychology and Organizational Behavior*, 2018, 5: 103-128.

第一，特定角色领域中角色资源是如何累积和实现循环的。为解答这一问题，模型论证提出特定角色领域中角色资源累积循环的逻辑主线"角色投入—角色资源累积—角色评估—角色再投入"。首先，在特定角色领域内角色投入与角色资源累积的关系中，将个体特定角色领域的参与或投入视为个体以获取回报为预期的社会交换活动。个体投入特定的工作或家庭角色领域均会收获工作/家庭资源、心理资源、物质资源等。个体投入特定角色领域同时在消耗和产生资源，资源的获取和损失具有相对独立的结构，但从工作家庭正向互动的基础假设中，更多认为角色投入越大，工作角色资源获取越多。其次，在特定角色领域内角色资源积累与角色评估的关系中，当个体投入某一特定的角色领域，会获取相应的角色资源。角色资源满足个体需求和符合期望的程度，影响个体对角色的评价。角色资源满足期望需求的程度越高，越倾向于对原资源角色领域产生积极正向的评估。最后，在特定角色领域内角色评估与角色再投入的关系中，决定个体长期在特定角色领域（工作和家庭）投入以累积更多角色资源可能存在两方面原因。一方面，个体在与组织（工作或家庭）的社会交换中增强了组织与个体的长期互信和承诺，对组织的积极评估，让个体相信和愿意继续投入角色中以累积更多的角色资源收益。另一方面，个体相信与组织（工作或家庭）的社会交换中双方均具有长期义务，阶段性对角色领域的积极评价，让个体更加愿意与组织维持长期的社会交换关系，愿意继续在原角色资源领域投入。

第二，跨角色领域中角色资源是如何累积和循环的，以及工作—家庭增益在其中的重要作用。个体角色投入、资源累积、跨界增益的体验过程，实际上是在组织、个体、家庭所依存的一个更大、更稳定的资源保存和交换系统中发生的。为解答上述问题，模型论证提出跨角色领域中角色资源累积循环的动态循环主线,即"角色资源累积—跨界增益—角色评价—角色再投入"。首先,角色资源的获取是工作—家庭增益发生的基础性前提。角色资源的累积状态是基于资源耗损和获取的动态变化过程,个体想要实现工作—家庭增益的持续体验,需要通过角色投入不断地获取和累积角色资源,即角色资源的累积是实现工作家庭间角色资源跨界增益的基本前提。其次,工作家庭增益发生是跨界面角色资源累积循环的持续保障。增益描述为通过工作或家庭资源来增加个体资源的一个资源积累过程,这些个体资源又可以用来改善工作和家庭的结果。为持续获取跨界增益,个体更愿意对原资源领域(工作领域)付出更多,并充分累积角色资源。因此,工作—家庭增益也是跨界面角色资源累积的持续保障。最后,工作—家庭增益与角色领域评估的关系中,某一角色领域收获的角色资源跨界面满足个体另一角色需求,提升角色表现的程度,决定了角色资源跨界增益的水平。角色资源的跨界增益是基于个体对角色资源跨界满足角色需求状态的评估,同时工作—家庭增益也会有助于个体对原资源领域产生积极正向的评估。

四 本章小结

本章探索性揭示了角色资源累积与动态循环的关系。现有研究更多地论证了角色资源的获取或累积是工作—家庭增益发生的前提,是对工作、家庭正向互动本质的静态思考。本章认为,角色资源的累积状态是基于资源耗损或获取的动态变化过程,个体想要实现工作—家庭增益的持续体验,需要通过不断的角色投入以获取和累积角色资源。

本章对特定角色领域中资源累积循环的主要观点总结如下。第一,基于社会交换理论，将特定角色领域的参与或投入视为个体以获取"回报"为预期的社会交换活动。

第二，在特定角色（工作角色），员工因投入工作获取的主要"报酬"为三大类资源，即工作资源、心理资源和经济物质资源。

第三，在特色角色（家庭角色），个体投入家庭角色领域，以个人的事件、精力、情感等为"代价"，预期收获家庭角色领域的资源为"报酬"，家庭角色资源为家庭支持资源、心理资源、经济物质资源。

第四，在特定角色领域，角色的投入同时在消耗资源和生成资源，两个系统具有相对独立性，资源"收益"的对立面是"没有收益"而不是"损失"，资源"损失"的对立面是"没有损失"而不是"收益"。角色投入在相对独立地面对角色资源的"收益"系统和角色资源的"损失"系统。

第五，在特定角色领域中，员工个体在与某一组织交换并实现交换目标需求的过程中，当组织提供的资源能够满足个体需求或与个体期望相符合时，角色领域所供给的资源和个体的需求是匹配的，个体将倾向于对组织给予积极正向的评价，并产生对所投入角色的满意感。

第六，在特定角色领域，一方面，个体在先前的角色参与中得到了角色资源收益，增强了组织（工作和家庭）与个体的长期互信和承诺，这让个体相信和愿意继续投入角色中以累积更多的角色资源收益；另一方面，个体相信与组织（工作和家庭）的社会交换中双方均具有长期义务，当在特定角色领域的阶段性投入中收获角色资源时，更加愿意维持长期的社会交换关系，愿意继续在原角色领域投入。

本章对于跨角色领域中资源累积循环的主要观点总结如下。第一，个体角色投入、资源累积、跨界增益的行为与体验过程，实际上是在组织（工作领域）、个体、家庭所依存的一个更大、更长期和更稳定的资源保存与交换系统中发生的。

第二，角色资源的累积状态是基于资源耗损和获取的动态变化过程，个体想要实现工作—家庭增益的持续体验，需要通过角色投入不断地获取和累积角色资源，即角色资源的累积是实现工作家庭间角色资源跨界增益的基本前提。

第三，跨角色领域中，工作—家庭增益的持续发生又是跨界面角色资源累积循环的持续保障。当个体体验到工作—家庭增益，会认为工作能够提供有价值和转移应用的资源，个体将会积极评价自己的工作。为持续体验跨界增益，个体更愿意对原资源领域（工作领域）付出更多，并充分累积角色资源。

第四，跨角色领域中，角色资源的跨界增益基于个体对角色资源跨界面满足角色需求状态的评估，同时工作—家庭增益也会有助于个体对原资源领域产生积极正向的评估。

本章角色资源累积与动态循环理论模型主要贡献总结如下。第一，基于社会交换理论，模型论证提出特定角色领域中角色资源累积循环的逻辑主线，即"角色投入—角色资源累积—角色评估—角色再投入"。第二，基于社会交换理论，模型论证提出跨角色领域中角色资源累积循环的动态循环主线，即"角色资源累积—跨界增益—角色评价—角色再投入"。

综上所述，本章内容探讨了在特定角色领域角色资源累积过程和动态循环的过程，以及在跨角色领域角色资源的跨界增益与动态循环过程，进一步解析工作—家庭增益的发生如何随时间的变化和资源的耗损或获取而动态变化。从本章节的论证可以看出，增益的发生过程是一个基于角色资源累积循环的动态过程，而工作家庭界面良性互动的体验又驱动着角色资源的循环累积。本章的内容为接下来探讨工作—家庭角色资源跨界增益的路径提供了从角色资源跨界交换和累积的理论视角。基于此，下一章我们将重点探讨工作—家庭角色资源跨界增益的路径模型。

基于对特定角色领域和跨角色领域角色资源累积与动态循环过程的揭示，结合本章提出的角色资源累积与动态循环模型，后续可以进一步关注以下内容。

第一，角色资源累积与动态循环模型更多地从社会交换的视角考虑了个体在特定的某一角色领域中资源循环累积的实现过程，以及个体在跨角色参与中，角色资源跨领域应用的动态循环过程。整个过程更多地从"资源交换"的角度去阐释工作与家庭之间正向互动的本质，整个思考的主体是参与角色的个体。后续研究可以在此基础上进一步思考，不同的交换主体之间的资源累积、交换、损耗的过程，如员工资源的获取与上司资源获取的关系；丈夫工作域资源获取的状态，如何跨界影响妻子的资源累积。对于一个家庭而言，资源的累积和循环应该以家庭整体为单位去衡量，不应该单独去看待丈夫和妻子的工作家庭资源累积模型，综合思考整个家庭的资源获取的总效应也是值得后续思考的。

第二，现有关于工作家庭积极关系的理论研究中更多使用了资源保存理论，本章从社会交换的视角厘清了资源累积和循环的过程本质，后续研究可以进一步从更多样化的理论视角去看待工作家庭之间的互动关系。例如不同的人对待工作和生活存在意识形态上的差异，这些差异会如何影响人们去认知工作与家庭之间的互动过程。同时，对于不同认知的个体，实现工作与家庭正向互动应该有差异化的策略模型，有必要去思考策略选择的前因、结果和动态变化。

第四章 工作—家庭角色资源跨界增益的路径模型研究

上一章构建了角色资源累积与动态循环模型,提出跨角色领域中角色资源跨界增益的动态循环主线,即"角色资源累积—跨界增益—角色评价—角色再投入"。认为资源获取是跨界增益的前提,角色资源的获取和累积不仅可以在特定角色领域获取和循环,也可以在跨角色领域中累积循环,工作—家庭增益的持续发生成为角色资源跨角色域累积的重要保障。但这一模型未能对跨角色领域下,角色资源对工作—家庭增益的作用机理进行解析。基于此,本章将继续探讨工作与家庭间的角色资源跨界增益的实现路径,旨在从社会交换的视角继续探究角色资源如何跨界交换并应用于提升另一角色表现,背后蕴藏了怎样的中介机制和调节机制,旨在揭示工作与家庭间角色资源跨界增益的互动本质。

Greenhaus 和 Powell[①]模型中定义了两种角色领域之间相互促进的路径,包括工具性路径和情感性路径。在工具性路径中不同类型的资

---

① Greenhaus, J. H., Powell, G. N., "When Work and Family are Allies: A Theory of Work-Family Enrichment", *Academy of Management Review*, 2006, 31 (1): 72-92.

源可以直接从一个角色领域转移到另一个角色领域。在情感性路径中强调一个角色产生的角色资源可以促进个体在这一角色中的积极情绪，而这种积极情绪可以帮助个体提高另一角色中的绩效和积极情感。但工作—家庭增益双路径模型并没有考虑工作领域及家庭领域以外的因素（如生态、文化、个体特征）对工作—家庭关系的影响。并且工作—家庭增益双路径模型中的情感性路径只解释了积极情绪，未解释除积极情绪以外的个体心理因素的重要作用。ten Brummelhuis 和 Bakker[①]将工作—家庭增益的过程描述为一个资源积累的过程，认为资源保存理论描述的资源的损耗和获取的过程同样可以用来解释工作家庭关系发生的机制。这一理论模型并未解答个体从角色情境中获取个体资源的规则，却启发我们关于工作资源可以增强个体资源的思考。基于此，本章在上一章的基础上，将从社会交换的视角，进一步思考角色资源跨界增益实现路径中个体因素、情境因素的影响，并力图拓宽个体心理因素的范围，主要关注以下重要的问题：第一，工作—家庭角色资源跨界增益过程中蕴藏着怎样的中介路径。第二，领域边界的强弱和个体特征的差异会对角色资源跨界增益带来怎样的限定影响。

一 角色资源跨界增益的逻辑主线

（一）过往理论模型中的角色资源与路径

工作家庭积极关系的理论研究中主要涉及可跨界增益的角色资

---

① ten Brummelhuis, L. L., Bakker, A. B., "A Resource Perspective on the Work – Home Interface: The Work – Home Resources Model", *American Psychologist*, 2012, 67 (7): 545 – 556.

源。Greenhaus 和 Powell [1]提出的工作—家庭增益双路径模型中涵盖了五种可以在角色参与中获取并跨界增益的资源。第一类是技能和观点。其中技能指的是与任务相关的认知，人际关系处理技能，应对事物的技能，多任务处理技能，以及从角色经验中获得的知识和智慧等。观点是指个体感知和控制环境的方式。个体在工作中获得的技能和认知可以转移到家庭领域，并为个体所用。第二类是心理和生理资源。心理和生理资源包括积极的自我评价，如自我效能感和自尊感。这些资源还包括对未来积极的情绪，如乐观、希望和生理健康。第三类是社会资本。个体可以从一个角色的社会资本中获取资源和信息，以解决另一角色领域中的问题，提高另一个角色的绩效。如家庭社会资本可以帮助个体成功获取营销机会，获得银行贷款开辟新的业务等。第四类是工作或家庭弹性。弹性指的是个体在参与一个角色时可以自由决定时间、空间和地点的程度。第五类是物质资源。物质资源指的是个体从工作和家庭中获得的金钱等。在家庭角色中获得的财务资源（如礼物、无息贷款、遗产）也可用于个体进行事业上的投资，或者投资于职业发展教育。在工作—家庭增益的双路径模型中提出一条重要的情感性路径，即"角色 A 资源—角色 A 积极情绪—角色 A 绩效表现—角色 B 积极情绪"，解释了工作—家庭增益发生的情感性路径。该理论模型从资源保存的视角重点关注了跨角色关系，主要探讨哪些资源有利于跨角色的表现，以及是通过工具性路径还是情感性路径来实现提升另一角色的表现，但对角色资源本身的分类或角色资源彼此的关系未做进一步的分析。

---

[1] Greenhaus, J. H., Powell, G. N., "When Work and Family are Allies: A Theory of Work – Family Enrichment", *Academy of Management Review*, 2006, 31 (1): 72 – 92.

Wayne 等[①]在"资源—获取—发展"模型中涵盖了两类资源，第一类是个体特征（如积极情感、自我效能、工作认同等）；第二类是环境资源，包括能量环境（工作丰富化、发展机会等）、支持性资源（同事支持、上司支持、支持性工作家庭文化等）和条件资源（工作声望等）。两种资源会直接促进工作与家庭的积极关系。但该理论并未探讨环境资源跨界增益的中介机制，将两类资源分开去验证影响机理。ten Brummelhuis 和 Bakker[②]在工作家庭资源模型中涵盖了情境资源、个体资源和资本资源等。情境资源包括工作情境资源和家庭情境资源。个体资源包括心理资源、生理资源、认知资源、情感资源以及资本资源。心理资源指的是能够有效帮助个体完成任务的心理资源，如关注点、注意力等。生理资源包括生理能量及健康。认知资源是指个人所具备的知识、技能以及经验。情感资源包括个体所感知到的积极情绪，如乐观的心态以及成就感等。资本资源指的是能够促使个体完成角色绩效的工具性资源，如时间和金钱等。在工作—家庭资源模型中提出了"A 角色情境资源—个体资源—B 角色的结果"路径。该理论利用资源保存理论认为工作家庭冲突就是一个耗损个体资源的过程，工作—家庭增益就是一个资源积累的过程，即工作和家庭资源增加了个体资源，再利用个体资源改善其他角色域的表现。

综上所述，这些工作家庭界面研究模型更多是基于资源保存的理论视角，提出可实现跨界增益的具体资源和工作家庭积极关系的具体

[①] Wayne, J. H., Grzywacz, J. G., Carlson, D. S., et al., "Work - Family Facilitation: A Theoretical Explanation and Model of Primary Antecedents and Consequences", *Human Resource Management Review*, 2007, 17（1）: 63 - 76.

[②] ten Brummelhuis, L. L., Bakker, A. B., "A Resource Perspective on the Work - Home Interface: The Work - Home Resources Model", *American Psychologist*, 2012, 67（7）: 545 - 556.

构念。目前呈现的模型中忽视了资源彼此之间的关系梳理,以及工作和家庭领域以外的系统,如个体特征、边界特征、组织情境等对增益过程的影响,同时也并不能解释个体为何有时感受到工作—家庭冲突,有时又会感受到工作—家庭增益。

(二) 社会交换的角色资源与分类

社会交换理论认为交换双方都想要有价值的东西,交换的标的和数量由双方共同决定。从社会交换的角度提出资源分为两类:经济资源和社会资源。经济资源包括有形的项目,如货物、货币、资产、信息、咨询和服务。社会资源包括寒暄、友谊、声望、尊重和社会认可等无形资源。本章综合了工作—家庭资源模型对工作—家庭角色资源的分类和社会交换视角对资源的分类,关注角色域情境资源对个体资源的影响。

1. 角色情境资源

角色情境资源主要是指个体身处角色情境中所收获的角色资源。角色资源获取依赖于工作、组织和家庭情境,包括工作自身资源、组织环境资源和家庭环境资源。现有关于工作—家庭增益的前因研究显示,角色资源的获取主要依赖工作自身资源、组织环境资源、家庭环境资源等。工作自身资源有助于雇员体验到更多工作对家庭的增益,不仅包括工作丰富性、自主性等工作总体特征,如弹性工作安排、压缩周、充足时间等[1],还包括工作中可获得的具体资源,如技能和观

---

[1] McNall, L. A., Masuda, A. D., Nicklin, J. M., "Flexible Work Arrangements, Job Satisfaction, and Turnover Intentions: The Mediating Role of Work – to – Family Enrichment", *The Journal of Psychology*, 2009, 144 (1): 61 – 81; Lingard, H. C., Francis, V., Turner, M., "Work – Family Enrichment in the Australian Construction Industry: Implications for Job Design", *Construction Management and Economics*, 2010, 28 (5): 467 – 480.

点、心理资源、社会资源、灵活性、物质资源等。① 当个体从事的工作具有更多自主性和多样性，而且工作要求个体具有相当程度的专业性社会技能时，个体能够获得更多工作对家庭增益。同时，当工作相关的资源能够与个体及其家庭的期望相适配时，个体认为，工作安排是适宜的，会正向促进工作对家庭增益。②

组织环境资源包括支持资源（主管和同事支持、工作—家庭平衡政策、工作—家庭文化、家庭支持型主管行为、家庭友好型政策、家庭友好型工作实践等）、能量资源（发展机会、工作机会、工作丰富性等）和团队资源等。同事支持、主管支持、工作家庭平衡政策以及工作家庭文化有助于工作对家庭增益。③ 个体在机会多且支持性强的组织环境中，有助其协调工作和家庭角色需求。

家庭环境资源主要包括家庭支持（配偶支持、工具性支持、家庭资源等）、家庭特征（婚姻状况、子女年龄、家庭负担等）。家庭的支持能够促进个体在家庭角色中的表现，有利于提升个体对家庭的满意度，进而影响家庭对工作增益。④

---

① Greenhaus, J. H., Powell, G. N., "When Work and Family are Allies: A Theory of Work-Family Enrichment", *Academy of Management Review*, 2006, 31 (1): 72-92.

② Lingard, H. C., Francis, V., Turner, M., "Work-Family Enrichment in the Australian Construction Industry: Implications for Job Design", *Construction Management and Economics*, 2010, 28 (5): 467-480.

③ Baral, R., Bhargava, S., "Predictors of Work-Family Enrichment: Moderating Effect of Core Self-Evaluations", *Journal of Indian Business Research*, 2011, 3 (4): 220-243; Mauno, S., Rantanen, M., "Contextual and Dispositional Coping Resources as Predictors of Work-Family Conflict and Enrichment: Which of These Resources or Their Combinations are the Most Beneficial?", *Journal of Family and Economic Issues*, 2013, 34 (1): 87-104.

④ Siu, O., Lu, J., Lu, C., et al., "Testing a Model of Work-Family Enrichment: The Effects of Social Resources and Affect in Academy of Management Proceedings", *Academy of Management*, 2011, 11 (1): 1-6.

2. 个体资源

从社会交换视角，更多强调了资源的经济性和社会性，基于此，我们将个体资源界定为个体自身所拥有的经济性资源和社会性资源，具体可分为社会情感资源、社会认知资源和社会经济资源，其中社会情感资源和社会认知资源统称为个体心理效能资源。社会情感资源是指个体所拥有的积极心理状态和正向的情感能量等积极心理资源，如在个体成长和发展过程中表现出的乐观、希望、韧性等积极心理状态，以及寒暄、友谊、声望、积极情绪等正向情感能量。社会认知资源直接影响个体认知效能质量，是指那些可以有利于个体对他人的心理状态、行为动机和意志做出推测和判断的资源，如知识、经验与技能等。经济资源是个体所具备的工具性条件资源，如人脉条件、信息、资产和金钱等。接下来将继续论证个体资源的重要中介作用。

（三）角色情境资源引发个体资源的改变

1. 角色情境资源引发个体社会情感资源的改变

基于社会交换理论，工作中员工以投入时间、技能、情感等为"代价"，以获取组织提供的一系列角色资源为"报酬"，最终实现与组织的互换。员工在特定的角色情境中会收获角色资源。以工作情境中收获的支持性角色资源为例，员工因参与工作角色收获组织支持性角色资源，员工感知到组织层面的各类支持（家庭支持型主管行为、家庭友好政策实践、同事支持、主管支持等）的同时会引起个人心理因素的重要改变，会认为自身在工作域的投入获得了预期的回报，有助于员工产生正向的心理评估和积极的行为，实现互惠交换，同时这类支持性的角色资源也有利于激发员工的积极心理状态，产生正向的心理能量。收获支持性工作角色资源的员工会在工作中更有成就感和愉悦感，也将会给员工带来积极的心理体验和心理状态。如果在工作角色投入中更多体验到角色情境资源的获取，员工对其自身能力和价值的评判也会更高，这样也会进一步增强员工积极的心理状态，提高员工对希望、韧性、乐观等积极心理状态的体验水平。

2. 角色情境资源引发个体社会认知资源的改变

员工以自身资源为代价，投入工作角色情境，需要在工作中不断地收获新的知识、技能和经验，也会在与上司、同事、客户等关系的维系中收获基于工作情境的角色资源。在工作的历练中促使个体能够全方位地提升自身的认知能力和认知效率。角色的参与让个体不断提升与任务相关的认知、人际交往能力、应变能力、多任务处理能力以及收获从工作角色经验中获得的知识和技能。在角色的参与中我们不断地历练，开始重视个体差异、尊重文化背景的差异，理解他人的想法，学习相互信任的重要价值。这些角色情境中的历练让个体的认知价值观、能力、方式等都有新的改变。如一个能够在工作中与上司、同事和客户都保持积极沟通、良性互动的员工，能够对他人情绪的识别、对他人性格的认知、对人际关系的认知和对人行为的认知都有更好的获得感。在职场中那些年长的员工相对于年轻大学生，在工作方式、人际处理和利弊权衡等认知上会有更优秀的表现，这都得益于在角色情境中长期的锻炼和认知收获。

3. 角色情境资源引发个体社会经济资源的改变

在参与不同角色中，不仅会收获上述的社会认知资源和社会情感资源，同时也会收获相对更容易理解的个体经济资源。从社会交换理论角度，经济资源包括货物、货币、资产、信息、咨询和服务，是一类有形的资源。个体将时间、精力、知识技能等投入工作角色所获得的最直观的经济资源就是薪酬，包括工资、奖金、分红、各种形式的福利。这些经济性的角色资源累积到个体身上就会变成可供支配的经济资源，员工可以将它存储起来作为现金储蓄，也可以购买个人资产（房子、车子等），享受或购买相应的咨询、信息和服务。个体出生在不同的家庭情境，原生家庭的经济资源水平就呈现出巨大的差异，部分个体从出生就生活在优越的物质环境中，而部分个体出生的家庭经济情况较差，这会直接决定个体资源的初始值。但这只能决定个体从家庭角色获得的原始经济资源的多寡，并不等同于一生的资源量绝对值。这也就赋予了今后在不同的角色域积累资源的必要性和重要性。个体经济资源会伴随人的生命周期，伴随不同的角色情境资源的获取，不断地发生改变。

（四）个体资源在跨界增益中的作用

1. 个体社会情感资源与工作—家庭增益

员工个体既是多重角色参与的主体，也是角色资源跨界的载体，角色资源从获取到应用需要通过个体的心理过滤与加工。一方面，工作、个体和家庭的一系列互换中，个体依赖于工作领域收获的角色情境资源能够增强个体社会情感资源，不仅有助于个体在工作领域的积极投入和绩效表现，同时也为家庭角色参与储备积极心理能量资源，有助于实现工作对家庭增益。主管支持是社会情感资源的代表，它是工作中重要的人际关系。① 员工在工作中感受到主管对自身的关心或对自己工作成绩的肯定，员工将收获来自主管的情感资源，这可以表现为一种愉悦的心境，也可以是工作带来的成就感。而这些积极情感、自信和能量资源会让员工在家庭参与中有更加饱满的情感，将使得员工更有可能关注家庭成员关系，更多关心家庭成员，更好履行家庭责任和协调家庭矛盾，进而也更乐于积极评价工作与家庭生活，体验到更多工作对家庭的增益。某一角色中培养的乐观和希望等积极情绪可以通过增强面对失败时的毅力和复原力来促进个体在另一角色领域的有效表现。积极心理状态具体表现为在面对挑战时对自身能力的自信；积极乐观的归因；当身处逆境和被问题困扰时的持之以恒。可见积极的心理状态是一种认知和情感上的优势，具有积极心理状态的人，能从逆境、失败和各种冲突中快速恢复和回弹，相信自己有能力去迎接工作与家庭生活中的一系列挑战，减缓随之产生的角色压力。基于资源保存理论，工作角色中获取的积极情感资源并不受角色资源获取多寡的影响，能够正向渗溢并延伸至家庭领域得以跨界保存。

另一方面，工作、个体和家庭的一系列互换中，个体依赖于家庭领域收获的角色情境资源也会增强个体的社会情感资源，不仅有利于促进个体在家庭域的积极表现，提高生活品质，也会为工作角色参与储备积极情感资源。比如，个体在家庭参与中收获来自配偶的情感支持，不仅会直接有利于夫妻之间的情感关系，也会因为有配偶对工作

---

① Carlson, D. S., Thompson, M. J., Crawford, W. S., et al., "Spillover and Crossover of Work Resources: A Test of the Positive Flow of Resources through Work-Family Enrichment", *Journal of Organizational Behavior*, 2019, 40 (6): 709-722.

的支持，在工作中更加有干劲和活力。具备较高积极心理状态的个体将拥有积极心态和对不确定事件的乐观归因，在工作阶段性失利中，也因为有配偶的支持、理解和帮助，能更快地恢复和回弹。

2. 个体社会认知资源与工作—家庭增益

个体的社会认知资源直接影响个体认知效能质量，是指那些可以有利于个体对他人的心理状态、行为动机和意志做出推测和判断的资源，如知识、经验与技能等。认知资源来源于角色经验、知识以及感知情境的方式，扩大了一个人的眼界。研究显示，女性管理者的人际交往能力、多任务处理能力、尊重个人的差异会提高她们管理的效率。[1] 这些个体的发展性经验积累对个体家庭角色中的经验有积极的贡献。管理效率不仅会在工作角色域发生积极作用，这种认知资源也会提高一个人管理家庭事务的效率，提升个人家庭域的角色表现。在工作中收获的知识和技能也会改善一个人看待家庭关系、处理家庭事务的效果。同样一个人在参与家庭角色中也会收获认知资源，如跟妻子良好的沟通，和孩子的亲子互动，也会让一个人在关系管理上更加出色，这些技能和经验应用于处理与上司、同事以及客户之间的关系中，也会更加能够理解他们的心理状态、行为动机等，有利于做出更好的工作表现。

3. 个体社会经济资源与工作—家庭增益

经济资源是个体所具备的工具性条件资源，如人脉条件、信息、资产和钱等。个体有更好的人脉关系，能够在家庭域中更好地解决一

---

[1] Ruderman, M. N., Ohlott, P. J., Panzer, K., et al., "Benefits of Multiple Roles for Ranagerial Women", *Academy of Management Journal*, 2002, 45: 369–386.

些家庭的需求问题，如子女的教育、家庭的医疗，可以收获更多、更加专业的信息和咨询，让自己在面临子女教育和家庭事务时做出更好的判断，促进个体在家庭角色中的表现，提升生活品质。个体有更多的资产，是个人物质基础的表现，不仅能够为家庭积累更多的财富，也能够让家人在面临家庭事务抉择时拥有更多的自由，让家庭享受更高品质的生活，让孩子接受更高水平的教育等，有利于个体在家庭角色中的表现和整体家庭生活品质的提升。先前的研究表明，收入与婚姻质量正相关。[①] 个体有更好的人脉关系，可以为工作角色的表现添砖加瓦，获得更好的自我发展机会，当然也可以从人脉关系中收获更加专业的职业发展建议并提高工作决策的有效性和可行性。拥有更多资产的个体，可以在工作中更加从容，毕竟这些经济资源也是支撑事业发展的重要物质基础。工作中的选择，职业的发展也更加倾向于更长远的目标，而不是为了缓解经济压力，长期而言工作的表现和成就会更加突出。

（五）逻辑主线的提出

基于社会交换理论，人们之间的社会关系是建立在代价与报酬分析之上的，个体都有可用于和他人交换的资源，包括有形资源（实物商品、服务）和无形资源（权利、同情、怜悯、认同等）。组织（工作场所）与员工之间，并通过员工个体与员工家庭之间也必然存在交换关系，尤其是基于社会情感和心理资源的互换。个体在特定角色领域进行投入并不必然获取相应的角色资源。获取资源的状态在一定程度上取决于个体满足组织或角色期许（工作任务目标、家庭责任）的

[①] Voydanoff, P., "Incorporating Community into Work and Family Research: A Review of Basic Relationships", *Human Relations*, 2001, 54: 1609–1637.

程度。个体角色投入会产生两种相互独立的结果，角色资源的获取和耗竭。① 当个体在角色投入中能够更多体验到资源的获取，并且对获取资源的价值有积极的评价时，将有利于个体角色资源的累积。无论是员工在工作中感知到的工作自主性和积极反馈，还是获得主管或同事支持、组织提供的工作家庭平衡政策等支持性资源，抑或多重角色参与收获的社会网络资源和物质资源等，这些角色资源都是依赖于组织、家庭、社会环境所收获的情境资源。工作家庭资源可以增强个体资源（个体特质和能量），通过资源跨界应用以促进个体跨角色领域表现，增益描述了一个资源累积的过程。② 例如，组织支持（工作角色情境资源）能够通过转达组织对个体贡献价值的肯定和对个人福祉的关心，增强个体积极情绪（个体资源），为家庭角色的参与积蓄积极的心理能量，以促进家庭领域角色表现，实现跨界增益。③ 个体层面的积极心理特质，包括自我效能、自信、乐观、自尊等则可视为能够管理和协调其他资源，以获得满意结果的个体关键资源。④ 那些拥有乐观、自信等积极心理特质（关键资源）的个体，更能够优化和利用情境资源，在处理问题和减缓角色压力方面会有更出色的表现。⑤ 同时也能够拓展个

---

① Chen, Z., Powell, G. N., "No Pain, No Gain? A Resource – Based Model of Work – to – Family Enrichment and Conflict", *Journal of Vocational Behavior*, 2012, 81 (1): 89 – 98.

② Hobfoll, S. E., "Social and Psychological Resources and Adaptation", Review of General Psychology, 2002, 6 (4): 307 – 324; ten Brummelhuis, L. L., Bakker, A. B., "A Resource Perspective on the Work – Home Interface: The Work – Home Resources Model", *American Psychologist*, 2012, 67 (7): 545 – 556.

③ Eisenberger, R., Armeli, S., Rexwinkel, B., et al., "Reciprocation of Perceived Organizational Support", *Journal of Applied Psychology*, 2001, 86 (1): 42 – 51.

④ Hobfoll, S. E., "Social and Psychological Resources and Adaptation", *Review of General Psychology*, 2002, 6 (4): 307 – 324.

⑤ ten Brummelhuis, L. L., Bakker, A. B., "A Resource Perspective on the Work – Home Interface: The Work – Home Resources Model", *American Psychologist*, 2012, 67 (7): 545 – 556.

体能量水平，增强另一角色领域高度投入的可能性。① 因此，在个体与工作、家庭的交换关系中，个体不仅收获了相应的角色资源，这类情境资源还能进一步丰富个体的心理资源，有助于个体的成长和发展，并为参与另一角色蓄积积极的心理能量，促进另一角色领域的表现，实现跨界增益。

基于上述的分析梳理，以"角色资源累积—个体资源改变—跨界增益"为逻辑主线，揭示了工作—家庭角色资源跨界增益实现的本质过程，勾勒出了工作—家庭角色资源跨界增益的路径。

二 个体/角色边界特征对增益发生的限定影响

资源是在需要解决问题或应对具有挑战性的情况时可以使用的资产，角色领域的边界特征和个人特征决定了角色参与产生资源的程度。个体是多重角色参与的主体，同时也是角色资源跨界的载体，个体成为工作和家庭领域联系互动的纽带。同时，每个个体所面临的工作与家庭的边界特征也存在较大的差异，如有些个体所处的工作与家庭之间的边界融合，有些个体面对的工作与家庭之间的边界分离。投入工作和家庭角色领域中的个体能够获取相应的角色资源，以丰富和补充个体的心理资源，为增强另一角色表现积蓄个体资源，以更好地体验工作—家庭增益。那么差异化个体特征和不同的工作—家庭边界特征又会对角色资源跨界的路径带来哪些限定作用是接下来需要重点讨论的问题，我们选取性别这一重要的个体差异特征和工作—家庭边界强度这一重要的工作—家庭边界特征进行代表性的论证。

---

① Greenhaus, J. H., Powell, G. N., "When Work and Family are Allies: A Theory of Work-Family Enrichment", *Academy of Management Review*, 2006, 31 (1): 72-92.

(一) 性别的限定作用

员工个人在其整个职业生涯中工作角色与家庭角色的相互转换是反复出现和恒定不变的主题，并且难以轻言工作角色与家庭角色孰重孰轻。社会交换理论认为在交换中最有价值的结果（如认可、尊重、寒暄等）可能并没有任何的物质价值，社会交换结果的价值取决于当事人的主观感受。[①] 不同性别的员工由于对工作家庭生活满意的关注点或感知的侧重点不同，因而同一角色资源对个体资源和工作—家庭增益的影响也存在性别差异。传统的性别和家庭观念都强调男性应该是家庭的经济支柱，而女性则应更多分管家庭内部事务。[②]

在此基础上，性别的差异，导致男性和女性在多重角色参与中的定位和需求存在较大的差异。性别是工作家庭关系研究中最重要的人口统计学变量之一。性别角色中"男主外，女主内"的传统观念，切实反映了不同性别员工在工作与家庭角色分工和社会责任上的差异。虽然公平就业环境下，现代女性跟男性一样参与劳动以养家糊口，但她们依旧负责料理家务和照顾小孩等，例如，妻子当"全职太太"比丈夫离职当"家庭主夫"更容易被接受，男性更多被视为家庭的"顶梁柱"。[③] 可见，男性和女性员工在工作领域和家庭领域负有不同的社会期许责任，男性员工的社会期许角色更多与职业相关，而女性员工的社会期许角色更多与家庭相关。[④] 男性较为重视来自工作的满意，女性则

---

① Blau, P. M., *Exchange and Power in Social Life*, New York: Wiley, 1964.
② 於嘉：《性别观念、现代化与女性的家务劳动时间》，《社会》2014 年第 2 期。
③ 金家飞、刘崇瑞、李文勇：《工作时间与工作家庭冲突：基于性别差异的研究》，《科研管理》2014 年第 8 期。
④ Chen, W., Zhang, Y., Sanders, K., et al., "Family-Friendly Work Practices and Their Outcomes in China: The Mediating Role of Work-to-Family Enrichment and the Moderating Role of Gender", *The International Journal of Human Resource Management*, 2018, 29 (7): 1307–1329.

更加追求兼顾工作与家庭角色的可能。当男性员工在工作中感知到工作的积极反馈、主管和同事的支持时，相较于女性员工，会更易产生对工作的成就感和认同感，将体验到更多工作对家庭的增益。当女性员工感知到组织提供的工作家庭平衡政策时，相较于男性员工，女性员工体验到更多工作对家庭的增益。[①] 员工在工作角色参与中获取资源以满足角色需求，角色需求不仅包含工作领域成长和生存的需求，也包含角色资源跨界满足员工家庭角色期许的程度。角色领域中获得的资源如果与个人的实际需求相符，则更有可能增强其作用。[②] 女性被赋予更高的工作与家庭角色兼顾的期许，部分家庭支持性政策与女性的实际需求更加符合。因此，较之男性，女性更多负责与家庭有关的事务，她们对平衡工作和家庭角色的需求更高，借助部分支持性角色资源有效整合工作角色和家庭角色的敏感度和依赖度会更强。

（二）工作—家庭边界特征的限定作用

个体无论是在组织中还是在家庭中，通过交换均可获得来自组织和家庭的角色资源。组织、个人、家庭可以视为一个整合系统，个体从多重角色中获取的资源能够保存起来[③]，在角色间相互渗溢，形成跨界面的影响。[④] 个体拥有的角色资源在工作与家庭领域中跨界互动，相互补偿。工作—家庭增益是角色资源跨界正向渗溢的结果，跨界渗溢

[①] Baral, R., Bhargava, S., "Examining the Moderating Influence of Gender on the Relationships between Work – Family Antecedents and Work – Family Enrichment", *Gender in Management: An International Journal*, 2011, 26（2）：122 – 147.

[②] Greenhaus, J. H., Powell, G. N., "When Work and Family are Allies: A Theory of Work – Family Enrichment", *Academy of Management Review*, 2006, 31（1）：72 – 92.

[③] Hobfoll, S. E., "Conservation of Resources: A New Attempt at Conceptualizing Stress", *American Psychologist*, 1989, 44（3）：513 – 524.

[④] Greenhaus, J. H., Powell, G. N., "When Work and Family are Allies: A Theory of Work – Family Enrichment", *Academy of Management Review*, 2006, 31（1）：72 – 92.

的程度会对工作—家庭增益的效果带来直接影响。显然，工作与家庭是两个有着相互独立边界的角色领域，那么，哪些工作—家庭边界特征会影响跨界渗溢？

员工每天跨越工作和家庭角色领域边界，频繁地参与角色转换，并利用物理空间、时间、个体心理的界限对工作和家庭领域进行区分，形成工作和家庭角色领域的边界围墙。① 学者从边界渗透性（Permeability）、弹性（Flexibility）、融合或分离（Integration/Segmentation）、角色转换（Role Transitions）等方面来描述工作—家庭边界特征。② 工作—家庭增益跨越工作家庭领域边界，关注某一角色领域收获的角色资源跨界应用并促进其另一角色领域表现和提升其生活品质的程度。既然工作与家庭是拥有各自独立边界的两个角色领域，跨界面的增益必然会受到工作—家庭边界强弱特征的影响。本节以资源跨界渗溢时边界的渗透性为代表，阐述工作—家庭边界特征对跨界增益的影响。工作与家庭两个领域间的渗透性或抵制力反映了工作—家庭边界的强度，渗透性是边界强度的核心，通常为非对称的渗透。③ 强度是一种抵制力，能切实反映工作或非工作角色的表现实际渗透另一个角色的程度，能够呈现某一个角色领域对另一个角色领域侵入干扰的程度。

一方面，就边界强度本身而言，弱边界有助于增强积极因素的正向渗溢。工作家庭弱边界会使工作与家庭角色融合度更高，更可能在家中与自己的家人谈论工作中的体验及对一天工作的主观感受，更容易将工作中的愉悦情绪、积极状态和满足感等积极情绪状态渗溢到家

---

① 马丽、徐枞巍：《基于个人—环境匹配理论的边界管理与工作家庭界面研究》，《南开管理评论》2011 年第 5 期。

② Allen, T. D., Cho, E., Meier, L. L., "Work-Family Boundary Dynamics", *The Annual Review of Organizational Psychology and Organizational Behavior*, 2014, 1 (1): 99–121.

③ Hecht, T. D., Allen, N. J., "A Longitudinal Examination of the Work-Nonwork Boundary Strength Construct", *Journal of Organizational Behavior*, 2009, 30 (7): 839–862.

庭生活领域,给家庭生活带来积极的情绪体验①,个体将体验更多的工作—家庭增益。

另一方面,当家庭边界较弱时,工作对家庭的侵入和干扰会较多,意味着员工经常需要在家里处理工作相关的事宜,家庭生活将感受到更多来自工作界面的干扰。② 工作领域的角色需求扩张,导致边界发生变化或移动,此时边界跨越者则需要付出更多的认知、心理资源以应对工作角色需求的不断增加。③ 如果此时员工无法获得相应资源的补充,就容易导致情绪的紧张和角色的压力。④ 边界强度弱,工作领域中的负向情绪和角色压力也更容易渗溢家庭领域,给家庭生活带来负向的情绪体验。边界强度对增益过程的影响,以及对工作家庭互动关系的影响是双重的,弱边界也提升了消极因素渗溢的可能性。

相反,一方面,强边界易导致工作家庭角色的分离,边界渗透性越低,越容易限制角色资源跨角色领域的渗溢。⑤ 另一方面,如家庭边界越强时,工作对家庭的侵入和干扰越少,家庭的边界形成了一堵无形的保护墙,意味着员工在家里不需要处理与工作相关的事宜,员工可以享受家庭生活而不被工作界面过多干扰,员工在工作领域获取的

---

① Ilies, R., Wilson, K. S., Wagner, D. T., "The Spillover of Daily Job Satisfaction Onto Employees' Family Lives: The Facilitating Role of Work – Family Integration", *Academy of Management Journal*, 2009, 52 (1): 87 – 102.

② Hecht, T. D., Allen, N. J., "A Longitudinal Examination of the Work – Nonwork Boundary Strength Construct", *Journal of Organizational Behavior*, 2009, 30 (7): 839 – 862.

③ 高中华、赵晨:《工作家庭两不误为何这么难?基于工作家庭边界理论的探讨》,《心理学报》2014年第4期。

④ Huang, M. H., Cheng, Z. H., "The Effects of Inter – Role Conflicts on Turnover Intention among Frontline Service Providers: Does Gender Matter?", *The Service Industries Journal*, 2012, 32 (3): 367 – 381.

⑤ Powell, G. N., Greenhaus, J. H., "Sex, Gender, and the Work – to – Family Interface: Exploring Negative and Positive Interdependencies", *Academy of Management Journal*, 2010, 53 (3): 513 – 534.

角色资源将会得到更好的保存，也更愿意正向地评价工作与家庭之间的相互关系。

可见，无论弱边界是有利于工作或家庭中积极因素的渗溢，还是增大工作或家庭中消极因素渗溢的可能性，工作—家庭边界强度都在工作家庭跨界互动关系中起重要限定作用。弱边界有利于增强资源跨界渗溢的程度，积极因素的正向渗溢会促成工作—家庭增益的发生，消极因素的负向渗溢会导致工作—家庭冲突。因此，工作—家庭增益的发生需要同时满足两个重要的条件，积极角色资源的累积和角色资源能够跨界正向渗溢。而要研究有关边界强度的具体限定作用，既需要对资源本身的积极性或消极性作出判断，也要分析不同边界特征对角色资源跨界渗溢的影响，从而进行有针对性的论证。

三 角色资源与边界特征匹配下的跨界增益

边界理论涉及划分与工作和家庭角色相关的时间、地点和人的边界，从域、边界、边界跨越者等方面介绍了边界理论。Clark[①]提出边界弹性（Flexibility）和渗透性（Permeability），边界弹性强调的是时间和空间边界的柔韧程度。边界渗透性强调一个角色领域对身处另一个角色领域的个体心理和行为的渗透影响。目前工作—家庭边界的研究重点在于如何描述和衡量工作—家庭边界的特征或边界管理。Allen等[②]认为，边界管理可以从个人的角度强调个人用来管理工作和家庭角色的策略，也可以从组织的角度强调灵活性工作安排等组织用

---

① Clark, S. C., "Work/Family Border Theory: A New Theory of Work/Family Balance", *Human Relations*, 2000, 53 (6): 747-770.
② Allen, T. D., Cho, E., Meier, L. L., "Work-Family Boundary Dynamics", *The Annual Review of Organizational Psychology and Organizational Behavior*, 2014, 1 (1): 99-121.

来帮助个体驾驭工作和家庭角色的政策,关注了工作—家庭边界的融合与分离、弹性、渗透性、角色模糊、干扰、工作心理脱离、工作—家庭相关角色转换等特征。Kossek 等[①]从跨角色干扰行为、工作和家庭角色身份中心性和边界控制感来表述工作—家庭边界的特征。现有关于工作—家庭边界与工作—家庭增益的实证研究中也仅仅关注了工作—家庭边界的某一种特征对工作—家庭增益的影响,例如:McNall 等[②]认为,工作家庭角色融合偏好强的个体更有可能体验工作对家庭增益。Daniel 和 Sonnentag[③]指出,员工的边界渗透性偏好、工作对家庭增益和工作满意度之间有很强的正向关系。身处不同组织环境,从事不同工作的个体本身在工作—家庭边界特征上存在较大的差异,即使身处同一组织环境和从事相同工作的个体由于自身需求的差异,也会呈现出对角色资源的差异化需求,因此,本节内容力图从角色资源与工作边界特征相匹配的视角来重点解答两个问题:第一,员工工作—家庭边界特征(弹性、渗透性等)会存在怎样的组合特性。第二,组织(工作或家庭)如何基于员工差异化的工作—家庭边界组合特征有针对性地匹配组织的角色资源以促进更高水平的工作—家庭增益。

本节在前文的角色情境资源和个体资源的基础上,重点探讨四类跨界增益的角色资源(工作自身资源、工作环境资源、家庭环境资源

---

① Kossek, E. E., Ruderman, M. N., Braddy, P. W., et al., "Work – Nonwork Boundary Management profiles: A person – Centered Approach", *Journal of Vocational Behavior*, 2012, 81 (1): 112 – 128.

② McNall, L. A., Scott, L. D., Nicklin, J. M., "Do Positive Affectivity and Boundary Preferences Matter for Work – Family Enrichment? A Study of Human Service Workers", *Journal of Occupational Health Psychology*, 2015, 20 (1): 93 – 104.

③ Daniel, S., Sonnentag, S., "Crossing the Borders: The Relationship between Boundary Management, Work – Family Enrichment and Job Satisfaction", *The International Journal of Human Resource Management*, 2016, 27 (4): 407 – 426.

和心理效能资源）如何与不同边界特征相匹配，以推动个体实现更高水平的工作—家庭增益的位移。

第一类：工作自身资源。包括工作自主资源（工作自主性/灵活性、弹性工作安排、工作控制感、压缩周等）、工作条件资源（技能与经验、工作声望、物质资源）。

第二类：工作环境资源。包括支持型环境资源（主管和同事支持、工作—家庭平衡政策、工作—家庭文化、家庭支持型主管行为、家庭友好型政策、家庭友好型工作实践等）、能量型环境资源（工作发展机会、工作机会、工作丰富性等）。

第三类：家庭环境资源。包括支持型环境资源（配偶支持、老人支持、家庭人脉和物质资源等）、家庭环境特征（婚姻状态、子女年龄和家庭负担等）。

第四类：心理效能资源。包括对自身的积极评价（自我效能感和自尊等）、个体韧性、积极情感（乐观和希望等）以及对组织的积极评估（工作认同、组织认同等）。

（一）边界弹性与边界渗透性的二维组合

本节关注工作—家庭边界不同特征的组合结果。Allen 等[①]指出了工作—家庭边界管理的内涵、相关概念之间的区别，包括融合与分离（Integration/Segmentation）、弹性（Flexibilities）和渗透性（Permeations）以及其他相关构念。弹性是角色在物理空间和时间边界上的柔韧程度，即灵活性，体现了一个人边界范围扩张和收缩的能力。边界渗透性是个体在物理空间身处某个角色领域时，心理和行为上允许另

---

① Allen, T. D., Cho, E., Meier, L. L., "Work - Family Boundary Dynamics", *The Annual Review of Organizational Psychology and Organizational Behavior*, 2014, 1（1）：99 - 121.

一个角色进入的程度，即侵入性。考虑模型简化仅考虑工作—家庭边界的弹性和渗透性的二维组合，如图4-1所示。

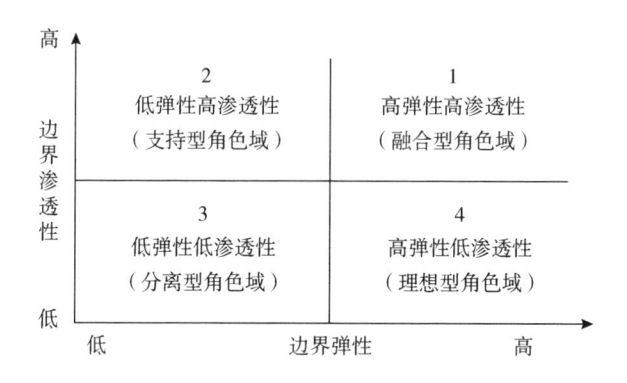

	低弹性	高弹性
高边界渗透性	2 低弹性高渗透性（支持型角色域）	1 高弹性高渗透性（融合型角色域）
低边界渗透性	3 低弹性低渗透性（分离型角色域）	4 高弹性低渗透性（理想型角色域）

图4-1 边界弹性与边界意愿组合

首先，以边界弹性为横坐标，横坐标轴数值从左到右越来越高，即左低右高。以边界渗透性为纵坐标，纵坐标轴数值由下而上越来越高，即下低上高。进而形成了由不同高低水平边界弹性和边界渗透性组合而成的四个工作—家庭边界特征组合，即高弹性高渗透性、低弹性高渗透性、低弹性低渗透性和高弹性低渗透性。

其次，我们根据四种组合呈现出的边界综合特征状态为各象限命名。考虑工作边界弹性和工作对家庭的渗透性。有关家庭域的灵活性和家庭对工作域的渗透性先不做讨论。

第1象限：高弹性高渗透性，即融合型角色域。这种工作角色域边界在物理空间和时间上的灵活性很大。工作角色对家庭角色域的渗透性很高，甚至与家庭角色域融为一体，难以分离。融合型工作角色域的员工办公地点相对灵活，可以是工作地、家中、顾客约谈所在地等。工作的时间弹性也很大，下班时间、周末休息有时成为他们最忙碌的工作时间，很多时候客户的下班时间、空闲时间成为他们的上班时间，更多地表现为一种客户导向型的工作时间需求。融合型工作角色域的员工工作对家庭的渗透性很大，经常需要在家中处理工作，在闲暇需要处理客户的问题甚至处于上班状态。融合角色域代表性职业是保险销售员。

第2象限：低弹性高渗透性，即支持型角色域。处于这种工作和家庭角色域的员工在物理空间和时间上的灵活性很小。工作家庭之间的渗透性很高，这样一种工作家庭角色域的最大特征就是需要外界的支持，自身很难协调处理多重角色的问题。支持型角色域的代表性职业是医生。医生的工作时间和空间的灵活性很小，病人在门诊看病、手术、住院等在空间上必须在工作的医院完成，时间上也要求非常严格，门诊的时间、手术的时间等都有相对严格的规定。但医生的工作对家庭的渗透性很强，表现为工作占用的刚性时间太多，用于经营家庭的时间较少。在家庭中随时可能因为工作需求，义无反顾地回到工作岗位，经常要接听和处理有关病人情况的来电。

第3象限：低弹性低渗透性，即分离型角色域。处于这种工作和家庭角色域的员工在物理空间和时间上的灵活性很小。工作家庭之间的渗透性很低，甚至处于一种分离的态势。分离角色域的代表性职业是公务员。在中国，描述这类人的工作最流行的一个词就是"朝九晚五"，上午九点上班，下午五点下班，工作时间为标准的八小时。公务员需要准时到岗，下班以后受到工作干扰程度很低，几乎不用再思考与工作相关的事情。

第4象限：高弹性低渗透性，即理想型角色域。处于这种工作和家庭角色域的员工在物理空间和时间上的灵活性很大。工作家庭之间的渗透性很低。理想型角色域的代表性职业是共享车司机。移动互联网时代，很多新兴职业诞生。共享车司机没有固定的上班时间，可以自由选择登录打车平台接单的时间，上班也没有固定的办公场所，根据客户的去处，决定今天所在地。一旦选择下班，切断平台，拒绝接单，将不受到工作的任何干扰，突破了传统工作的时空限制，隔绝了工作对家庭的侵入。

（二）角色资源与"边界弹性—渗透性"的匹配

过往研究认为单一领域边界的特征会直接影响工作—家庭增益，如边界灵活性越高，员工工作—家庭增益越强。[①] 但我们认为工作家庭边界特征决定了工作家庭域多重角色参与的实际需求，组织应该有针对性地为不同边界特征的行业员工提供差异化的角色资源，有助于实现员工工作对家庭增益。接下来探讨如何提供与工作角色域边界特征相匹配的角色资源，以促进工作对家庭增益，如图4-2所示。

第1象限：工作自主资源。融合型工作角色域具有工作弹性大、渗透性高的特点。企业组织应该充分地理解员工工作域的特征，主要是加大工作本身的自主性特征，例如：工作自主性、弹性工作安排、增加员工工作控制感。

第2象限：支持型环境资源。支持型工作角色域具有工作弹性小、渗透性高的特点，是一种工作狂的状态。在这种状态下的员工很难顾及家庭，工作和家庭领域的支持型资源变得更加重要。工作领域的支持型资源包括主管和同事的支持，家庭领域的支持型资源则更多强调配偶对工作狂状态的理解和支持。

第3象限：能量型环境资源。分离型工作角色域具有低弹性低渗

---

① Daniel, S., Sonnentag, S., "Crossing the Borders: The Relationship between Boundary Management, Work - Family Enrichment and Job Satisfaction", *The International Journal of Human Resource Management*, 2016, 27 (4): 407 - 426.

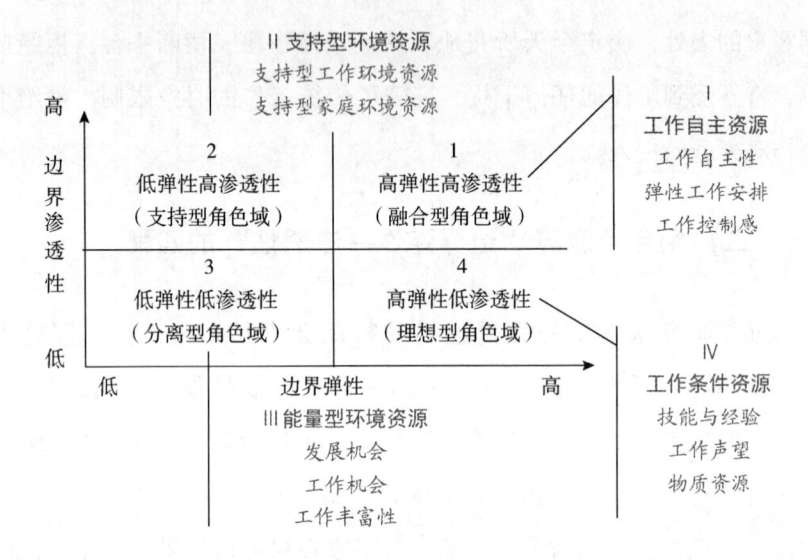

```
                    Ⅱ 支持型环境资源
                      支持型工作环境资源
   高↑                支持型家庭环境资源       Ⅰ 工作自主资源
   边 │                                       工作自主性
   界 │    2              │    1              弹性工作安排
   渗 │  低弹性高渗透性    │  高弹性高渗透性    工作控制感
   透 │  (支持型角色域)    │  (融合型角色域)
   性 │────────────────┼────────────────
     │    3              │    4
     │  低弹性低渗透性    │  高弹性低渗透性
   低│  (分离型角色域)    │  (理想型角色域)
     └────────────────┴────────────────→
       低          边界弹性          高      Ⅳ
                 Ⅲ 能量型环境资源              工作条件资源
                    发展机会                    技能与经验
                    工作机会                    工作声望
                    工作丰富性                  物质资源
```

图4-2 角色资源与"工作弹性—渗透性"的匹配

透性的特点。具有这类工作边界特征的人应该提高能量资源（发展机会、工作机会等），强化工作发展的动机因素，从整个职业生涯的视角来增加工作发展的机会，以获取更多有利的角色资源。

第4象限：工作条件资源。理想型工作角色域具有高弹性低渗透性，具有这类工作边界特征时，对平衡工作家庭角色具有很大的优势。因此，提高工作资源（技能与经验、心理资源、社会资源、物质资源等）的总量变得更加重要。

(三) 边界弹性意愿与边界弹性能力的二维组合

上述在工作弹性与渗透性组合与角色资源的匹配中，更多考虑行业或工作本身性质所决定的工作—家庭边界特征的客观事实，并未考虑个体对于工作家庭边界特征的偏好差异。例如，同一个部门的员工，家中有年幼孩子的员工和孩子已上大学的员工在多重角色参与中最突出的矛盾就会存在差异。在边界特征与角色资源的匹配中有必要考虑个体对工作—家庭边界特征的偏好意愿。工作—家庭边界弹性意愿（Boundary Flexibility – Willingness）是个体主观上期望缩小或扩大工作/家庭边界以满足家庭/工作需求的意愿，分为工作弹性意愿和家庭弹性意愿；工作—家庭边界弹性能力（Boundary Flexibility – Ability）是个体感知到的在客观上能够缩小或扩大工作边界以满足家庭需求的能力，包括工作弹性能力和家庭弹性能力。[①] 接下来我们将讨论工作—家庭弹性能力与工作—家庭边界弹性意愿的二维组合，如图4-3所示，以工作弹性能力和工作弹性意愿为例。

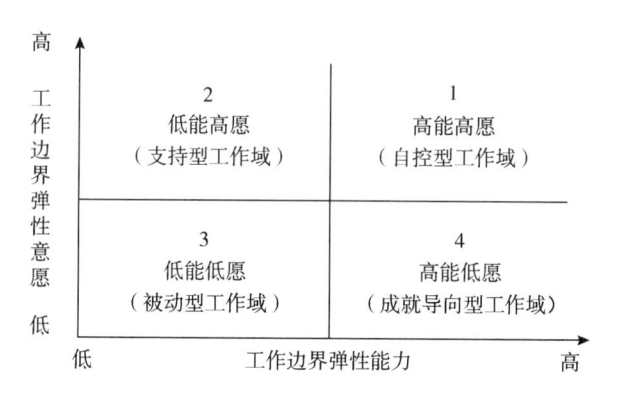

	低 工作边界弹性能力 高	
高 工作边界弹性意愿	2 低能高愿（支持型工作域）	1 高能高愿（自控型工作域）
低	3 低能低愿（被动型工作域）	4 高能低愿（成就导向型工作域）

图4-3 工作边界弹性意愿与边界弹性能力匹配

首先，以工作弹性能力为横坐标，横坐标轴数值从左到右越来越高，即左低右高。以工作弹性意愿为纵坐标，纵坐标轴数值由下而上越来越高，即下低上高。进而形成了由不同高低水平工作弹性能力和工作弹性意愿组合而成的四个工作边界特征组合，即高工作弹性能力高工作弹性意愿、低工作弹性能力高工作弹性意愿、低工作弹性能力低工作弹性意愿和高工作弹性能力低工作弹性意愿。

[①] Winkel, D. E., Clayton, R. W., "Transitioning between Work and Family Roles as a Function of Boundary Flexibility and Role Salience", *Journal of Vocational Behavior*, 2010, 76 (2): 336-343.

其次，我们根据四种组合呈现出的工作边界综合特征状态为各象限命名。

第1象限：高工作弹性能力高工作弹性意愿，即自控型工作域。表现为，个体在主观上期望控制工作边界弹性的意愿很强，并且在客观上控制工作边界弹性的能力也较强。有意愿也有能力控制边界弹性的员工，呈现出一种自主决定型角色域，可以通过自主管理工作—家庭边界来实现。

第2象限：低工作弹性能力高工作弹性意愿，即支持型工作域。表现为，个体在主观上期望控制边界弹性的意愿很强，但在客观上控制边界弹性的能力较弱。有意愿但缺乏能力控制边界弹性的员工，呈现出一种关系支持型角色域，必须借助他人的支持和帮助力量才能得以实现。

第3象限：低工作弹性能力低工作弹性意愿，即被动型工作域。表现为，个体在主观上期望控制边界弹性的意愿很弱，同时在客观上控制边界弹性的能力也较弱。不仅缺乏意愿也缺乏能力控制边界弹性的员工，呈现出一种被动接受型角色域，必须增强个体自我管理边界的意愿和能力，突破被动接受的心理无助感。

第4象限：高工作弹性能力低工作弹性意愿，即成就导向型工作域。表现为，个体在主观上期望控制工作边界弹性的意愿很弱，但在客观上控制边界弹性的能力却很强。有能力但无意愿去控制边界弹性的员工，呈现出一种成就导向型工作域。个体主观上期望控制工作边界弹性以满足家庭角色域需求的意愿很低，即使在有能力的情况下也不愿意，表现为对工作意义感的需求很强。

（四）角色资源与"边界弹性意愿—能力"的匹配

工作角色资源的获取主要依赖工作自身资源、组织环境资源。工作自身资源主要包括工作特质/特征资源（工作自主性、弹性工作安排、控制感等）、工作资源（技能与经验、心理资源、社会资源、灵活性、物质资源等）。组织环境资源包括支持资源（主管和同事支持、工作—家庭平衡政策、工作—家庭文化、家庭支持型主管行为、组织家庭支持感、家庭友好型工作实践等）、能量资源（发展机会、工作机会、工作丰富化等）和条件资源（工作声望）等。Wayne 等[1]认为，能够促进工作家庭正向互动的资源除了环境资源以外还有个体资源，包括积极情感、自我效能和工作认同。接下来探讨如何提供与个人工作弹性能力和意愿相匹配的角色资源，以促进工作对家庭的增益，如图 4-4 所示。

第 1 象限：工作自主资源。自控型工作域表现为高工作弹性能力高工作弹性意愿，当个体有能力也有意愿决定工作弹性时，应该加大边界弹性的自主性，包括工作物理空间和时间上的自主性；弹性的工作安排，包括压缩工作周等。

第 2 象限：支持型环境资源。支持型工作域表现为低工作弹性能力高工作弹性意愿，虽然有很强烈的意愿但缺乏控制边界弹性的能力。此时组织应该给予支持性资源，帮助员工协调多重角色参与的需求，落实家庭友好型工作实践，包括主管和同事的支持和家庭友好型行为。

第 3 象限：心理效能资源。被动接受型工作域表现为低工作弹性能力低工作弹性意愿，呈现对工作边界弹性管理的无视感。此时，应该提高员工本人的心理效能感，同时也要增强个体对工作的认同感和积极情感。

---

[1] Wayne, J. H., Grzywacz, J. G., Carlson, D. S., et al., "Work-Family Facilitation: A Theoretical Explanation and Model of Primary Antecedents and Consequences", *Human Resource Management Review*, 2007, 17 (1): 63-76.

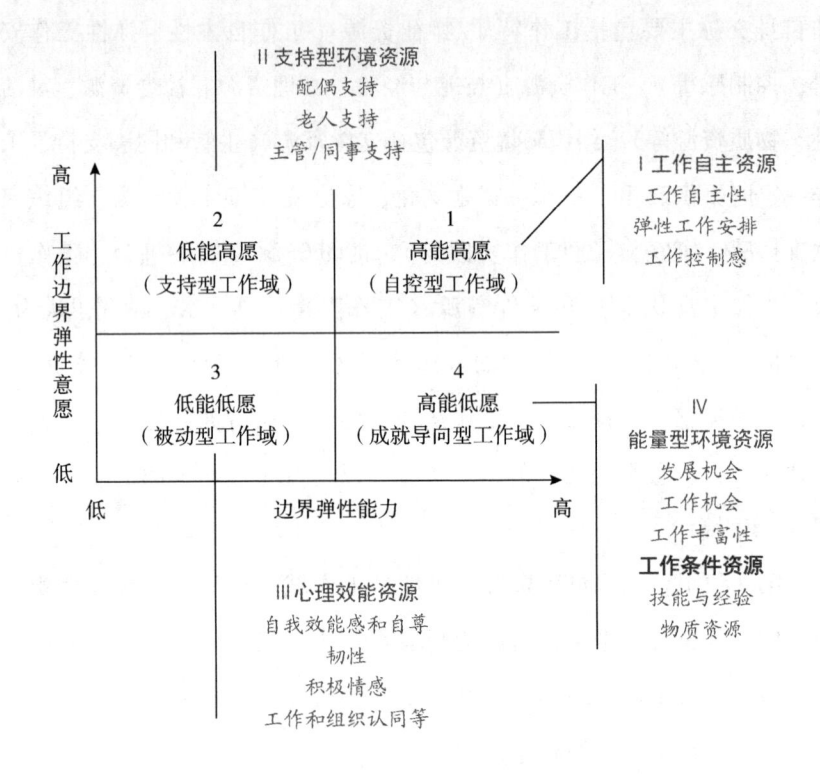

```
          ↑
          │        Ⅱ支持型环境资源
          │          配偶支持
          │          老人支持
       高  │          主管/同事支持          Ⅰ工作自主资源
       工  │                                    工作自主性
       作  │     2              1               弹性工作安排
       边  │   低能高愿        高能高愿           工作控制感
       界  │ （支持型工作域）（自控型工作域）
       弹  │
       性  ├──────────────┼──────────────→
       意  │     3              4
       愿  │   低能低愿        高能低愿
          │（被动型工作域）（成就导向型工作域）   Ⅳ
       低  │                                   能量型环境资源
          └──────────────┴──────────────→       发展机会
          低        边界弹性能力         高      工作机会
                                                工作丰富性
                                              工作条件资源
                        Ⅲ心理效能资源              技能与经验
                          自我效能感和自尊          物质资源
                          韧性
                          积极情感
                          工作和组织认同等
```

图 4-4　角色资源与"边界弹性能力—意愿"组合匹配

第 4 象限：能量型环境资源和工作条件资源。成就导向型工作域表现为高工作弹性能力低工作弹性意愿，虽然有能力去缩小工作满足家庭需求，但表现出没有意愿。此时，员工更加看重自身工作参与收获工作发展相关资源的情况。包括能量资源（工作丰富化和发展机会）和条件资源（工作声望等）。

四　工作—家庭角色资源跨界增益的路径模型提出

前文已经明确一个角色领域获取的哪些资源能够跨界应用于另一个角色领域，并有助于提升角色表现和生活品质，实现工作家庭间的跨界增益，同时也论证提出角色资源跨界增益的逻辑主线，即"角色资源累积—个体资源改变—跨界增益"，揭示了工作家庭间角色资源跨界增益实现的本质过程。角色资源获取是跨界增益的前提，也是整个逻辑主线的基础。角色情境资源有助于增强和积累个体资源，以促进工作—家庭增益。

基于前文的分析梳理，本模型将构建工作—家庭角色资源跨界增益的路径模型，如图4-5所示。个体是多重角色参与的主体，同时也是角色资源跨界的载体，个体成为工作和家庭领域联系互动的纽带。个体角色投入会产生两种相互独立的结果，角色资源的获取和耗竭。当个体在角色投入中能够更多体验到资源的获取，将有利于个体角色资源的累积。

投入工作和家庭角色领域中，个体能够获取相应的角色情境资源（如工作自身资源、组织环境资源、家庭环境资源等），这些角色情境资源的获取会丰富和补强个体资源（如个体社会认知资源、情感资源和经济资源等），个体资源的总量和质量的增强会进一步影响个体另一角色的表现和生活品质，更好地体验工作—家庭增益。可见，个体资源在这一过程中发挥重要的中介作用，不同角色领域边界特征（如工作—家庭边界渗透性、弹性等）和个体特征（性别、个体特质和角色需求等）则起着增强或减弱中介效应的调节作用。

边界管理从个人的角度强调员工用来管理工作和家庭角色的策略，也可以从组织的角度强调灵活性工作安排等组织用来帮助个体驾驭工作和家庭角色的政策和方法。[①] 拥有特定工作—家庭边界的个体，对于

[①] Allen, T. D., Cho, E., Meier, L. L., "Work - Family Boundary Dynamics", *The Annual Review of Organizational Psychology and Organizational Behavior*, 2014, 1 (1): 99 - 121.

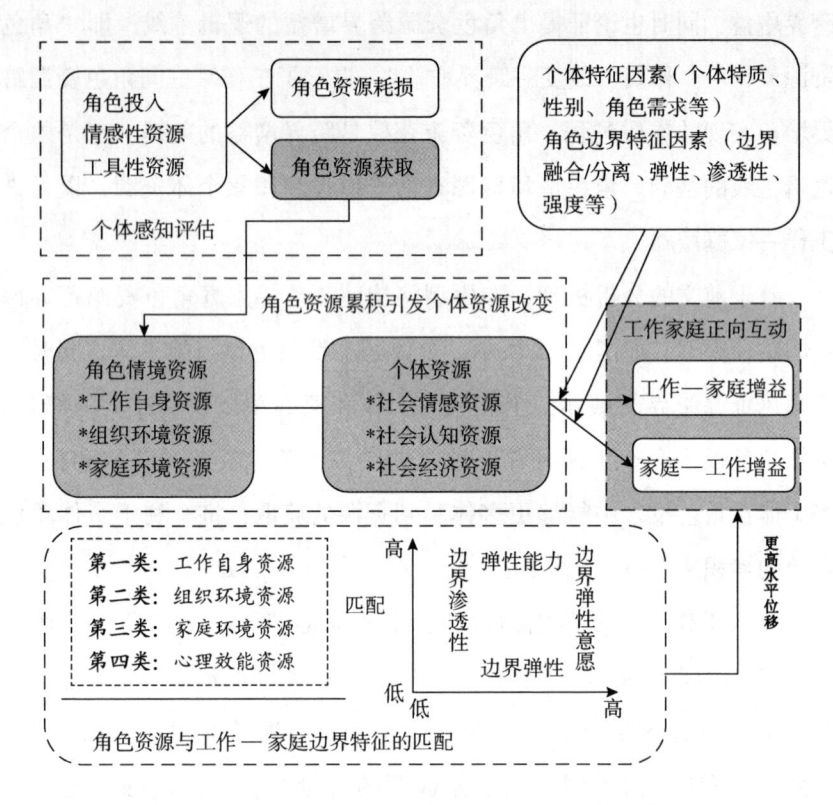

图 4-5　工作—家庭角色资源跨界增益的路径模型

促进工作与家庭增益的角色资源的需求存在差异，模型中进一步强调了基于员工差异化的工作—家庭边界特征有针对性地匹配组织的角色资源以促进员工工作—家庭增益的选择策略。

五　本章小结

本章从个体心理层面厘清和加深对角色资源跨界增益过程的本质理解。基于社会交换理论和工作家庭边界理论，揭示了角色资源跨界增益中个体资源的变化过程，以及个体特征和边界特征的限定影响，有助于从理论层面加深对角色资源跨界增益过程本质的理解。本章在构建工作—家庭角色资源跨界增益路径模型中的主要观点如下。

第一，个体角色投入会产生两种相互独立的结果，角色资源的获取和耗竭。当个体在角色投入中能够更多体验到资源的获取，将有利个体角色资源的累积。工作—家庭角色资源跨界增益路径模型构建的前提是在角色参与中感受到资源的获取。

第二，综合考虑工作—家庭资源模型中对资源的分类和社会交换理论对资源的分类后，模型重点关注角色情境资源对个体资源的影响。角色情境资源主要是指个体身处角色情境中所收获的角色资源。角色资源获取依赖于工作、组织和家庭环境，包括工作自身资源、组织环境资源和家庭环境资源。将个体资源界定为个体自身所拥有的经济性资源和社会性资源，具体可分为社会情感资源、社会认知资源和社会经济资源。

第三，某一角色领域收获的角色情境资源会引发个体资源的改变，个体资源的累积又会促进另一角色领域的表现，最终实现工作—家庭间的跨界增益。在个体与工作、家庭的交换关系中，个体不仅收获了相应的角色情境资源，这类情境资源还能进一步丰富个体资源，有助于个体的成长和发展，并为参与另一角色领域蓄积心理、认知能量和经济基础，促进另一角色领域的表现，实现跨界增益。

第四，角色领域的边界特征（如工作—家庭边界强度等）和个人差异（如性别等）决定了角色参与中获取资源的程度，对路径具有限定影响。不同性别的员工由于对工作家庭生活的关注点或感知的侧重点不同，因而同一角色情境资源对个体资源和工作—家庭增益的影响也存在性别差异。有关边界强度的具体限定作用，既需要对资源本身的积极性或消极性作出判断，也要分析不同边界特征对角色资源跨界增益的影响,从而进行有针对性的论证。

第五,应该基于个体所处的差异化工作—家庭边界特征,来匹配特定的角色资源,提升工作—家庭增益的水平。高弹性高渗透性(融合型角色域)匹配工作自主资源,低弹性低渗透性(分离型角色域)匹配能量型环境资源,高弹性低渗透性(理想型角色域)匹配工作条件资源,低弹性高渗透性(支持型角色域)匹配支持型环境资源。边界弹性高能力高意愿(自控型角色域)匹配自主性资源,边界弹性低能力低意愿(被动型角色域)匹配心理效能资源,边界弹性低能力高意愿(支持型角色域)匹配支持性环境资源,边界弹性高能力低意愿(成就导向型角色域)匹配能量型环境资源和工作条件资源。

基于对工作家庭跨界增益过程本质的揭示,结合本章提出的工作—家庭间角色资源跨界增益模型,后续研究应特别关注以下方面的内容。

第一,资源的获取是工作—家庭增益的前提,依据情感路径指出情境资源(角色资源)可以丰富个体心理资源,最终渗溢到另一个角色领域实现跨界增益。因此,未来研究可将个体心理资源进一步具体化,实证检验研究结论。角色资源的累积,会影响个体对角色领域的评价(角色满意度、角色认同度),同时也会引发个体心理因素(情绪、心理状态)的改变,进而形成双中介机制,影响工作—家庭增益,这有待后续研究的实证检验。

第二,工作家庭关系不是由工作、组织环境变量或者个体变量单方面决定的,环境变量和个体变量的相互作用——互动匹配程度可能影响更大。[①] 本章论证了工作—家庭边界强度(渗透性)对角色资源

---

① 马丽、徐枞巍:《基于个人—环境匹配理论的边界管理与工作家庭界面研究》,《南开管理评论》2011年第5期。

跨界渗溢的促进或制约作用。此外，从人与环境匹配的理论视角，环境因素（情境文化因素、工作—家庭边界特征、角色领域特征）是跨界渗溢的客观重要条件。个体作为角色资源的载体，是边界的跨界者同时也是边界的守护者，个体允许资源跨界渗溢的意愿同样重要。已有学者开展了匹配/一致性（边界弹性能力与意愿的匹配、员工边界分离偏好与实际工作环境的匹配）对工作家庭关系影响的探讨。① 未来研究可进一步探索个体边界特征意愿与不同边界特征（弹性、渗透性、角色融合与分离等）的匹配对角色资源渗溢或工作—家庭增益产生的差异化影响，并挖掘个体边界特征意愿与边界特征的匹配对不同方向性（工作对家庭、家庭对工作）的增益或不同路径（情感路径、工具性路径）的角色资源跨界渗溢产生的差异化影响。

第三，中国员工认为，勤奋工作是一种家庭责任感的表现，超时工作也被看作了家庭的自我牺牲，工作被认为是一种提升家庭整体利益的手段，不仅惠及家庭也能满足个体事业发展需求。② 中国员工可能更加重视家庭对工作增益，从家庭到工作的影响路径可能更加清晰有力。同时，工作对家庭的侵入会更多地得到家人的理解，并被视为努力工作的表现。而家庭对工作的侵入则会被视为对家人工作的干扰和不支持。这样一种对边界特征的理解，可能会导致差异化的研究结论，有待未来研究加以验证。中国家庭传统观念与家庭结构有其自身的特点，中国一直有祖父母或外祖父母照看小孩的传统，父母在子女事业发展和小家的经济上也会给予相应的人脉和物质支持。中国文化

---

① 马红宇、申传刚、杨璟等：《边界弹性与工作—家庭冲突、增益的关系：基于人—环境匹配的视角》，《心理学报》2014 年第 4 期；Chen, Z., Powell, G. N., Greenhaus, J. H., "Work - to - Family Conflict, Positive Spillover, and Boundary Management: A Person - Environment Fit Approach", *Journal of Vocational Behavior*, 2009, 74 (1): 82 - 93.

② 张勉、李海、魏钧等：《交叉影响还是直接影响？工作—家庭冲突的影响机制》，《心理学报》2011 年第 4 期。

中重视关系、人情、孝道等，在工作领域，来自领导的支持往往比组织正式制度支持影响更大。而家中父母的支持成为家庭领域社会支持的核心范畴。[1] 因此非常有必要针对中国文化情境，重新理解特定角色资源的内涵范畴及其对工作—家庭增益的影响。

---

[1] 林忠、鞠蕾、陈丽：《工作—家庭冲突研究与中国议题：视角、内容和设计》，《管理世界》2013 年第 9 期。

第五章　中国文化情境下工作—家庭关系的质性研究

本书第三章基于社会交换理论，提出角色资源累积与动态循环理论模型。第四章提出工作—家庭角色资源跨界增益的路径模型，加强了对工作—家庭间正向互动本质的理解。但整个模型的提出并未考虑不同文化情境的差异性，针对中国工作与家庭文化情境的理论研究不足。值得注意的是，中国国情与传统文化具有其自身的特殊性，如传统性别角色的定位、中国的劳动力市场定价、中国特殊的生育制度安排、中国宽泛的"家"的概念、中国的"忠"和"孝"传统文化、中国人情交换的社会特质、中国的代际支持等。[①] 因此，有必要在中国文化情境中，单独开展工作家庭关系的质性研究。目前国内有关工作家庭关系的研究更多采用定量研究方法，借助中国样本实证检验工作家庭领域相对成熟的理论框架。

可见，对于中国文化情境下的工作家庭间互动关系的本质过程认识尚不明确，理论研究少，大多基于西方的理论研究框架开展实证研

---

① 林忠、鞠蕾、陈丽：《工作—家庭冲突研究与中国议题：视角、内容和设计》，《管理世界》（月刊）2013年第9期。

究。本章内容基于中国工作家庭文化情境,力图加深对中国情境下工作与家庭之间互动关系过程的本质理解。基于此,通过对中国双职工家庭的深度访谈调研,借助程序化扎根理论方法,抛开一切理论层面的预设,立足中国文化情境,构建中国文化情境下的工作家庭关系模型。

一 中国文化情境的差异性

(一)中国传统文化与家庭

"百善孝为先"。以孝道为中心的伦理文化成为中华道德文化的主干。孝文化也成为中华传统文化的重要构成部分,塑造了中国人的伦理品格。[1] 甲骨文"孝"的字形很像是年轻人背负老人,或者说儿子侍奉父辈,也可以理解为老人与孩子的相互依靠。在中国,作为对父母养育之恩的回报,成年子女对老年父母的赡养照护构筑了"养儿防老"的中国家庭式养老体系[2],这彰显了中国传统文化中敬老、尊老的社会观念。在中国文化情境下具体表现为:通过言行来表达对家人的敬爱,传递对父母的孝敬和体贴;亲人之间积极主动地分担家庭事务并分享生活资源,让亲人有安养的物质条件;重视家庭日常礼仪,维护家庭秩序,以自身的修为促进家庭和谐;秉承孝道传统,尊敬长辈,尊重同辈,爱护晚辈,以礼敬之心面对他人。[3] 如今,伴随中国社会的转型,传统的孝文化也有一些新的适应性变迁,表现为子代的独立意

---

[1] 刘芳、孔祥成:《孝道视阈下传统精神家园的三维建构及其当代启示》,《伦理学研究》2021年第1期。
[2] 袁扬舟:《生育政策与家庭微观决策及宏观经济结构》,《经济研究》2021年第4期。
[3] 萧放:《孝文化的历史传统与当代意义》,《民俗研究》2015年第2期。

识不断攀升、亲子代际关系趋于平等、精神赡养日渐重要、"文化反哺"现象凸显等。① 现代家庭的价值观念和生活方式中,父母的权威性开始逐渐下降,年轻女性在家庭中的地位得以提高,浪漫爱情成为缔结现代家庭的基础,婚姻质量开始被重视。②

同时,在中国的传统文化中,子女是父母生命的延续,在养育子女上有"多子多福"和"望子成龙"的传统情结。现代社会赋予了"望子成龙"这一传统观念新的表现方式,如:家庭在孩子教育、能力素质培养、学业成绩等方面投入了大量的时间、精力和金钱,为了孩子更好地发展,父母甚至愿意牺牲自己现阶段的生活品质。在中国的家文化、孝道文化情境下,成年子女成家立业后,也并非彻底与原生家庭脱离,在主观认知和情感上仍然会将双方父母视为"一大家人"。年轻夫妻的父母也会继续在婚后为小家庭的建立提供力所能及的资源和帮助,包括照护孙辈、分担家庭日常事务、为年轻人的事业和小家庭发展提供人脉和物质支持等。其中,隔代照护是中国家庭养育的特殊表现形式。由于年轻人需要工作,白天无法照护小孩,为平衡家庭需求,无论是农村地区还是城市地区隔代照料现象都较为普遍,家庭对中国人的意义不仅仅在于夫妻关系、亲子关系,也包含了代际关系。家庭的外延范围大,且很难因子女建立婚姻关系而达到真正意义上的独立和脱离。中国现阶段的青年夫妇,一方面承担着家庭生活经济负担和个人事业发展的双重压力,另一方面也享受着父母在家庭和事业上的帮助和支持。

---

① 刘芳、孔祥成:《孝道视阈下传统精神家园的三维建构及其当代启示》,《伦理学研究》2021年第1期。
② 赵凤、计迎春、陈绯念:《夫妻关系还是代际关系?——转型期中国家庭关系主轴及影响因素分析》,《妇女研究论丛》2021年第4期。

(二) 人口生育政策与家庭

人口生育政策的本质是通过对人口内在结构的调整使国家的人口总量、人口出生率等指标保持在合理的区间，以实现人口长期均衡发展。1980 年年初，中央正式下发文件，鼓励每个家庭只生养一胎。同年 9 月，中央出台《公开信》号召党员、团员等做出榜样，每家只孕育一胎，提倡晚婚晚育。[①] 通过每家只生一胎控制人口增长的"计划生育政策"正式施行。1982 年党的十二大中，确定"计划生育"政策为中国基本国策，并在 12 月《中华人民共和国宪法》中确立了计划生育的法律地位，增强了该项政策的执行力度。中国计划生育政策在后续长达 10 年左右的实践中反复讨论、修改后，进入了相对稳定时期，计划生育政策的正式实施有效地遏制了中国人口的过快增长。2010 年国家人口计生委下发的《国家人口发展"十二五"规划思路（征求意见稿）》提出"当双方夫妻一方为独生子女家庭时，则该家庭可以生育第二个孩子"。2015 年第十二届全国人民代表大会常务委员会第十八次会议中初次审议了《人口与计划生育法修正案（草案）》，该草案的实施对于"全面二孩"政策的开展具有决定性的作用。2021 年 5 月，中国发生了两件人口大事。2021 年 5 月 11 日，国家统计局发布的第七次全国人口普查数据表明中国生育率进一步下降到 1.3 的极低水平，老龄化进程明显加快。2021 年 5 月 31 日，中共中央政治局审议通过了《关于优化生育政策促进人口长期均衡发展的决定》，并提出进一步优化生育政策，实施一对夫妻可以生育三个子女的政策及配套支持措施。

[①] 张越、陈丹：《新中国 70 年的人口政策变迁与当代人口发展》，《宏观经济管理》2020 年第 5 期。

由于计划生育政策的实施，产生了一代特殊的独生子女群体。现如今，20世纪80年代后出生的独生子女群体进入婚育年龄，已经陆续成家立业，中国有关工作家庭关系研究的主要群体也正是这批特殊的独生子女群体。随着生育政策的放开，原来稳定的三口之家模式被打破，家庭结构和家庭成员的角色关系都发生了巨大的变化。

一是中国家庭结构的变化。独生子女群体在原生家庭中没有兄弟姐妹，双独家庭将同时面临四位老人的赡养义务和责任。但双独夫妻生育小孩时又恰逢计划生育政策放开，部分家庭选择生育"二孩"甚至"三孩"。家庭需要同时面临多子女的照护和抚养责任以及双方父母的赡养义务，呈现出"上有四老，下有两小"的新家庭结构。在中国，随着时代的进步，女性受教育水平逐渐提高，公平就业的大环境下，妻子和丈夫共同在职场打拼的双职工家庭结构成为主流。

二是中国家庭关系的变化。子女扩容及其所带来的各种生活问题迫使家庭关系变得更为复杂和多元。① 目前在职的年轻群体正面临高昂房价导致的住房问题、多子女的照护和陪伴压力、多子女高昂的教育和医疗成本、父母的照护压力和医疗费用等现实困境。这不仅在很大程度上降低了年轻群体的生育意愿，也改变了他们对工作—家庭关系的认知，特别认识到适当的经济基础对于扮演好家庭角色、减轻家庭经济负担的重要作用。子女教育上的"内卷化"让父母为子女付出了高昂的教育费用，也耗费了年轻人大量的时间和精力。很多家庭在这样的社会情境和职场竞争环境中，为克服现有家庭的困境仍然需要原生家庭的父母支持。这种支持不仅体现为子女结婚、购房/盖房时父母提供的经济支持，也体现为父母帮助子女照顾孩子的隔代照护

---

① 闫敏、张同全、田一丹：《全面两孩政策下中国家庭关系的变化——基于105个案例的模糊集定性分析》，《人口与经济》2020年第6期。

支持。在父母隔代参与的情况下，家庭的关系变得复杂化。一个家庭需要维系夫妻之间的婚姻关系，呵护与孩子的亲子关系，处理与父母隔代同住的矛盾，以及协调中国家庭中普遍存在的婆媳关系等。可见，中国的家庭关系不能简单地看成夫妻和亲子的关系，关系的外延明显扩大化。

综上所述，这些特有的工作家庭文化情境特征，在现有的工作—家庭增益的理论模型和框架中并未考虑和出现。

二 质性研究方法与数据

（一）数据来源与收集过程

半结构访谈转录是本章节研究最重要的数据来源。考虑到夫妻双方在职和一方在职的差异、已婚家庭和未婚家庭结构的差异，以及已婚家庭的子女数量和子女年龄的差异，研究的访谈样本选取双职工已婚夫妇，且子女均为学龄前阶段的家庭。通过与不同家庭的夫妻的半结构化访谈调查，收集在职已婚夫妇的访谈文本信息（次数不定，收集到没有新的信息产生为止）。我们在访谈前通过电话或微信对被访问家庭的基本情况进行了足够的了解，对夫妻双方的工作性质、家庭结构等进行了询问和实际观察。正式访谈前我们充分根据被访谈者实际工作家庭情况，预约了访谈的时间，以保证访谈时间的充分性，表达清楚访谈的目的和意义，增加访谈者和被访谈者的熟悉度，得到了对方家庭成员的支持和认可。正式访谈时根据具体协商的时间（通常为晚上下班后，或休息日）和地点（强调环境的轻松性）进行了访谈，部分访谈家庭因跨地域影响采取了线上视频访谈模式。访谈时我们在征得被访谈者同意后对访谈进行录音，并在访谈结束后对录音资料进行文本的转录和整理，完成访谈记录和备忘录。每人次访谈的时间在30—60分钟，内容主要围绕夫妻双方工作的性质、家庭的实际情况以及工作家庭关系现状展开，全面、详细、深入地询问工作与家庭界面互动的情况。

访谈中主要关注三方面的内容，工作域的情况、家庭域的情况和工作家庭之间的互动情况。首先，在工作域我们计划询问受访者每天工作的常态，比如每天上下班的时间，具体负责的工作，并追问工作过程中让他有所收获的资源。我们想请他描述参与这份工作让他觉得有利于扮演家庭角色的地方，并举例说明具体的事件。其次，在家庭域我们计划询问，回家后每天的生活常态，比如做哪些家庭工作、孩子照顾等的基本情况。随后会进一步询问，家庭的参与让他觉得有利于扮演好工作角色的地方。最后，在工作家庭关系篇，我们计划了解被访谈者对工作家庭关系互动的理解，以及工作家庭关系的不同状态下自身的感受。基于此，了解被访谈者在工作家庭角色上的需要。

半结构化的访谈提纲在研究过程中也进行了多轮的修改和调整，访谈过程中也会根据每个被访谈者的实际情况进行问题的补充和深挖。最终版访谈提纲请查阅附录一。

此外，我们采用以下方式解决了所收集信息的潜在偏差问题。第一，我们采用多轮访谈进行信息收集，不仅可以取得更加丰富的新数据，而且能对第一轮收集的数据进行整理，及时发现新的信息点。虽然回顾式的访谈与数据存在较大误差，但是就同一问题重复回顾，相应减少了回忆带来的偏差。第二，我们使用了之前的研究证明能够从被访谈者那里获得准确信息的访谈技术：事件追踪与非指导性提问。对于事件追踪，我们把被访谈者引导到事件发生时，然后引导他们随着时间前进，逐步按照时间顺序再现事件。① 这样的构建通常能获得准确的信息。例如我们会让被访谈者回忆一件让他产生工作对家庭增益感受的事件，根据时间线逐步去追寻当时的感受等。非指导性提问则采用开放式叙事，鼓励被访谈者描述现实或者感受，避免产生不准确答案的问题，如宽泛的猜测（"为什么你会认为工作家庭是这样的关系呢？"）。当他们的回答含混不清时，我们则会敦促他们进行更加具体生动的描述。对于非指导式提问，在访谈结束前需要避免涉及具体构念的问题。第三，我们依靠夫妻双方来收集数据，多样化的收集来源提高了获得完整、准确信息的可能性。第四，我们将在访谈结束的24小时内完成访谈数据转录。任何一种研究方式都存在自身的缺陷，但我们尽量采取有效措施减小被访谈者偏差以及其他误差。

（二）研究方法

本章的研究设计目的是弱化有关的现有理论和事实文献，建构基于中国情境的工作家庭积极互动的理论。情境化的研究方法论是破解严谨性与实用性矛盾的关键，而且可以借助情境化研究方法论来构建"管理的中国理论"，扎根理论是其中尤为重要的一种。② 扎根研究是情境化研究方法论的代表，运用系统化的程序，针对某一现象来发展并归纳式地引导出理论的一种定性研究方法，研究者在研究开始之前一般没有理论假设，直接从实际观察入手，从原始资料文本中较全面地探究潜在范畴，有效地揭示事件的因果关系并构建新的理论。中

---

① Eisenhardt, K. M., "Building Theories from Case Study Research", *Academy of Management Review*, 1989, 14 (4): 532-550.

② Tsui, A. S., "Editor's Introduction Autonomy of Inquiry: Shaping the Future of Emerging Scientific Communities", *Management and Organization Review*, 2009, 5 (1): 1-14.

国文化情境下工作与家庭的正向互动本质和影响因素其实是错综复杂的，扎根研究可以更全面地考察各类影响因素及关系结构，能够更好地契合研究问题。

《发现扎根理论》一书中开创性地提出扎根理论，旨在形成对于社会科学研究的新理解，建立在对经验材料的核心分类基础上的理论生成元模式。但由于开创者们对扎根理论的不同理解，学术方向分化，催生了不同的扎根理论学派。具有代表性的有以下几种。

第一，经典扎根理论（Classic Grounded Theory），其主张纯粹的发现和一切皆数据。当开始一项扎根理论研究时，就应该与既有的理论文献保持距离，也无须文献综述。经典扎根理论编码的第一步是开放性编码（Open Coding），强调没有理论预设、完全开放的编码过程，该过程的结果就是发现核心范畴。第二步是选择性编码（Selective Coding），强调选择性编码意味着开放性编码的终止，限定与核心范畴有关的范围，通过进一步的理论抽样和数据收集确认核心范畴并使其饱和。第三步是理论性编码（Theoretical Coding），是将核心类别和相关概念之间的关系建模为一个完整的理论，在编码的最后阶段，主要负责理论的整体生成。

第二，程序化扎根理论（Programmatic Grounded Theory），强调数据的类属和结构生成之间的关系。程序化扎根理论的编码程序第一步是开放性编码（Open Coding），即非常细致地甚至是逐行逐段、逐字逐句地审阅田野笔记、访谈或者其他形式的文档，目的是阐释与数据相对应的概念。第二步是主轴编码（Axial Coding），即对实质类属进行识别和分类，在主轴编码中，类属之间的关系将被详细阐明。第三步是选择性编码（Selective Coding），即将主轴编码阶段形成的主范畴抽象化以挖掘"核心范畴"，为关联的类属寻找更多的例子和证据。①

第三，建构型扎根理论（The Constructivist's Approach to Grounded Theory），吸收了经典扎根理论中有关归纳、对比、涌现和开放性的方法，同时借鉴了程序化扎根理论中的因果假设逻辑，认为研究者通过与人们视角和研究实践的互动而建构了自己的扎根理论。建构型扎根理论的编码程序第一步是初始编码（Initial Coding），即对数据进行逐行编码，在数据基础上进行全面抽象。第二步是聚焦编码（Focused Coding），即发现那些最重要或最频繁出现且具有最多分析意义的初始代码。第三步是轴心编码（Axial Coding），范畴和高频范畴进一步上升为核心范畴与一般范畴。第四步是理论编码（Theoretical Coding），使核心范畴和一般范畴间的差异关系以具体的形式呈现出来。综合对比和考虑不同学派的差异，本章的研究选择程序化扎根理论的主要考虑是，经典扎根理论认为理论可以脱离特殊情境、个人情感经验和生活而客观独立地存在②，程序化扎根理论认为，理论就是人们生活的场景、事件、情绪的体现，这与本章研究关注中国文化情境的重要性相符。

在 NVivo 12.0 软件的辅助下，我们采用程序化扎根理论的编码技术方法，对访谈家庭的访谈文本进行进一步的程序化编码处理，通过访谈录音转录的原始文本资料进行开放性编码、主轴编码和选择性编码，力图构建诠释文本信息的理论模型。采用持续比较分析（Constant Comparison Analysis）思路对访谈文本资料进行对比，理论与理论之间进行持续比较，旨在发展出新的实质性理论；并通过保留三分之一家

---

① Corbin, J., Strauss A., "Grounded Theory Research: Procedures, Canons, and Evaluative Criteria", *Qualitative Sociology*, 1990, 19 (6): 418–427.
② Glaser, B. G., "The Future of Grounded Theory", *Qualitative Health Research*, 1999, 9 (6): 836–845.

庭的访谈文本数据信息来检验理论饱和（Theoretical Saturation）情况，即通过此分析来确定是否存在新的重要信息。

为保证文本数据分析过程中的科学系统性和一致性，本章节编码过程全部采用人工编码形式，仅利用 NVivo 12.0 软件辅助整个编码过程的完成，包括节点的建立，汇总归类，概念、节点归类的反复对比以及备忘录的撰写。需要特别强调的是 NVivo 12.0 软件与统计分析软件有着本质的不同，即统计分析软件能自动执行统计操作或分析，而质性分析软件则无法将质性分析自动化，亦不能取代质性研究的所有过程，使用软件的质性研究者才是真正从事研究（如编码等工作）的主导者。

三 范畴的提炼与模型构建

（一）开放式编码

程序化扎根理论编码技术的第一个步骤为开放式编码，是将获取的原始资料（原始语句）分解，并通过不断比较分析予以概念化和范畴化的过程。这个操作过程需要将原始资料打散，再以新的方式重新组合。具体而言，在开放式编码中，将原始资料分解成独立的事件和行动等与其他事件进行相似性和差异性的比较，以赋予概念性的标签，通过这种方式将概念上相似的事件和行动等组合在一起形成范畴。[①] 研究过程中通常会有十几个甚至上百个概念标签，需要继续将相似的概念标签进行抽象化归类。在开放式编码中我们遵循一边收集被访谈者

[①] Corbin, J., Strauss, A., "Grounded Theory Research: Procedures, Canons, and Evaluative Criteria", *Qualitative Sociology*, 1990, 19 (6): 418–427.

数据，一边分析和调整的编码分析准则，对概念、范畴进行反复的比较分析。

在开放式编码阶段，为排除个人的主观偏见和定见的影响，我们尽量保留访谈文本中原句原话作为标签以发掘初始概念，对访谈收集的文本资料的原始评论逐字逐句分析予以初始概念化。过程中剔除出现频次少于3次的初始概念，保留重复频次3次及以上的原始概念。由于初始概念的层次低、数量庞杂，在一定程度上存在语义重复交叉现象，需要进一步抽取提炼，并将相似的概念聚类予以概念范畴化。最终，从各家庭收集的访谈文本资料的一级评论文本中共抽取得到515条原始语句，从中提炼出56个初始概念以及17个初始范畴，分别为工作家庭友好氛围、上司家庭友好行为、工作收入、工作经验与技能、工作自主性、工作人脉与条件、工作角色过载、工作角色侵入、配偶支持、老人支持、家庭关系矛盾、养育压力、自我价值与效能、积极情绪与心态、工作投入、消极情绪与状态、身心疲惫感。详细的初始化概念和范畴见表5-1。因篇幅限制，每个范畴节选几个代表性的原始语句及初始概念。

表5-1　　　　　　　　　　开放式编码示例

初始范畴	原始语句（初始概念
工作家庭友好氛围	1. "总体来说公司的这种氛围也挺好的，然后也不是我一个人带小朋友，就是说如果你实在有的时候需要你带小朋友，偶尔一两次大家也不会说什么，像我们财务有时候也还是忙不过来，会把小孩带到办公室，这些都很正常。"（带孩子上班） 2. "事业单位相对来说是比较人性化的，在这种情况下，如果家里有什么事情跟单位请假什么的是比较好协调时间，加上加班的调休时间的话，所以在家庭方面都还好。"（人性化请假调休）

续 表

初始范畴	原始语句（初始概念）
上司家庭友好行为	1. "他在公司现在还算是技术骨干，每次公司聚会什么的就会夸他夸得很厉害，他（上司）当着我的面夸出来，然后就觉得自己老公还是挺厉害的。"（**上司夸赞员工能力**） 2. "我们现任领导的话还是比较人性化的，就是在他上任的第一天，他就跟我们说大家都是有小孩的人，那么如果家里小孩有什么事，你就跟他说，只要不影响工作的情况下，你都可以请假什么的。"（**上司的工具支持**） 3. "（上司）理解我们作为年轻人的家庭，他说大家都是过来人，都是有小孩的。"（**上司的情感理解**） 4. "他们（上司）家庭也挺和谐的，他一直的观念都是这样。"（**上司的榜样示范**）
工作收入	1. "在收入方面的话也会对自己的家庭有一个帮助，因为现在单位的收入也还是可以的。"（**单位收入**） 2. "有些男士他觉得我每年赚到这么多钱，我没有在家庭实际上投入很多，但是我可以用这份金钱在家庭里面帮助家人。"（**赚的钱**）
工作经验与技能	1. "工作给我带来的，我觉得人际关系的一些处理，因为我会面对很多人，人际沟通协调大的话，对自己的人际关系肯定也是有一定的提升。"（**人际技能**） 2. "工作当中有累的时候，有可能会发脾气的时候，但是你在这个过程中你会选择更多地调节自己的心态和情绪。"（**情绪控制力**） 3. "科研工作，它可能时刻需要保持一个学习的状态，所以整个人就一直处在一个学习状态中，我觉得这是比较好的一种情况，随时都在提升自己的技能，或者是说学术的水平，随时都在关注最新的文献。"（**自我学习**） 4. "这个客户呢就非常非常的生气，我首先就表明了一下我的身份，我说我是这个网点负责这一块的，你说你有什么诉求你就跟我说，然后他的诉求就是尽快办理业务，然后我说那这样我也理解呀，我是把对公的那个柜员——正在休息的一个柜员给他找出来，然后把业务给他办了，他最后就走了。"（**解决问题能力**） 5. "跟人沟通的能力，跟部门之间的沟通，就是有很多业务需要各个部门之间的协调，涉及各个部门之间的一些沟通流程。"（**沟通能力**） 6. "这个工作现在养成了我就是同一时间可以处理很多事情的这种能力，就是你在工作的时候不断地会有各个部门来找，就是你不会单纯地去做一件事情，你会同时被很多人问到很多不同的事情。"（**多任务处理能力**）

续 表

初始范畴	原始语句（初始概念）
工作自主性	1. "工作时间比较灵活，然后可以自由安排，根据家庭的事务安排，这样就可以有充足的时间保障。"（**工作时间灵活**） 2. "除了需要上课的时候有一个固定的时间安排，比如说星期一的课或星期五的课，这种事必须严格按照学校的规定按时到课，除此以外的这个时间我基本上是可以自己决定，每天怎么工作，什么时候做科研，什么时候备课。"（**自己决定工作安排**）
工作人脉与条件	1. "对我家庭的话，我妈妈生病了，然后我们医院很多方面的条件这一块，因为是我自己的妈妈，各医院的各个科室都很配合，各方面的话，然后比其他医院方便得多，这个是很好的。"（**工作的便捷条件**） 2. "因为接触太多，就觉得生活中亲情还是很重要，对我们自己子女的教育还是很深的感触，因为很多家庭毕竟是送到我们这里来做康复治疗的，肯定儿女还是相对来说比较孝顺的。"（**理解亲情关系**） 3. "这次买房子也是机缘巧合，刚好这个房子的开发商就是跟我们有合作。"（**工作人脉资源**） 4. "联系了这个做贷款这一块的同事，看他能不能牵线搭桥，联系一下他们的财务，了解一下里面的购房这些政策，后续的政策。"（**同事关系人脉**）
工作角色过载	1. "我一个主管，我不仅要负责整个网点的业务，所有的业务里里外外的，然后还要负责大堂的业务，比如说大堂机具的使用人员管理，现在甚至还上升到管整个网点的内情。"（**工作业务繁杂**） 2. "在同样人员配置的情况下，我承受的要比其他网点多得多，但是人员又没有增加，现在就导致我每天的状态就是加班。"（**工作常态加班**） 3. "每天各种扯皮流程，这种才是让人最恼火的，扯皮的事情一般不是客户，是公司内部流程的问题。"（**工作烦琐沟通**）
工作角色侵入	1. "如果手里面有危重病人的话，整个人处于一个神经紧绷的状态，因为他病情很重，随时可能发生一些病情变化之类的，在这种情况下，其他医生随时都可能会联系你，你回家之后你脑袋里面也要不停地想，这个病人今天病情有没有什么特殊变化，然后用药方面有没有什么地方没用到，或者说什么地方用的时候，我没有考虑到对他其他方面有没有损害，就要考虑很多方面的。"（**工作对家庭心理侵入**） 2. "有时候回家也会有工作上的事打电话过来，需要在电话上处理，有的时候需要你回去处理你就去一下，然后不需要我们就电话沟通都可以。"（**工作对家庭时间侵入**）

续 表

初始范畴	原始语句（初始概念）
配偶支持	1. "其实我老公还是挺支持我的，我有时候要去加班，然后他会陪我去，然后会送我去，也会带着孩子一起去支持我配合我。"（**配偶配合加班**） 2. "他会对你找新工作，换工作很支持，主要表现在当你找了新工作她（妻子）会很开心。"（**配偶的情感支持**） 3. "每一个月我们会值班一次，加班一天就周末，那么在这种情况下，他就能够承担孩子的监护这一块的工作，那么你就可以安心去工作。"（**配偶承担家庭事务**） 4. "因为妻子的收入还可以，她会让我在工作上的压力没有那么大。"（**配偶分担经济压力**） 5. "他（配偶）的工作跟我们其实是有交集的，他的那个单位跟我们单位是有业务往来的，然后有些情况下可能会有一定的帮助，就比如说在完成存款任务的时候。"（**配偶提供工作资源**）
老人支持	1. "她（老人）帮我们照顾小孩，然后还有家里面各方面的生活，吃穿这一块，还有家里面卫生之类的都是老人在承担。"（**老人带娃、分担家务**） 2. "他奶奶有时候会给我俩钱，比如说这次孩子生病她给了3000块钱。"（**提供经济帮助**） 3. "我老公父母在工作中是有一定的成就，包括业务上，人情世故这些，我觉得听他们的没问题。我老公是个牛性子，但是工作方面他会听爸妈的建议。"（**工作发展建议**）
家庭关系矛盾	1. "我这个工作性质经常倒班，他（配偶）没有提，没有意识到我这个工作性质跟他的完全不一样。"（**配偶不理解工作**） 2. "还有比如我跟我老公吵架了，然后有时候我们会聊，就会聊到（夜里）2点、3点。"（**与配偶争吵**） 3. "婆媳关系的话确实带来了很大的一个困扰。"（**婆媳问题**）
养育压力	1. "家庭孩子生病什么的照料太累了，真的没办法，他太小了，你晚上根本睡不好觉。"（**孩子生病照料**） 2. "我们两个人带孩子，他（配偶）早上送，我晚上接，因为他下班晚，回到家的时间也很晚，那么孩子托班放学时间早，他爸怎么样都没法接，我要出差4天去党课学习，这种情况或什么之类的我就会很恼火，不知道怎么办，我的娃怎么办，没有人接。"（**孩子接送压力**）

续 表

初始范畴	原始语句（初始概念）
自我价值与效能	1. "参与一份工作的话，你在家庭里自我的那种价值感是会有一个体现的。"（自我价值感） 2. "有时候会觉得工作上面的话，比如说病人康复之后会有一定的成就感。"（自我成就感） 3. "因为我老公以前跟我是同一个公司，他能看到我每天做哪些事情，他觉得我做这一块，他觉得我做得很好，也很厉害，真的我提升了，也算是提升了我在他心目中的一个形象"。（自我效能感） 4. "我觉得工作还是自己更有底气了吧，不管是面对老公还是面对社会。"（底气/安全感） 5. "其实上班最主要的是给娃娃做了榜样，不会说妈妈不上班，很懒。"（榜样形象） 6. "我觉得上班使我不落后于社会，不断使自己进步。"（自我提升感）
积极情绪与心态	1. "我比较喜欢，主要干的还是技术工作，技术工种的话，然后自己能决定的事情都能够决定，所以说就比较心情舒畅。"（工作心情舒畅） 2. "最大的收获可能就觉得自己更加平和，就做事情没那么着急了。"（平和心态） 3. "耐心，家庭里带小孩处理各种事需要非常多耐心，在工作中更容易对细节把控得更好，品控之类的。"（耐心） 4. "回到家里以后就是，反正就是完全不用想工作上的事情了，现在做这份工作就是没有那种压力了。"（无压力）
工作投入	1. "因为家庭的支持，然后包括老人的支持和配偶的支持，然后会让我在工作上更有干劲，更有活力。"（工作有干劲有活力） 2. "（配偶的鼓励）让我去换新工作有动力，还有就是继续工作的动力。"（工作有动力） 3. "就为了家庭生活得更好，所以就要更加努力地工作。"（为生活努力工作）

续　表

初始范畴	原始语句（初始概念）
消极情绪与状态	1. "我觉得（工作）给我的还是压抑的成分比较多，因为在工作上面的时候，感觉整个人就要收敛自己的情绪，因为更多时候遇到不同的人，你整个人的话，还是很负面的。"（**工作导致情绪消极压抑**） 2. "造成个人在工作时也是非常非常紧绷的，就是很紧张，然后整个神经是紧绷的。"（**工作带来的紧张和紧绷**） 3. "我觉得小朋友生病你会请长一点的假期，然后你工作事情就会被堆起，而且有时候就电话打给你，又着急什么的，我就觉得有点烦躁。"（**家庭导致的消极情绪**）
身心疲惫感	1. "因为我们上班的时间很长，然后休息的时间太少了，我更多时候回家的时候会更想自己能够休息好一点。"（**工作的身体疲惫感**） 2. "工作上特别烦躁的时候，有时候会回家不想说话，其实我是累到不想沟通。"（**工作的心理疲惫感**） 3. "你如果在家里很烦，然后你去工作的时候你就无心工作，还有比如说家庭孩子生病什么的照料太累了，真的没有办法，他太小了，你晚上根本没有睡好觉，你第二天早上还要起那么早去上班，根本就上班是晕的，不知道自己能做什么，然后那东西也没有办法思考。"（**家庭的身心疲惫感**）

注：①括号加粗字体是从原始语句中提取的初始概念，初始概念重复出现3次以上则保留。②句末括号中的内容是对原始语句进行归纳后总结的初始概念。

（二）主轴编码

在识别确认了一系列的实质类属后，程序化扎根理论编码技术的第二个步骤是主轴编码，可以发现范畴之间相互的潜在逻辑，以更好地发展主范畴。操作中将在开放式编码获取的17个范畴继续挖掘各独立范畴之间显性和隐性的关系逻辑，根据各范畴之间的类属关系、相关关系和逻辑层次重新归类抽象成更高一层的主范畴。共得到7个主范畴，具体包括工作支持资源、工作自身资源、工作需求扩张、家庭支持资源、家庭角色压力、心理资源获取、心理资源损耗,见表 5-2。

表 5-2　　　　　　　　　主范畴与对应范畴

主范畴	对应范畴	范畴的内涵
工作支持资源	工作家庭友好氛围	单位呈现出的工作与家庭之间友好的文化氛围
	上司家庭友好行为	上司表现出的支持下属家庭的行为
工作自身资源	工作收入	工作收获的工资、福利、奖金等形式的收入
	工作经验与技能	工作参与中收获的各类经验和技能
	工作自主性	个体拥有的对工作的主动权或掌控权
	工作人脉与条件	工作域参与收获的人脉资源和享有的便利条件
工作需求扩张	工作角色过载	个体在工作域面临繁重的角色任务和承担远超于个人能力承载范围的工作量
	工作角色侵入	工作领域角色需求的增加,会对家庭领域的时间精力产生挤压
家庭支持资源	配偶支持	配偶表现出的情感支持和对共有角色事务的分担
	老人支持	家庭共居的老人(双方的父母)表现出的情感性支持和对角色事务的分担
家庭角色压力	家庭关系矛盾	家庭成员之间的关系紧张状态,主要包括与配偶之间的关系、与老人相处的问题等
	养育压力	在养育子女过程中经受的身心压力,如子女照料压力、教育压力等
心理资源获取	自我价值与效能	个体对自我价值和自我效能感知的状态
	积极情绪与心态	个体表现出的积极情绪和积极的心理状态
	工作投入	工作中个人持续、积极的情感激活状态,表现为工作的活力和专注

续　表

主范畴	对应范畴	范畴的内涵
心理资源耗损	消极情绪与状态	个体表现出的消极情绪和消极的心理状态
	身心疲惫感	个体在身体上的疲惫感和心理上的疲乏感

（三）选择性编码

程序化扎根理论编码技术的第三个步骤是选择性编码，是通过挖掘主范畴之间的关联，力图从主范畴中逐渐构建核心范畴（Core Category）。确认核心范畴的过程中需要遵循几个重要的原则：第一，核心性，即变量要尽可能地与其他的数据以及属性相联系；第二，解释力，即能够解释大部分研究对象的行为模式；第三，频繁重现性，即变量反复出现；第四，易于与其他变量阐述联系并具有意义。[①] 在选择性编码中，需要为关联的类属寻找出更多的例子和证据，将分析引向关于个案故事的详细阐述。分析核心范畴、主范畴以及其他范畴之间的联结，并借助"故事线"（Story Line）来描绘整体工作家庭关系的状态和潜在的影响因素，诠释主范畴的典型关系结构，最终发展成全新而完整的理论模型。

通过前文开放式编码和主轴编码的处理，共计提炼出 7 个主范畴：工作支持资源、工作自身资源、工作需求扩张、家庭支持资源、家庭角色压力、心理资源获取、心理资源耗损。主范畴的"故事线"（典型关系结构）及其被访谈者的代表性原始语句见表 5–3。通过进一步对 7 个主范畴与现有理论进行比较，发现"工作支持资源"和"工作自身资

---

① 贾旭东、谭新辉：《经典扎根理论及其精神对中国管理研究的现实价值》，《管理学报》2010 年第 5 期。

源"描述的是工作域收获的可跨界增益的重要工作角色资源。"家庭支持资源"描述的是家庭域收获的可跨界增益的重要家庭角色资源。"工作需求扩张"描述了因工作导致的工作域角色需求不断扩张外溢。"家庭角色压力"描述了家庭域的角色需求带来的压力和矛盾。"心理资源获取"描述的是个体从角色中获取积极心理资源的状态。"心理资源耗损"描述的是个体在角色域中耗损心理资源的状态。

表 5-3　　　　　　　　　　　主范畴的典型关系结构

典型关系结构	关系结构内涵	代表性语句（提炼出的关系结构）
工作支持资源—工作对家庭增益	工作家庭友好氛围、上司家庭友好行为等工作支持资源是可跨界增益的重要工作域支持性角色资源	a."还有一个就是刚好老板也是同学可能就是沟通方面也好，他（上司）知道孩子生病住院，第一时间就说的是你先把娃弄好，弄好了再来，所以说请假这个问题也不存在。" b."我们现任领导的话还是比较人性化的，就是在他上任的第一天，他就跟我们说大家都是有小孩的人，那么如果家里小孩有什么事，你就跟他说，只要不影响工作的情况下，你都可以请假什么的。"
工作自身资源—工作对家庭增益	工作经验与技能、工作自主性、工作人脉与条件、工作收入等工作自身资源是可跨界增益的工作域自身资源	a."对娃的教育，我自己个人就觉得我在工作上我自己自我学习经验技能和表现更好的话，会对我的娃有一种那种言传身教的那种效果，就是说我用行动告诉他，我自己应该去做一个什么样的人，应该努力去学习，应该努力去成长，然后这个可能是因为孩子就是孩子，你为了让孩子成长得更好，然后你也自己需要同时去学习，然后去做得更好。"（工作技能和学习精神成为孩子更好的榜样） b."我想一下包括你对家庭事务的参与，然后因为你会将更多的钱投入家庭，然后包括与老婆配偶的关系会更加融洽。"（收入让夫妻关系融洽） c."除了上课或者必须出席的会议以外，我的时间都是由我自己来决定，我的工作内容也是由我自己来决定的，这样的话呢我可以有更多的时间去协调工作和家庭面临的一些问题，或者是说更多地去参与孩子这个成长。"

续 表

典型关系结构	关系结构内涵	代表性语句（提炼出的关系结构）
家庭支持资源—家庭对工作增益	配偶支持、老人支持是跨界增益中家庭域收获的重要角色资源	a. "就是获得这份工作，就是家庭成员的帮助。" b. "应该说是家庭成员还是有比较好的一个经济支持，也不是说比较好，反正有一定的经济支持嘛，然后让我选择这份工作。就是如果是家里（配偶）的收入比较低的话，我也没有办法选择这份工作，他给了我一个更大的财力和底气，让我自由地去做一些工作选择。" c. "带孩子我妈也给我带得很好，就是让我没有后顾之忧，一起去工作，然后不用操心（孩子家里事情）。" d. "他（配偶）可以每天送我上班，其实不是顺路，是因为他时间自由，他可以先把我送过去。"
工作需求扩张—工作对家庭冲突	工作域需求的扩张会直接影响家庭域的投入，引发冲突感	a. "当小孩生病的时候，然后工作上又很忙，因为教务的工作有时候就毕业季的时候就很忙嘛，就每天好像你都不好请假，所以导致就是孩子的一些儿啊、生病啊那些我都不能去。" b. "我觉得小朋友生病你会请长一点的假期，然后你工作事情就会被堆起，而且有时候就电话打给你，他打电话又着急什么的，我就觉得有点烦躁知道不。" c. "实际上工作的压力和强度是蛮大的。有些时候你写论文，你可能经常熬夜或就是说耗费大量的精力在工作上面，所以有些时候工作起来的时候，就一旦投入到这个科研的状态中，就很难出来。孩子或者什么跟你说话，说话的时候自己都特别没有耐心，然后就想一两句话把他打发了，让他不要打扰你。"
家庭角色压力—家庭对工作冲突	家庭关系矛盾和养育压力等家庭角色压力会影响工作的状态，引发冲突感	a. "你跟你老公吵架了，肯定也会影响，比如说我跟他如果吵架了，然后有的时候我们会聊，就会一直聊到两三点，然后就很晚才睡，然后你第二天起来你就慒了，然后你去上班你就觉得自己是晕的，是不是？有的时候在工作里其实还是会想，如果矛盾没有处理过，还是会想到这个事，工作的时候也会去想，因为事情必须解决了，你才能够不去想它，没有办法，这种思想上东西没有办法去切割掉。" b. "现在孩子还小，所以有些时候呢你不得不去关注他的这个成长，所以就导致阶段性的事业发展你就会需要去做一些取舍，有些时候为了去更好地陪伴孩子，可能自己的工作上面的目标也好就不会定太高，就会去减缓一些工作上面的一些节奏，压缩一些工作量。"

续 表

典型关系结构	关系结构内涵	代表性语句（提炼出的关系结构）
工作角色资源—心理资源获取—工作对家庭增益	工作家庭友好氛围、上司家庭友好行为、工作收入、工作经验技能、工作自主性、工作人脉与条件等工作角色资源会增强个体的关键心理资源为家庭参与蓄积能量，体验跨界增益	a. "我老公那个同学（上司）也是合伙人，特别幽默，他情商太高了，他每次都把我老公夸得就是那种有点过分，就是天花乱坠的那种感觉，然后基本每次都要夸，然后就觉得听起来很开心。虽然可能有一定的夸大成分，听起来还是很满足，就觉得自己老公还是不错的那种感觉，而且还有奔头的那种感受。" b. "我刚刚说的就是工作让我更加有耐心了，然后就反馈到家人身上也是更有耐心了，跟家人相处也会更好。" c. "有一点就是因为我老公以前跟我是同一个公司，他能看到我每天做哪些事情，他就觉得我做这一块，他觉得我做得很好，也很厉害，真的我提升了，也算是提升了我在他心目中的一个形象。他一直都觉得我在公司是无可替代的。"
家庭支持资源—积极心理资源—家庭对工作增益	配偶支持、老人支持等家庭支持资源会增强个体的关键心理资源为工作参与蓄积能量，体验跨界增益	a. "父母有些时候也会在你的工作中表达很关心，有时候就是会去问你阶段性遇到了什么样的困难，会开导你，同时如果是说你遇到了很大的一些进步或者好消息，他也会去愿意跟你分享你的这个喜悦，我觉得会让我工作起来更有这种动力和成就感。" b. "父母有时候看到我在家里加班或者是说在写东西的时候，他们就会主动把孩子带出去，到外面去玩，避免就是孩子到书房来干扰我，所以这样的话我就会有一个更好的工作状态。" c. "在这个调动过程中我家先生也是非常的支持，所以就让我可能在很多工作的抉择上面就很轻松啊，就是他一般都配合度很高，不会跟我泼冷水什么的，基本上我在工作上很多决定，他都是表达很支持的，然后让我觉得很有这个被理解的感觉。"

续表

典型关系结构	关系结构内涵	代表性语句（提炼出的关系结构）
工作需求扩张—心理资源耗损—工作对家庭冲突	工作角色过载、工作角色侵入等工作需求扩张会在工作域耗损大量的个体心理资源，引发工作对家庭的冲突	a. "我觉得（工作）给我的还是比较压抑的成分比较多，因为在工作上面的时候，感觉整个人就要收敛自己的情绪，因为更多时候遇到不同的人，你整个人的话，还是很负面的。我们上班的时间很长，然后休息的时间太少了，我更多时候回家的时候会更想自己能够休息好一点。但是很多时候回家的时候是休息不好的，因为回家的时候还要兼顾家庭之类的。家庭精力上面，就觉得很难。" b. "个人在工作时也是非常非常紧绷的，工作上特别烦躁的时候，有时候会回家不想说话，不想说话了，就跟家里人交流肯定就会变少，少了之后呢家人可能就会以为那天就是不（想）跟家里人沟通，其实我是累到不想沟通，就会有这方面的影响，就心情上还是有影响。" c. "印象最深的就是我有一次上夜班的时候，晚上两三点的时候，我妈给我打电话，然后就说孩子发烧了，然后这个情况下，然后我老公又什么都不做，就我妈一个人在那里给他用退烧药。然后当时我觉得很无力，因为我根本都没法赶回家，也回不了家，因为我负责的是几十个病人，我根本就没办法，我很着急，只能给我妈打电话，然后给我老公打电话，让他带娃先退烧，然后再去医院，就那时候觉得这个工作对家庭的冲突感特别强。"
家庭角色压力—心理资源耗损—家庭对工作的冲突	家庭关系矛盾、养育子女压力等家庭角色压力会耗损大量的个体心理资源，引发家庭对工作的冲突	a. "你如果在家里很烦，然后你去工作的时候你就无心工作，比如说家庭孩子生病什么的照料太累了，真的没有办法，他太小了，你晚上根本没有睡好觉，你第二天早上还要起那么早去上班，根本就上班是晕的，不知道自己能做什么，然后也没有办法思考，相当于我们的工作其实很多时候是需要去思考的，你要思考，才有框架，我才能够开始动笔去写，那么这种情况下，如果我脑子都是不清楚的，我写出东西我自己都不知道自己写的什么。" b. "（因为婆婆的事情）之前我跟他（丈夫）可能就是天天吵架，就是因为这个事情可能过不了，就是过不了一会儿就吵架吵得挺凶，然后我就是会把最坏的那些打算都想一遍，就是这种状态，然后大家都就是很不开心，然后导致自己的情绪状态也不好嘛，就是个人和家庭关系，就是夫妻之间的关系也会特别的差，就是无心工作这种感觉。"

基于此，提炼出"工作—家庭冲突/增益的资源耗损与获取路径"为核心范畴，围绕核心范畴的故事线可以描述为，工作支持资源、工作自身资源、家庭支持资源是工作—家庭增益的重要角色资源，个体心理资源获取的多寡直接决定工作—家庭增益的水平，呈现"工作—家庭增益的资源获取路径"。工作需求扩张和家庭角色压力是工作—家庭冲突面临的角色需求压力，个体心理资源耗损的程度直接决定工作—家庭冲突的水平，呈现"工作—家庭冲突的资源耗损路径"。通过典型关系结构的分析，提炼出"工作—家庭冲突/增益的资源耗损与获取路径"这一核心范畴。

（四）理论饱和度检验

程序化扎根理论编码程序的最后一个步骤是进行理论的饱和度检验。新的数据既不能够再提供某个类属的新性质，也不能产生关于理论的新洞见的那个时点即为理论饱和。理论饱和与理论编码关联紧密，被定义为判断抽样是否完成的标准，它也是判断类似的例子是否会重复出现的标准。用收集的1/3家庭的访谈数据来对理论的饱和度进行检验。通过开放式编码分析共计抽取180条原始语句，获得30个初始概念，经范畴化发现了10个范畴，包括工作经验与技能、工作人脉与条件、工作收入、工作角色侵入、老人支持、配偶支持、自我价值与效能、积极情绪与心态、消极情绪与状态、身心疲惫感。均与研究得到的17个副范畴重合，这证实模型中的各个范畴已经被发展得充分饱和，对7个主范畴（工作支持资源、工作自身资源、工作需求扩张、家庭支持资源、家庭角色压力、心理资源获取、心理资源耗损），均未出现新的概念、范畴以及关系，7个主范畴内部也不存在新的构成因子。因此，模型具有很好的理论饱和度。

（五）工作—家庭冲突/增益的资源耗损与获取路径模型构建

基于中国的工作家庭文化情境，构建和发展全新的工作—家庭冲突/增益的资源耗损与获取路径模型，可以有效地解释中国情境下工作—家庭冲突/增益形成的机理。具体来说，理论模型中工作—家庭冲突/增益的资源耗损与获取路径模型包括7个主范畴：工作支持资源、工作自身资源、工作需求扩张、家庭支持资源、家庭角色压力、心理资源获取、心理资源耗损。

1. 工作—家庭增益的资源获取路径分析

一方面，工作对家庭增益的直接路径和间接路径。第一条是工作对家庭增益的直接路径，即"工作域角色资源—工作对家庭增益"。第二条是工作对家庭增益的间接路径，即"工作域角色资源—个体心理资源获取—工作对家庭增益"。在中国的文化情境下，工作域角色资源主要包括两大类资源，即工作支持资源（工作家庭友好氛围、上司家庭支持行为）和工作自身资源（工作经验与技能、工作人脉与条件、工作自主性、工作收入）。这些工作域角色资源可以直接作用于工作对家庭的增益，也可以通过增强个体心理资源获取（自我价值与效能、积极情绪与心态、工作投入）作用于工作对家庭的增益。角色资源的获取是前提，个体是重要的跨界主体。

另一方面，家庭对工作增益的直接路径和间接路径。第一条是家庭对工作增益的直接路径，即"家庭支持资源—家庭对工作增益"。第二条是家庭对工作增益的间接路径，即"家庭支持资源—个体心理资源获取—家庭对工作增益"。在中国的文化情境下，家庭支持资源主要包括配偶支持和老人支持。家庭支持资源可以直接作用于家庭对工作增益，也可以通过增强个体心理资源获取作用于家庭对工作增益。

2. 工作—家庭冲突的资源耗损路径分析

一方面，工作对家庭冲突的直接路径和间接路径。第一条是工作对家庭冲突的直接路径，即"工作域角色需求扩张—工作对家庭冲突"。第二条是工作对家庭冲突的间接路径，即"工作域角色需求扩张—心理资源耗损—工作对家庭冲突"。在中国的文化情境下，工作角色需求扩张（工作角色过载和工作角色侵入）可以直接作用于工作对家庭冲突，也可以通过个体心理资源耗损（消极情绪与状态、身心疲惫感）作用于工作对家庭冲突。

另一方面，家庭对工作冲突的直接路径和间接路径。第一条是家庭对工作冲突的直接路径，即"家庭域角色压力—家庭对工作冲突"。第二条是家庭对工作冲突的间接路径，即"家庭域角色压力—个体心理资源耗损—家庭对工作冲突"。在中国的文化情境下，家庭角色压力（家庭关系矛盾、养育压力）可以直接作用于家庭对工作冲突，也可以通过个体心理资源耗损作用于家庭对工作冲突。

由此可见，在中国的文化情境中存在一些特殊的角色资源，如工作人脉和条件、家中老人支持等；也面临一些特殊的角色需求压力，如婆媳关系、养育压力等。工作—家庭增益或工作—家庭冲突其本质是跨界角色参与的主体从角色参与中获取和耗损资源的过程结果。个体在与企业或家庭长期的多次交换后，如果个体累积的资源多于个体耗损的资源，会更加倾向于角色域资源交换的互惠性，体验工作—家庭增益。如果个体耗损的资源多于个体获取的资源，会更加倾向于角色域资源交换的不公平性，体验工作—家庭冲突。

基于中国的文化情境构建的工作—家庭冲突/增益的资源耗损与获取路径模型，如图 5-1 所示。

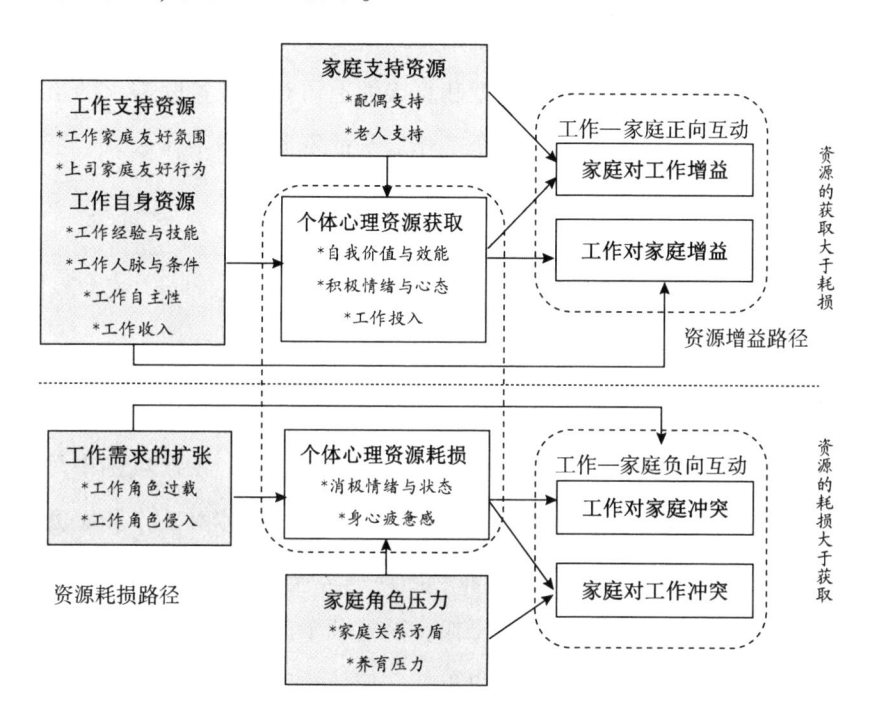

图 5-1　工作—家庭冲突/增益的资源耗损与获取路径模型

四　模型阐释与研究发现

（一）工作角色资源获取

在中国的文化情境中，通过编码抽取出重要的两大类工作域角色资源，包括工作支持资源和工作自身资源。其中，工作支持资源主要是工作家庭友好氛围、上司家庭友好行为。工作自身资源主要是工作收入、工作经验与技能、工作自主性、工作人脉与条件。在集体主义文化中，社会支持较高，组织的支持主要体现在正式制度、工作氛围和主管支持三个方面。[①] 在中国，有利工作—家庭增益的组织层面支持更多的不是来自组织对工作家庭的正式制度，而是在工作氛围中表现出的组织对员工家庭关心的态度和直接的上司对员工家庭需求的帮助和关心。此外，工作域还会收获工作自身的资源，如工作收入、工作经验与技能、工作自主性、工作人脉和条件。

1. 工作—家庭友好氛围

工作—家庭友好氛围是单位呈现出的工作与家庭之间友好的文化氛围。在中国，员工心中认为的工作家庭友好的氛围主要来源于单位人性化的请假和调休制度和兼顾家庭需求的可能性。工作氛围中呈现出的关心员工家庭需求的友好氛围，会促进员工个体对工作和家庭两种角色的耦合。[②] 工作—家庭友好氛围强调发展有利于员工身心健康的工作环境，支持男女职工平衡工作、家庭和个人生活需求，员工在协调工作家庭角色需求的表现上也更佳，如访谈中员工对单位人性化请假调休的表述："事业单位相对来说是比较人性化的，在这种情况下，如果家里有事情跟单位请假也是比较好协调时间，加上加班的调休时间，所以在家庭方面都还好。"

2. 上司家庭友好行为

上司家庭友好行为是上司表现出的支持下属家庭的行为。在中国，

[①] Taylor, B. L., DelCampo, R. G., Blancero, D. M., "Work – Family Conflict/Facilitation and the Role of Workplace Supports for US Hispanic Professionals", *Journal of Organizational Behavior*, 2009, 30 (5): 643–664.

[②] Taylor, B. L., DelCampo, R. G., Blancero, D. M., "Work – Family Conflict/Facilitation and the Role of Workplace Supports for US Hispanic Professionals", *Journal of Organizational Behavior*, 2009, 30 (5): 643–664.

自己的直接上司是真正意义上公司制度的执行者。主管对家庭的支持可以使员工感受到更高的社会支持,这可以有助员工履行工作和家庭职责。可见,上司更多地表现出对下属的家庭友好行为,可以切实地帮助员工解决当下的多重角色协调问题。在中国情境中,上司家庭友好行为有以下具体表征。

第一,上司的赞许有利于员工树立良好的家庭形象。上司对员工的夸赞不仅有利于激发员工工作动力,提高工作价值感和成就感,同时也能够给员工树立更好的工作形象和家庭形象。如:"他(丈夫)在公司现在还算是技术骨干,每次公司聚会就会夸他夸得很厉害,他(上司)当着我的面夸出来,然后就觉得自己老公还是挺厉害的。"

第二,上司理解员工家庭需求,有助于员工平衡工作家庭。在低龄孩童的家中,孩子生病等突发事件是常有之事,在中国放开三孩生育政策下,多子女的家庭对平衡工作家庭角色的需求更加突出。上司对个人家庭需求的理解和帮助会协助员工积极处理家庭事宜。如:"其实上司他是可以理解你,支持你协调,就是说你不去做这件事情,先把家里的事情弄好,当然他是可以做到这样的。"

第三,上司家庭观念与示范行为。上司自己的家庭友好观念较强,很重视家庭亲情,会给员工带来很好的示范作用和榜样效应。如:"他们(上司)家庭也挺和谐的,他一直的观念都是这样。"

第四,上司提供满足员工家庭需求的人脉资源。这是上司家庭支持行为在中国情境下相对于西方文化情境的一个特殊之处。中国是人情社会,在中国的国情下,在工作域的社会支持方面,来自领导的支持往往比组织制度支持影响力更大。[1] 访谈中员工提到家庭想购买一套

---

[1] 林忠、鞠蕾、陈丽:《工作—家庭冲突研究与中国议题:视角、内容和设计》,《管理世界》2013年第9期。

改善性住房，于是上司借助自己的人脉关系资源联系开发商，询问最新的房源信息和价格，最终帮助员工购置到心仪的房产。

3. 工作收入

工作收入在西方国家的实证研究中，验证显示工作收入并不能促进工作对家庭增益。① 但在中国文化情境中，却是较多被访谈者提到的频次较高的工作角色资源，特别是男性员工。与欧美发达国家相比，中国的劳动力市场定价还相差甚远，目前市场付给男性员工的薪酬相对难以满足家庭的开支，这也从根本上解释了中国"双职工"家庭普遍存在的原因。②

在中国情境下，工作收入有利于家庭角色有以下具体表征形式。

第一，工作收入可以直接用于满足家庭运转的物质需求。如："收入的话就是可以满足家庭的日常开支。"

第二，工作收入提升有助于提高家庭生活水平。家庭的正常运转需要一定的物质基础，包括日常的家庭开销，孩子的教育经费，家庭的重大投资，如购房、买车等。在工作角色参与中获得的工作收入会切实地解决家庭经济问题，更好的收入水平也意味着家庭更好的物质生活水平。如："肯定收入也提升了，自己现在出来肯定比以前在这边好，肯定收入也会高一点，生活水平也好很多，你看我们最近也换了车，还了房贷。"

第三，满意的工作收入水平有助于家庭和谐。满意的工作收入也

---

① Carlson, D. S., Thompson, M. J., Crawford, W. S., et al., "Spillover and Crossover of Work Resources: A Test of the Positive Flow of Resources through Work – Family Enrichment", *Journal of Organizational Behavior*, 2019, 40 (6): 709 – 722.

② 林忠、鞠蕾、陈丽：《工作—家庭冲突研究与中国议题：视角、内容和设计》，《管理世界》2013 年第 9 期。

证明个人在工作领域换取了符合自身价值的市场工资，也能匹配家庭的需求，减少不必要的家庭关系矛盾，如："因为你会有更多的钱投入家庭，然后包括与老婆（配偶）的关系会更加融洽。"

第四，工作所获得薪酬可以帮助家人更好地处理共同的家庭事务。家庭的很多事务都是基于有限的收入水平去抉择的，如："主要是基于对家庭的一些事情上，然后费用的一些支持，会让对方感觉内心没有那么无助。"

第五，获得工作收入让个体对家庭有付出感。在中国，部分家庭男性对孩子的照料和对妻子的陪伴欠佳，工作侵占了部分男性职员大量的家庭时间，但这种侵占也会在工资上给予一定的补偿。为家庭创设更好的经济环境，在中国也被视为一种对家庭的付出。如："我这份工作的收入很好，然后我就觉得我在家庭里面我承担了家庭经济的这一块，我也付出了很多。"

4. 工作经验与技能

工作经验与技能是工作参与中收获的知识、经验和技能等。技能强调与任务相关的认知、人际技能、多任务处理技能以及从角色经验中获得的知识和智慧。在中国文化情境中，主要涉及的工作经验与技能包括人际技能、情绪控制力、知识学习能力、多任务处理能力等。

第一，人际技能。在工作中需要处理大量部门与部门之间，与领导、同事和客户的沟通和协调工作，潜移默化地提升员工的人际相处能力，人际沟通能力。而家庭角色的核心是关系的处理，人际技能能够切实地帮助个体去处理家庭中的夫妻关系、亲子关系等。如："工作给我带来的，我觉得人际关系的一些处理，因为我会面对很多人，人际沟通协调大的话，对自己的人际关系肯定也是有一定的提升。"

第二，情绪控制力。在工作中会面对客户情绪激动、上司向你问责等不同类型的情绪事件。在工作领域中，个体在职业规范和素养的要求下会不断地学习控制和处理情绪。在长期的工作磨炼下逐渐拥有较好的个人情绪控制力，稳定的情绪对夫妻关系、亲子关系等都有积极作用。如："工作当中有累的时候，有可能发脾气的时候，但是你在这个过程中你会选择更多地调节自己的心态和情绪。"

第三，知识学习能力。从各种类型的工作中均可学到一些知识和经验。如："因为工作的原因你会接触到很多学科的知识，这些知识其实在指导人与人的关系相处上面都有很大的一个作用，因为你有一些理论上面的指导，整个来说你的心态就跟没有基础的人是完全不一样的。"

第四，多任务处理能力。工作中通常我们需要同时处理多种工作任务，甚至兼顾不同的职务身份，但为了保证任务的顺利进行，我们不断学习统筹区分，不断适应多任务的处理。家庭中的事务具有同样的共性，需要面对不同的家庭成员，处理非常繁杂的家庭事务。多任务处理的能力提升是有重要意义的。如："这个工作现在养成了我就是同一时间可以处理很多事情的这种能力，就是你在工作的时候不断地会有各个部门来找，就是你不会单纯地去做一件事情，你会同时地被很多人问到很多不同的事情。"

5. 工作自主性

工作自主性是个体拥有的对工作的主动权或掌控权，员工自我感觉能够独立地安排自己的工作，包括决定工作方法、工作程序、工作时间和地点以及付出多少努力等。工作自主性在一定程度上给了员工极大的工作弹性，不论是时间地点上的物理边界，还是自己在工作内容方式上的心理边界。这不仅可以增加工作带来的成就感，也能够在家庭需求扩张时，有利于角色需求的平衡和调节。通过自主控制来拥有掌握工作时间的能力可以提供个人所期望的灵活性，从而允许资源流向家庭领域，有助于角色资源跨界增益。在中国情境下工作自主性有以下主要体现。

第一，工作没有严格的上班打卡与轮班制度。新型的工作模式和部分行业的差异，让很多企业更多从"监管"状态，变成"平台"状态，为员工搭建工作平台，以任务为导向去考核，而不是监督。如："如果是你觉得可以去工作的话，你就去跟单位说，单位就会给你安排任务，也就是说我们其实没有强行地要求说你必须哪一天来上班。"

第二，个体对工作时间的控制感强。部分单位对于员工何时开始工作、何时结束工作并没有严格的限制和规定。给予员工更多的自主安排的权力，员工可以自由把控工作时段，这非常有利于员工每日根据家庭实际情况合理安排工作时间。如："早上他一般会先送我（去单位），然后再去他们单位，他一般到单位可能是9：30—9：40，但是他每天晚上都会自己自觉晚走一会儿。"

第三，工作办公地点的灵活性。部分工作的办公地点是非常灵活的，更多的是直接对接客户，而不是在公司承担固定流程作业。如："公司给我下达委任书，里面会有具体的审核工作，审核时间和地点，委任书里面会规定，然后某月某日我就去这个公司进行审核，在规定的时间内对公司的体系符合性进行审核，然后出具审核记录，没有固定的上班地点。"

第四，工作内容的开展方式、进度把控、方案选择的自主决定权。

单位将员工视为领域专家，充分尊重员工在技术等领域的专业判断，给予员工更多的自主决定工作内容完成方式的掌控权。如："现在主要干的还是技术的工作，技术工种的话，然后自己能决定的事情很能够决定，所以说就比较心情舒畅。人的心情变好，会对家庭的参与有帮助，像带娃会更有耐心，跟老婆相处也会更有耐心一些。"

6. 工作人脉与条件

工作人脉与条件是指工作域角色参与收获的人脉资源和享有的便利条件。工作人脉与条件在中国文化情境中是一个非常重要且特殊的角色资源。中国是一个非常讲究"人情""面子"的高关系社会①，人情面子受到中国人的极大重视，"关系"也成为中国人特有的交往方式。同样"关系"是理解中国社会结构的关键性社会文化概念，按照关系的基础来划分，包括家人关系和社会关系两大类型。血缘、亲缘、地缘、业缘等便是根据关系进行界定的。② 在工作中会不断地建立自己的社会人脉关系，与上司、同事以及客户等。在处理部分家庭事务的过程中，也会借助人脉资源为自己提供信息交换点，也会利用工作带来的人脉和便捷条件去处理家庭的需求。

在中国，工作人脉与条件有以下具体表征形式。第一，工作中积累的人脉关系。在工作中与上司、同事、客户建立起来的良好关系，可以帮助个体在处理家庭事务中积累相应的人脉基础。如："我妈妈生病了，然后我们医院很多方面的条件，然后因为是我自己的妈妈，医院的各个科室都很配合，然后比其他医院方便得多，这个是很好的。"

---

① 翟学伟：《人情、面子与权力的再生产——情理社会中的社会交换方式》，《社会学研究》2004 年第 5 期。
② 周大鸣：《差序格局与中国人的关系研究》，《中央民族大学学报》（哲学社会科学版）2022 年第 1 期。

第二，工作性质带来的一些便利条件。因为工作性质，接触的环境资源条件的差异，让从事该工作的人能够享受一定程度上的便捷条件。如："这个给家庭减免了一部分在牙科治疗方面的一些支出，比如说家庭的成员进行一些牙齿的基础保健维护，这些是很好的帮助。"

（二）工作角色需求扩张

在中国文化情境下，工作角色需求的扩张主要包括工作角色过载和工作角色侵入。工作域角色需求的扩张会严重地挤压用于参与家庭角色的时间和精力，个体将在工作领域耗损更多的个体资源，如果不能收获更多的补偿性资源，长期下来会对工作家庭关系造成负面的影响。

1. 工作角色过载

工作角色过载是个体在工作角色中面临繁重的角色任务或承担远超于个人承载能力的工作量。当个体的资源获取速度跟不上消耗速度时，就会产生较高程度的角色过载感，就意味着来自工作或家庭领域的角色需求消耗了个体在该领域获取的资源，同时又没有其他领域新资源的补充。[①] 在中国情境下工作角色过载的具体表现为，工作强度大，面临繁杂的工作业务、烦琐的流程沟通。在工作领域所涉及的业务涵盖面大且杂乱，处理这些繁杂的工作需要耗费大量的时间和精力。如："我一个主管，我不仅要负责整个网点的业务，所有的业务里里外外的，然后还要负责大堂的业务，比如说大堂的机具使用人员的管理，

---

① 高中华、赵晨：《工作家庭两不误为何这么难？基于工作—家庭边界理论的探讨》，《心理学报》2014年第4期。

现在甚至还上升到管整个网点的内情。"

2. 工作角色侵入

工作角色侵入是工作角色需求对员工家庭生活的干扰程度。工作干扰家庭会带来角色压力，在工作领域过多消耗个体资源，如果没有及时补充消耗掉的资源，会对工作家庭关系带来负面的影响。在中国情境下，工作角色侵入主要表现在以下几方面。

第一，工作对家庭生活时间上的侵占。工作角色需求繁重，侵占了本应该享受的家庭时光。如："就是回家的时间特别晚，然后今年几乎周一到周五是见不到家里的孩子。你回来他都已经睡了，然后这方面你跟孩子沟通是比较少的。"

第二，工作对个体心理层面的渗透。这类型的工作角色侵入表现为员工即使身处家庭域，心理上却仍然无法脱离工作的状态，甚至心理上时刻记挂着工作中的事情。如："如果手里面有危重病人，整个人处于一个神经紧绷的状态，因为他病情很重，随时可能发生一些病情变化之类的，在这种情况下，其他医生随时都可能会联系你。你回家之后你脑袋里面也要不停地想，这个病人今天病情有没有什么特殊变化，然后用药方面有没有什么地方没用到，或者说什么地方用的时候，我没有考虑到对他其他方面有没有损害，就要考虑很多方面的。"

第三，工作对家庭生活的干扰。工作对家庭生活的干扰表现为回到家仍然需要接听与工作相关的电话，处理与工作相关的事宜，甚至需要返回工作场所加班处理。如："有时候回家也会有工作上的事打电话过来，需要在电话上处理，有的时候需要你回去处理你就去一下，然后不需要我们就电话沟通都可以。"

第四，工作作息与家庭的不匹配。如："牙科诊所它跟别的工作不一样的地方就是它大部分周六周日都不能够休息的，这样子的话你跟家人的休息时间是不匹配的。"

（三）家庭支持资源

家庭支持资源包括来自家庭的情感性支持和协助以及信息和物质资源等。关于支持的来源，中国家庭中的支持主要依托家庭成员，包括家中配偶的支持、老人的支持。相对于欧美等国家来说，中国对"孝道"的推崇，使家庭中年轻人对父母承担了更多的赡养责任。当然中国文化中"家"的概念较宽泛，"三代同堂""四代同堂"的家庭构成，也让中国家庭中的年轻人享受了更多的代际支持。在中国，一直有年幼儿童由祖父母或外祖父母照看的传统，来自员工父母的支持是家庭支持的主要内容。①

1. 配偶的支持

配偶支持是家中配偶表现出的情感支持和对共有家庭事务的分担。和过往研究一样，在中国情境下配偶的支持成为跨界增益重要的家庭支持资源。家中配偶的支持在工作域有非常重要的影响，主要包括对工作情感层面的支持鼓励以及对工作表现上工具性层面的帮助。在中国情境下，配偶是家庭的重要成员之一，配偶支持有助于其工作域角色表现有以下具体表征。

第一，配偶对加班工作的理解和支持。配偶协助对方处理扩张性的工作需求，可以直接有效地解决工作中的问题。如："其实我老公还

---

① 林忠、鞠蕾、陈丽：《工作—家庭冲突研究与中国议题：视角、内容和设计》，《管理世界》2013年第9期。

是挺支持我的，我有时候要去加班，然后他会陪我去，然后会送我去，也会带着孩子一起去支持我配合我。"

第二，配偶对工作机会的鼓励和积极情绪。配偶传递的支持和理解，会增强对方发展事业的信心和勇气。如："她会对你找新工作，换工作很支持，主要表现在当你找了新工作她（妻子）会很开心，她是不会给你泼冷水的，然后会鼓励你继续走下去。"

第三，配偶协助解决共同的家庭事务和投资决策。配偶在家庭共同事务上有较好配合度和参与度的家庭，夫妻相处的模式和沟通的方式会更加契合。家庭事务及时有效处理不仅有利于家庭成员的和谐共处，也会分担对方家庭事务的压力，不至于产生家庭需求对工作的干扰，可以在工作中保持更好的状态和表现。如："他就是家里的大事情，他操的心就比我多，他更喜欢钻研一些，就比如说买房子这个事情嘛，其实从选房到区位到户型这些他研究的比我多得多，在这个方面是有很大帮助的，就是说他愿意去研究这些家里的大事。"

第四，配偶分担经济压力，减弱工作压力。经济独立的配偶，可以减缓另一方在经济负担上的压力。在中国，女性受教育水平逐渐提升，女性在职场上也逐渐崭露头角，拥有自己的事业，也有独立的经济能力。这些能够在很大程度上减轻丈夫在事业发展上的压力。如："因为妻子的收入还可以，她会让我在工作上的压力没有那么大。"

2. 老人的支持

老人支持是家庭共居的老人（指夫妻一方的父母亲）表现出的情感支持和对家庭事务的分担。相较于西方国家的研究，中国情境下角色资源跨界增益的另一个重要家庭支持资源是家中老人支持。中国家庭中老人支持在双职工家庭和学龄前儿童家庭中表现得特别明显，老人支持也切实为年轻人更好地工作提供了保障。在中国情境下老人支持有助于其角色表现有以下具体表征。

第一，家中老人帮忙照顾小孩和料理家务，减轻了家庭负担。在中国，特别是对于学龄前孩子的照料和陪伴，家中老人为年轻人分担了很多。白天年轻人上班无暇顾及家庭，家中老人分担照顾孩子的责任。部分家庭由于上一辈是多子女，家中老人还要彼此分开分担不同子女养育孩子的压力。如："我们这个家庭之前父母的话就帮我们带娃，主要是父母分担了我自己对家庭这一块的（负担）。""她（母亲）帮我们照顾小孩，然后还有家里面各方面的生活，吃穿这一块，还有家里面卫生之类的都是老人在承担。""你看我妈前几年一直帮我带小朋友，今年小孩大了，我也不想她一个人在这边，我爸爸又在另外一边。"

第二，家中老人协助家庭应对突发事件。当家庭出现孩子生病住院等突发事件，为了保证年轻人正常上班，家中老人也会前来支持。如："你看孩子这一次（生病住院）他外婆、奶奶都过来支援了，我们还是挺好的，遇到这种家庭突发事件的时候，大家还是会尽他们所能来帮我们。"

第三，家中老人为家庭提供经济支持。在中国，结婚买房、买车等，家中老人会尽其所能地提供帮助。如："他奶奶有时候会给我俩钱，比如说这次孩子生病她给了三千块钱。""这次全款买房，双方父母把自己养老的钱都拿出来支持我们了。"

第四，家中老人利用人生阅历为其提供工作发展的建议。家中父母的人生阅历和工作中积累的人脉关系、经验教训会在年轻人面临工作困境或抉择时给予更好的建议，也可以用自己事业积攒的人脉资源去帮助子女事业的发展。如:"我老公父母在工作中是取得一定的成就,包括业务上,人情世故这些,我觉得听他们的没问题。我老公是个牛性子,但是工作方面他会听爸妈的建议。"

(四) 家庭角色压力

在中国情境下,学龄前家庭面临很多共性的家庭角色压力。因为孩子年幼,孩子的父母需要在职场打拼,换取更多有利于家庭的资源,孩子的照护就只能请求家中老人帮助分担。因此,很多家庭的结构变成三代人共居。由于成长年代的差异导致家中老人和年轻人在家庭事务的很多观念上比较容易产生分歧,特别是面对孩子的养育问题,容易产生家庭关系矛盾。在中国,家庭角色压力主要包括家庭关系矛盾和养育压力。

1. 家庭关系矛盾

家庭关系矛盾是家庭成员之间的关系紧张状态,主要包括与配偶之间的关系和与家中老人相处的问题。

第一,与配偶的关系矛盾,会耗费大量情感和精力处理家庭关系。与配偶产生矛盾时,需要投入时间和情感精力去处理,会连续几日对工作状态造成影响。如:"如果吵架了,然后有的时候我们会聊,就会一直聊到(夜里)两点三点,然后就很晚才睡,然后你第二天起来你就懵了(头脑不清),然后你去上班你就觉得自己是晕的。"

第二,以婆媳关系为代表的两代人的关系矛盾。在中国家庭的关系中,婆媳关系表现得微妙且最难以处理。由于家庭内部关系的整体性和连带性,婆媳矛盾会演变成其他家庭矛盾,如夫妻关系紧张。婆媳关系的脆弱性和敏感性，使得婆媳关系在家庭关系中最为薄弱，众多家庭矛盾和家庭悲剧由此产生。① 如："婆媳关系的话确实带来了很大的一个困扰，（因为婆婆的事）之前我跟他（丈夫）可能就是天天吵架，就是因为这个事情可能过不了，就是过不了一会儿就吵架吵得挺凶，然后我就是会把最坏的那些打算都想一遍，就是这种状态，然后大家都很不开心，然后导致自己的情绪状态也不好嘛，就是个人和家庭关系，夫妻之间的关系也会特别的差，无心工作这种感觉。"

2. 养育压力

养育压力是在养育子女过程中经受的身心压力感，如子女照料压力、教育压力等。在中国，幼儿教育并未被纳入义务教育的范围，部分城市区域并不能保证每个孩子都获得公立幼儿园学位，这会增加家庭在经济方面的养育压力。此外，年轻人白天需要上班处理繁重的工作任务，下班回家还要履行照顾和陪伴子女的义务，学龄前儿童陪护需求更高，会带来更大的养育压力。如："家庭孩子生病什么的照料太累了，真的没有办法，他太小了，你晚上根本没有睡好觉，你第二天早上还要起那么早去上班，根本就上班是懵的（头脑不清），不知道自己能做什么，然后也没有办法思考。"孩子长大入学后，还要考虑孩子的功课辅导、教育规划等问题。本次访谈的家庭孩子均处在学龄前阶段，精神上的养育压力更多来自幼儿照护和陪伴，经济上的养育压力主要来自各类型的早教费用、家庭雇佣人员费用和托育学费、延时培训费等。

---

① 黄丽芬：《20世纪80年代以来中国婆媳关系的历史变迁——以北京市平谷区Y镇为例》，《人口与社会》2021年第3期。

(五) 个体心理资源获取

个体工作角色参与中会收获积极心理资源,同样在家庭角色域的参与中也会收获积极心理资源。角色参与可以提高个人的自我价值感、积极情绪等。[①] 在中国情境下,这些可以跨界增益的积极心理资源主要包括自我价值与效能、积极情绪与心态、工作投入。

1. 自我价值与效能

自我价值与效能是个体对自我价值和自我效能的评估,主要包括自我成就感、自我价值感、自我效能感等。在中国情境下,自我价值与效能有以下具体表征。

第一,工作中的事件,让员工感受到自我的成就感。这种感受源于工作中个人的努力,有被认同、尊敬和欣赏的心理感受。如:"有时候会觉得工作上面的话,比如说病人康复之后会有一定的成就感。"

第二,工作本身就是实现自我价值的一种方式。个人总是渴望自己可以为社会作出贡献,实现自我的价值,而工作是收获这种自我价值的良好途径。如:"参与一份工作的话,你在家庭里自我的那种价值感是会有一个体现的。"

第三,工作中的进步,让人产生自我效能感。在工作中可以施展才华,也可以通过完成任务挑战不断地提升自我,以增强自信。那些自我效能感更高的人可以有效地工作,可以为工作之外的生活角色参

[①] Rothbard, N. P., "Enriching or Depleting? The Dynamics of Engagement in Work and Family Roles", *Administrative Science Quarterly*, 2001, 46 (4): 655-684.

与节省资源。① 如:"因为我老公以前跟我是同一个公司,他能看到我每天做哪些事情,他就觉得我做这一块,他觉得我做得很好,也很厉害,真的我提升了(自己)。"

2. 积极情绪与心态

积极情绪与心态是个人表现的积极情绪与积极心理状态,如开心、快乐、愉悦感等。在中国情境下,个体积极情绪与状态有以下具体表征。

第一,源于工作的快乐感。工作的职责使命会让个体在履行职责时,能够看到因个人努力而发生的改变,体验积极的情绪。如:"作为医生的话当然是在医疗中让病人得到很好的医疗体验,这件事情会让你感到很快乐。比如说我们牙科医生在让病人能够正常地吃上饭之后,然后患者的这种开心,你就会觉得很快乐。"

第二,源于工作的愉悦感。如:"我比较喜欢,主要干的还是技术工作,技术工种的话,然后自己能决定的事情很能够决定,所以说就比较心情舒畅。人的心情变好,会对家庭的参与有帮助,带娃会更有耐心,跟老婆相处会更有耐心一些。"

第三,放松的状态。部分工作的性质使工作和家庭处于分离状态,这种状态很好地守护了工作和家庭之间的边界,让繁忙的工作能隔离在家庭时间之外。如:"回到家里以后就是完全不用想工作上的事情了,就是没有那种压力了。"

---

① Judge, T. A., Bono, J. E., "Relationship of Core Self–Evaluations Traits–Self–Esteem, Generalized Self–Efficacy, Locus of Ccotrol, and Emotional Stability——With Job Satisfaction and Job Performance: A Meta–Analysis", *Journal of Applied Psychology*, 2001, 86 (1): 80–92.

3. 工作投入

工作投入是工作中个人持续、积极的情感激活状态，表现为工作的活力、专注等。工作投入源于心理上对工作的认同，并将工作绩效视为一个人价值的体现。个体从角色域收获角色资源的过程中，会有积极的感受，那些从家庭域收获更多家人支持的员工，在工作中也会投入度更高。更好的工作投入可以获得一些有价值的资源（如更多的知识和技能，更积极的情绪），有了这些收获，在家庭角色中的生活就可以得到改善。[1] 当然一个角色领域的资源投入和状态在"互惠交换"的准则下会收获同等价值的资源。在中国情境下，工作投入的具体表征有以下几种。

第一，工作的活力感。如："因为家庭的支持，然后包括老人的支持和配偶的支持，然后会让我在工作上更有干劲，更有活力。"

第二，工作的动力足。如："有家人的这种需求吧，也是你工作的一个动力，不是只为了自己而工作，而为了整个家庭你的动力会大一些。"

（六）个体心理资源耗损

个体心理资源耗损相较于个体资源获取是相互独立的两个系统。因此，在角色参与的过程中个体在耗损自身资源的同时，也在获取角色资源以不断地补给个体资源的耗损。在中国情境下个体心理资源的耗损主要体现为消极情绪与状态和身心疲惫感。

1. 消极情绪与状态

消极情绪与状态是个体在工作角色或家庭角色的参与过程中表现

---

[1] Lapierre, L. M., Li, Y., Kwan, H. K., et al., "A Meta-Analysis of the Antecedents of Work-Family Enrichment", *Journal of Organizational Behavior*, 2018, 39 (4): 385-401.

出的消极情绪和心理状态。在中国情境下，消极情绪与状态的具体表征有以下几种。

第一，工作导致情绪压抑。由于工作角色需要时刻注意自己的言行举止的合理性，也要处理各种各样的工作域的沟通事务，会消耗大量的个体情绪资源，带来情绪压抑感。如："我觉得（工作）给我的还是压抑的成分比较多，因为在工作上面的时候，感觉整个人就要收敛自己的情绪，因为更多时候遇到不同的人，你整个人的话，还是很负面的。"

第二，家庭事务导致消极情绪。对于学龄前家庭来说，孩子普遍相对年幼，生病的概率大，照护孩子的过程中会耗费家长大量的时间和精力，导致消极情绪。如："我觉得小朋友生病你会请长一点的假期，然后你工作事情就会被堆起，而且有时候就电话打给你，又着急什么的，我就觉得有点烦躁。"

2. 身心疲惫感

身心疲惫感是指个体在身体上和心理上的疲乏感。中国情境下，身体疲惫感的具体表征有以下几种。

第一，工作导致的身体疲乏感。因为工作过度的角色需求和压力，工作时长过长，导致个体的身体状态不能承载任务量，产生身体的疲乏感。如："因为我们上班的时间很长，然后休息的时间太少了，我更多时候回家会更想自己能够休息好一点。"

第二，工作导致的心理疲乏感。在工作中需要处理大量的人际关系和沟通事务，心理上也要反复去思考解决工作问题和完成工作任务的方法，导致心理疲乏感。如："工作上特别烦躁的时候，有时候会回家不想说话，其实我是累到不想沟通。"

第三，家庭导致的身心疲惫感。照料孩子不仅会耗费体力精力导致身体的疲惫感，同时也需要不断地和孩子沟通，导致心理上的疲乏感。如："你如果在家里很烦，然后你去工作的时候你就无心工作，比如说家庭孩子生病什么的照料太累了，真的没有办法，他太小了，你晚上根本没有睡好觉，你第二天早上还要起那么早去上班，根本就上班是晕的，不知道自己能做什么，然后那东西也没有办法思考。"

（七）工作—家庭关系动态变化的阐释

基于资源稀缺假说，个体的时间和精力是固定且有限的，员工身兼工作和家庭双重角色带来一系列消极矛盾。基于角色增强假说，参与一个角色会收获角色资源，可以提高另一个角色的表现和生活品质。从本次访谈中发现，角色资源的获取和耗损是相对独立的系统，工作—家庭关系的判断和理解需要一个长期的过程，由每日的变化所共同决定。我们在工作与家庭角色的参与中获取角色资源的同时也面临资源的耗损，导致工作家庭关系呈现出冲突和增益动态变化。中国文化情境下，工作—家庭关系的动态表征有以下体现。

第一，工作—家庭增益占据了工作家庭生活的主导地位。如："我觉得工作与家庭之间其实是一个很良性的东西，工作与家庭这种积极的东西更强一些。"

第二，工作—家庭冲突/增益是波动存在的，工作—家庭冲突占据了工作家庭生活的主导地位。从长期来看，工作—家庭冲突或工作—家庭增益的状态呈现出短期的不断波动和交替，在长期基于多次的资源交换质量而稳定下来。如："工作与家庭之间的冲突和促进是呈波动的状态，交替存在的，我有时候就觉得这个工作对生活中很多东西其实对我家庭有一些积极的东西,有时候就觉得家里面有突发情况的时候,就会觉得有很无力的这种感觉,如果是要有一个占比的话,感觉还是家庭就是说不好的一面,就家里面发生事情,自己无力的时候,这种体验感更多一点。"

第三,工作—家庭冲突是短暂的。从短期角度,工作家庭之间的冲突事件是短期或阶段性存在的,一般随着事件的处理和问题的解决以及伴随个体资源耗损的及时补充,工作—家庭冲突的关系会消失。如:"(工作与家庭)冲突是非常短的,即使出现了刚刚那种冲突的情况,如果真的有这种冲突,其实单位它是可以理解你,支持你协调,就是说你可以不去做这件事情,先把家里的事情弄好,当然它是可以做到这样的。"

第四,工作家庭冲突、增益感均不强,工作—家庭分离感更强。认为工作和家庭域之间是相互分离的状态,彼此的影响很少。如:"我觉得这两个关系不管是冲突的还是相互促进都比较少,我的工作跟我的家庭真的切割得挺干净的,就没有太大的那种交互的空间,因为我们工作其实相对来说不会对家庭侵入过多,我除了冲突感受不强,那种促进感也是不强的。"

五 结论与管理政策建议

(一)研究结论

在中国文化情境下,通过对学龄前儿童家庭的访谈,切实收集访谈文本数据,借助程序化扎根理论方法研究,构建出工作—家庭冲突/增益的资源耗损和获取路径模型,得到以下重要结论。

第一,中国文化情境下,工作支持资源包括工作家庭友好氛围和上司家庭友好行为；工作自身资源包括工作收入、工作经验与技能、工作自主性、工作人脉与条件；家庭支持资源包括配偶支持和老人支持；工作需求扩张包括工作角色过载、工作角色侵入；家庭角色压力包括家庭关系矛盾和养育压力。

第二，个体的心理资源获取包括自我价值与效能、积极情绪与心态、工作投入；个体心理资源耗损包括消极情绪与状态和身心疲惫感。

第三，工作支持资源、工作自身资源、家庭支持资源是工作—家庭增益的重要角色资源，个体心理资源获取的多寡直接决定工作—家庭增益的水平，呈现"工作—家庭增益的资源获取路径"。工作需求扩张和家庭角色压力是工作—家庭冲突面临的角色需求压力，个体心理资源耗损的程度直接决定工作家庭冲突水平，呈现"工作—家庭冲突的资源耗损路径"。

（二）中国文化情境下工作—家庭关系管理政策建议

中国文化情境下，企业工作—家庭关系管理的对策建议，可以从组织家庭支持资源、工作自身资源、家庭支持资源三个方向去思考。

1. 将企业家庭友好实践纳入员工帮助计划

中国文化情境下，企业家庭友好实践是员工在工作领域收获的重要支持资源。特别是直接的上司或主管表现出的家庭支持行为。主管/上司是组织的代言人，能够促进家庭支持型组织文化的形成。[①] 主管对企业制度的解读和执行，决定了企业层面的家庭友好制度能否落地，

---

① Straub, C., "Antecedents and Organizational Consequences of Family Supportive Supervisor Behavior: A Multilevel Conceptual Framework for Research", *Human Resource Management Review*, 2012, 22 (1): 15-26.

也是企业众多制度的执行者。在正式制度中，应该考虑员工兼顾工作家庭角色的现实需求，同样也需要注意主管家庭友好行为的灵活性，能够根据员工实际需求情况，有针对性地满足不同员工的差异化家庭需求。① 因此，"家庭友好行为"可以作为组织内部人力资源服务的重要内容，将家庭友好行为纳入员工帮助计划。

主管对部门员工的家庭友好行为可以作为"主管培训"中的创新式工作—家庭关系管理的组成部分，鼓励主管在日常的管理中表现出对员工的家庭友好行为。在培训中，主管家庭友好行为的员工帮助计划内容应该重点关注以下几方面。

第一，培训主管表达对员工的情感支持和理解。主管可以花时间去了解员工的家庭需求，倾听员工工作与生活之间的现实问题，向员工表达关心、理解和支持。

第二，鼓励主管在权限范围内尽量给予员工具有实质意义的帮助。当员工切实遇到工作家庭的困难时，主管可以协助员工更好地处理工作事宜，并为员工平衡工作家庭需求提供切实帮助，用高效的方式来解决现有问题。

第三，主管应该以身作则，拥有积极的工作家庭观念，成为平衡工作家庭的好榜样。在生活中也可以将自己兼顾工作家庭的友好经验分享给下属，传递工作与家庭双赢和正向互动的理念。

第四，鼓励主管结合部门实际，探索创造性的工作—家庭管理方式。在提高工作效率，合理配备工作人员，满足本部门业务需求的前提下，应该充分考虑每个员工工作家庭角色的现实需求，让员工和企业都获益。

---

① 马红宇、邱慕梦、唐汉瑛等：《家庭支持型主管行为研究述评与展望》，《外国经济与管理》2016 年第 10 期。

2. 从"资源增益"的视角，不断丰富工作域自身资源

整个质性研究的模型，均证实了工作自身资源对工作和家庭生活以及平衡工作家庭需求产生的重要作用。工作需要通过不断的精心设计和丰富化以提供重要角色资源，工作自身资源可以直接作用于家庭角色域，也可以通过增加个体心理资源去影响另一角色域的表现和生活品质。工作家庭关系是动态变化的，在工作家庭参与的过程中不断地投入和收获资源，工作—家庭的冲突更多与长期的资源耗损有关，而工作—家庭增益更多与长期的资源获取有关。企业应该从"互惠交换"的视角去理解企业与员工的关系，管理者应该将工作自身资源（工作收入、工作自主性、人脉关系与条件等）视为对员工的"人力资本"投资，而不是企业花费的"人力成本"，通过视角的转换企业将在更高水平的绩效中受益。在中国文化情境下，应该重点关注以下工作自身资源及其管理对策。

第一，重视薪酬、工作绩效考核、岗位职责的匹配性。企业以"人力成本"的视角去看待发放给员工的薪酬，在成本思维下会不断地增加员工工作职责任务。一方面，可能直接导致员工角色压力过载，影响工作的状态。另一方面，也会严重地侵入员工家庭边界，给员工带来资源的耗损感，甚至导致工作—家庭冲突。因此，企业应该从"人力投资"和"资源增益"的视角去看待给员工的"报酬"。员工薪酬应该具有科学合理的结构，在绩效方面的收入应该严格执行绩效考核的结果，而绩效考核需要基于工作说明书中的岗位职责去制定相应的考核指标。目前对于学龄前儿童家庭，员工的经济层面负担较重，事业也处在上升期，工作收入对于家庭而言是非常重要的经济支持，合理满意的薪酬水平不仅是对员工价值贡献的肯定，也有利于员工获

得更好的家庭生活品质。

第二，加强员工经验、技能、工作条件的可获得感，为员工创设学习和职业成长的机会。员工在工作域收获的知识、经验、技能以及享有的人脉资源和条件，一方面，可以增强个人的自我价值感、成就感等个体心理资源；另一方面，也可以直接应用于家庭角色域，协助个体扮演家庭角色。工作自身资源是一个综合性的资源，不仅包括工作收入等物质资源，也包括非物质类的认知资源。企业在重视物质资源与员工工资—业绩的匹配性的同时也应该不断地去丰富员工对非物质资源的获得感。在中国，依附工作的人脉资源、信息资源以及便捷的条件资源，也会对员工工作获得感产生极大的影响。借助工作的便捷性，为员工创设平衡家庭角色的条件资源，如部分中小学教育集团的员工子女可以享受入学的一些优惠政策，这可以解决很大一部分员工的孩子教育压力。

第三，加强家庭友好型的工作自身资源，如弹性工作安排、工作自主性等。在过往的人力资源实践中更多思考了如何获取更好的组织绩效等问题，如今我们逐步发现员工和企业的利益是需要兼顾的，需要一个双赢的决策。在中国文化情境下，中国人更容易将工作和家庭角色结合起来，他们认为工作角色和家庭角色是一个统一的整体，他们工作是为了更好地生活。① 因此管理者需要去思考如何减少员工的通勤时间，如何创设员工的工作自主空间以及如何增强员工的工作体验感。那么，在工作性质允许的情况下，灵活的工作场所实践、弹性的工作时间、远程办公、人性化的上班制度和调休制度，正在成为帮助

---

① Chen, W., Zhang, Y., Sanders, K., et al., "Family-Friendly Work Practices and Their Outcomes in China: The Mediating Role of Work-to-Family Enrichment and the Moderating Role of Gender", *The International Journal of Human Resource Management*, 2018, 29 (7): 1307–1329.

员工平衡工作和家庭角色的重要尝试。由于工作性质而很难实现弹性和自主性工作的单位，可以在充分了解员工家庭角色需求的基础上，有针对性地制定相应的政策，如可以开设或引进日托机构，解决孩子的照护问题。

3. 守护员工工作—家庭边界，减少角色需求的跨域扩张压力

工作与家庭是两个拥有独立边界的角色域，"工作家庭两不误"的前提是拥有相对平衡的边界。工作需求的扩张，一方面会带来角色的过载，在工作领域耗费过多的时间精力；另一方面也会因为工作需求的扩张而导致工作的边界向家庭边界移动，表现为工作对家庭的侵入。因此，管理者需要重点思考以下问题。

第一，将工作家庭视为统一的整体，去综合考虑工作需求和员工家庭需求。工作需求扩张会有一些表现，如员工经常加班、抱怨工作、工作状态欠佳等。家庭需求扩张也会有一些特定的原因，如孩子年幼、缺少家庭支持、夫妻感情危机、家人生病等。管理者应该在管理中擅于观察和帮助员工应对角色的需求。在面对工作需求向家庭需求扩张时，首先，应该与员工共同分析需求扩张的原因和员工职责范围，帮助员工梳理工作职责和工作要求。其次，面对工作需求扩张，管理者应该更多地表达对员工的关怀支持，将员工的贡献转化为报酬及时地给付员工，如加班工资、带薪休假、加班调休，甚至可以允许员工远程办公等。如果仍然无法解决，管理者应该合理化员工工作量的配置，适当地压缩职责范围。最后，面对家庭需求扩张，管理者应该切实了解员工家庭现阶段面临的难题，协助员工及时地解决冲突，如允许员工请假、适当减少工作压力、表达组织的关心和支持等。

第二，企业可创设企业与员工家庭之间的沟通互动平台。企业是

员工工作边界的守护者，家人是员工家庭边界的守护者，两者关系的亲疏，也会影响对角色需求扩张的理解。在中国文化情境下，家人对员工的工作都是非常重视和尊重的，但很少有机会到员工的单位切实了解工作的性质、环境条件、工作强度等。家人始终有一种"不给组织添麻烦"的心态。为促进家庭和企业更好地沟通了解，企业可以定期组织一些参观活动和联谊会，维护彼此的关系；也可以用适当的方式直接表达对家属支持工作的感谢，如春节期间的感谢信和礼物等；也可以加大对员工的人文关怀，满足员工的一些家庭需求，如帮助员工挑选重要的节日礼物，如母亲节、父亲节、情人节等。这些都是有助于边界之间实现稳定平衡的重要措施。

4. 丰富家庭支持资源，共创温馨和谐的家庭氛围

中国形成了完整而严密的传统家庭/家族制度，包含家庭的各种关系，即夫妻关系、亲子关系、亲属关系、小家庭与家族的关系、家族与外部的关系，通过社会化内化于社会成员的意识，在文化上对它也加以支持和维护。[①] 在中国文化情境中，家庭中老人和配偶的支持成为跨界增益的重要家庭支持资源。家庭支持资源不仅可以直接有利于工作的表现，也可以通过增强个体的积极心理资源间接作用于家庭对工作增益。本次访谈的学龄前家庭中，老人为家庭分担了孩子照护压力、家务劳动等事务，让家中年轻人可以在职场无后顾之忧地拼搏。老人奉献了大量的时间和精力来支持家庭的正常运转，甚至部分老人与自己的配偶为了子女的小家庭需求还处于分居两地状态。基于此，从员工家庭角度，也需要不断地改善家庭氛围，具体可以关注以下方向。

---

① 马春华、石金群、李银河等：《中国城市家庭变迁的趋势和最新发现》，《社会学研究》2011 年第 2 期。

第一，从员工的角度，在家庭中应该更多以感恩的心态面对父母的付出。尽可能在现有家庭模式的基础上，鼓励和支持老人建立自己的人际交往圈，这可以让父母的老年生活有更多情感上的寄托。老人有更加愉悦的生活体验，也可以在一定程度上减少家庭关系矛盾，如婆媳关系，保有更丰富的家庭支持资源。

第二，从夫妻关系的角度，夫妻之间需要在事业上相互理解、支持和鼓励。对于双职工家庭而言，充分地了解对方工作的性质并保持尊重，可以从情感上给配偶工作带来极大的动力。由于夫妻关系的矛盾成为家庭角色压力之一，应鼓励夫妻之间形成相互统一的认知并探索有效的沟通方式，积极处理家庭关系矛盾，减少个体心理资源的耗损。

第三，从养育子女的角度，夫妻之间在养育子女的问题上要尽量多参与多沟通，形成意识层面的统一，减少不必要的家庭矛盾，减缓家庭养育压力和个人心理资源的耗损。在中国，部分家庭存在一种"丧偶式育儿"状态，即父亲角色严重缺失，由孩子的母亲承担主要的养育责任，女性对男性缺席子女教养的负面情绪也极易转化为对婚姻生活的失望。[①] 不论从家庭长期情感的稳定还是履行家庭身份职责角度，共同参与子女的成长教育都有助于创造温馨愉快的家庭环境。

六 本章小结

首先，通过开放式编码，抽取出 17 个初始范畴，分别为工作家庭友好氛围、上司家庭友好行为、工作收入、工作经验与技能、工作自主性、工作人脉与条件、工作角色过载、工作角色侵入、配偶支持、

---

① 郭戈:《"丧偶式育儿"话语中的母职困境与性别焦虑》,《北京社会科学》2019 年第 10 期。

老人支持、家庭关系矛盾、养育压力、自我价值与效能、积极情绪与心态、工作投入、消极情绪与状态、身心疲惫感。

其次，通过主轴编码，继续发展出7个主范畴，即工作支持资源、工作自身资源、工作需求扩张、家庭支持资源、家庭角色压力、心理资源获取、心理资源耗损。

再次，通过选择性编码，提炼出"工作—家庭冲突/增益的资源耗损与获取路径"为核心范畴，围绕核心范畴的故事线可以描述为，工作支持资源、工作自身资源、家庭支持资源是工作—家庭增益的重要角色资源，个体心理资源获取的多寡直接决定工作—家庭增益的水平，呈现"工作—家庭增益的资源获取路径"。工作需求扩张和家庭角色压力是工作—家庭冲突面临的角色需求压力，个体心理资源耗损的程度直接决定工作家庭冲突的水平，呈现"工作—家庭冲突的资源耗损路径"。

最后，在中国文化情境中，结合理论模型路径，提出企业工作—家庭关系管理的对策建议。

第一，将支持员工家庭角色的友好行为纳入员工帮助计划。主管表达对员工的情感理解和支持；主管在力所能及的范围内尽量给予员工具有实质意义的帮助；主管应该以身作则，拥有积极的工作家庭观念，成为平衡工作家庭的好榜样；鼓励主管结合部门实际，探索创造性的工作—家庭管理方式。

第二，守护员工工作—家庭边界，减少角色需求的跨域扩张压力。一方面，将工作家庭域视为统一的整体，去综合考虑工作需求和员工家庭需求。另一方面，企业可创设企业与员工家庭之间的沟通互动平台。

第三，企业从"资源增益"的视角，不断丰富工作域自身资源，重视员工薪酬、工作绩效考核、岗位职责的匹配性；加强员工经验、技能、工作条件的可获得感,为员工创设学习和职业成长的机会;加强家庭友好型的工作自身资源,如弹性工作安排、工作自主性等。

  第四,丰富家庭支持资源,共创温馨和谐的家庭氛围。从员工的角度,在家庭中应该更多以感恩的心态面对父母的付出;从员工配偶的角度,需要在事业上的相互理解、支持和鼓励;从养育子女的角度,夫妻之间在养育子女的问题上要尽量多参与、多沟通,形成意识层面的统一,减少不必要的家庭矛盾,减缓家庭养育压力和个人心理资源的耗损。

第六章　组织支持感跨界增益与扩散的实证研究

本书前几章构建了三个理论层面的模型，包括角色资源累积与动态循环的理论模型、工作—家庭角色资源跨界增益的路径模型，以及中国情境下的工作家庭冲突/增益的资源耗损与获取路径模型。本章将在上述理论模型的指导下，继续开展实证研究以实证检验理论模型。第三章的角色资源累积与动态循环的理论模型论证提出跨角色领域中角色资源累积循环的动态循环主线，即"角色资源累积—跨界增益—角色评价—角色再投入"。第四章的工作—家庭角色资源跨界增益的路径模型指出角色资源获取会引发个体资源的改变，增强工作—家庭增益。第五章的工作家庭冲突/增益的资源耗损与获取路径模型指出中国情境下工作支持资源是跨界增益的重要角色资源，包括工作家庭友好氛围和上司家庭友好行为。基于此，本章和下一章将重点从工作支持资源角度，基于中国文化情境，选取组织支持感和家庭支持型主管行为作为前因变量，实证检验角色资源跨界增益与扩散的作用路径。

现有关于支持性角色资源跨界增益的作用机理研究中仍存在值得补充和完善的地方。

第一,工作领域支持性角色资源的挖掘更多强调了工作角色领域提供的与家庭角色相关的直接支持,如工作家庭平衡政策、工作家庭文化、家庭友好型工作实践、家庭支持型主管行为等。这让我们疑惑,难道只有与家庭相关的支持才会对工作—家庭增益带来影响吗?为解答这一疑问,本章基于社会交换理论,尝试从员工对组织支持的综合感知和评估的视角,回答当员工感受到组织的关心、支持和认同时如何影响工作家庭的正向互动。组织支持感(Perceived Organizational Support, POS)是员工对组织如何看待自身贡献和价值、关心自身的利益的一种综合知觉和看法。① 组织支持环境本身的差异,及其资源与个体期望适配度的差异,将会引发同一组织环境中互换的差异,形成差异化的组织支持感。基于此,尝试引入组织支持感作为影响工作—家庭增益的自变量,将传统关注组织对家庭角色参与性的支持,转变成关注组织对于员工自身价值贡献和个人福祉的关心。

第二,支持性角色资源跨界增益影响机理的系统性研究还不足。工作—家庭增益强调参与工作所收获的角色资源的跨界应用,在这个跨界影响中,可能并不是角色资源直接作用于另一个领域。当个体作为工作—家庭边界的跨越者,会产生对角色资源的感知和评价,其结果可能会影响个体心理资源的改变,进而影响界面另一端的角色行为和表现。那么需要回答:组织支持感对员工工作—家庭增益的跨界影响过程是否会经由个体感知和心理评价这一重要阶段?如果答案是肯定的,个体感知组织支持的差异会带来哪些心理因素和状态的改变?这种心理层面的变化又会跨界影响到家庭领域的角色表现和生活品质

---

① Eisenberger, R., Fasolo, P., Davis – LaMastro, V., "Perceived Organizational Support and Employee Diligence, Commitment, and Innovation", *Journal of Applied Psychology*, 1990, 75 (1): 51 – 59.

吗？因此，应从心理层面厘清组织支持感对员工体验工作对家庭增益的影响路径。初步证据表明，个体特征，如核心自我评价[①]和积极情感[②]，可能在增益的过程中发挥重要作用。

综上，本章通过文献与理论梳理构建研究模型，提出相关研究假设，试图立足中国文化情境探索组织支持感跨界增益与扩散的作用机理。基于社会交换理论，力图实证检验"支持性资源感知—个体心理资源改变—工作家庭增益—原角色域评价"路径。

一 组织支持感跨界增益的理论与研究假设

本模型的构建主要基于社会交换理论和资源保存理论，从"互惠交换"的视角理解角色资源跨界增益的本质，基于此分析工作角色领域支持性角色资源跨界增益的实现路径，理论模型如图 6-1 所示，即组织支持感影响工作满意度的作用机理研究和组织支持感影响工作—家庭增益的作用机理研究。接下来将详细阐述理论模型提出的理论依据以及所遵循的逻辑思路，论证变量选取的适用性及变量之间的关系假设。

通过文献梳理，目前从社会交换视角来理解和揭示工作家庭界面关系的研究较少。基于社会交换理论，主要从资源"互惠交换"的角

---

① McNall, L. A, Masuda, A. D., Shanock, L. R., et al., "Interaction of Core Self-Evaluations and Perceived Organizational Support on Work-to-Family Enrichment", *The Journal of Psychology*, 2011, 145 (2): 133-149.

② Michel, J. S., Clark, M. A., "Has it been Affect all Along? A Test of Work-to-Family and Family-to-Work Models of Conflict, Enrichment, and Satisfaction", *Personality and Individual Differences*, 2009, 47 (3): 163-168; Tement, S., Korunka, C., "Does Trait Affectivity Predict Work-to-Family Conflict and Enrichment beyond Job Characteristics?", *The Journal of Psychology*, 2013, 147 (2): 197-216.

度阐述以下观点。

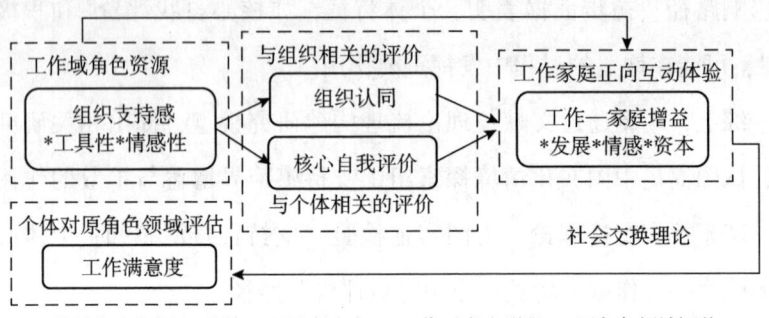

图 6-1　组织支持感跨界增益与扩散的模型构建

（图示内容：工作域角色资源（组织支持感 *工具性 *情感性）→ 与组织相关的评价（组织认同、核心自我评价）/ 与个体相关的评价 → 工作家庭正向互动体验（工作—家庭增益 *发展 *情感 *资本）；个体对原角色领域评估（工作满意度）；社会交换理论。下方标注：工作域角色资源—个体心理因素改变—工作对家庭增益—原角色领域评价）

第一，组织（工作场所）与员工之间，并通过员工个体与员工家庭之间存在基于"代价"和报酬的交换关系，尤其是基于情感和心理资源的互换。个体投入角色领域，以时间、精力、能力、情感等个体资源为"代价"，组织（角色领域）提供相应的角色资源为"报酬"，角色资源满足个体需求并符合个体期望的程度，反映了交换的质量。个体不仅需要通过资源累积增强个体资源以满足个体生存和成长需求，同时也需要将资源跨界应用以满足多重角色的参与需求。在模型中组织支持感是依赖于组织并参与工作角色收获的支持性角色资源，由于本章关注心理机制，因此把注意力集中到员工的组织支持感。

第二，角色资源的跨界增益是基于个体对角色资源跨界满足角色需求状态的评估。个体不仅需要通过资源累积增强个体资源以满足个体生存和成长需求，同时也需要将资源跨界应用以满足多重角色的参与需求。家庭是个体生活和满足需求的一种特殊方式，也是个体与组织（社会）互动交换的重要目标指向。因此，组织（工作场所）—个体—家庭的相互交往及其交往的质量和稳定性，一定程度地建立在相互的"代价"与"报酬"的基础上，取决于他们能否从交往中通过交换获得他们所需要的东西。某一角色领域收获的角色资源跨界满足个体另一角色需求，提升角色表现的程度，决定了角色资源跨界增益的水平。

第三，基于互惠交换原则，个体与工作、家庭间的良性互动体验将会进一步增强个体对原资源领域和跨界领域的积极态度和评价。① 这样一种积极的评价不仅是对自己的，同时也是对组织（工作或家庭）的。员工感知组织支持，会对原资源领域（工作领域）给予积极评价，产生认同感。组织对个人价值的肯定，也会增强个体对自身的积极评价。

社会交换理论是组织支持感领域研究的理论基础，而现有研究广泛关注了工作场所中的交换关系。② 但组织（工作场所）与员工之间，并通过员工个体与员工家庭之间构成了一个更大的资源整合系统，也必然存在交换关系，尤其是基于情感和心理资源的互换。家庭是个体生活和满足需求的一种特殊结构，也成为个体与组织（社会）互动交换的重要目标指向。本章力图探索组织支持感跨界增益实现的路径，从资源互惠交换的角度解释"组织支持感（角色资源）—个体心理资源改变—工作家庭增益—角色领域评估"之间的关系及工作—家庭增益发生背后蕴藏的心理机制；尝试引入组织认同、核心自我评价构建双中介模型，探索组织支持感跨界增益中，个体对角色资源感知和评估的这一重要的心理过程。

---

① McNall, L. A., Nicklin, J. M., Masuda, A. D., "A Meta-Analytic Review of the Consequences Associated with Work-Family Enrichment", *Journal of Business and Psychology*, 2010, 25 (3): 381-396; Tang, S. W., Siu, O. L., Cheung, F., "A Study of Work-Family Enrichment among Chinese Employees: The Mediating Role between Work Support and Job Satisfaction", *Applied Psychology*, 2014, 63 (1): 130-150.

② Wayne, S. J., Shore, L. M., Liden, R. C., "Perceived Organizational Support and Leader-Member Exchange: A Social Exchange Perspective", *Academy of Management Journal*, 1997, 40 (1): 82-111.

(一) 组织支持感与工作满意度的关系

社会交换理论认为人类的社会互动可视为一种互惠交换关系，这也为理解个人和工作组织之间的关系提供了基础。[①]"互惠"这一核心原则使得个体对组织给予的优待做出积极的反应。员工与组织之间也必然存在这种交换关系，尤其是基于情感和心理资源的互换。组织支持感是员工对组织重视自己的贡献并关注其幸福感的综合知觉。[②] 员工参与工作角色，需要付出时间、精力、人力资本等"代价"，以收获满足自身需求的金钱、精神等"报酬"。员工在角色领域收获的组织对自身贡献和福祉的关心，将有助于员工孕育积极的心理状态，产生正向的行为反馈，有利于实现组织与员工间的互惠交换。[③] 组织支持感重视员工贡献，提高员工绩效奖励期望值，也可以满足员工社会情感需求，有助于提升员工对工作或组织的积极评价和反馈，增强个体整体工作满意度。[④] 组织支持感关注员工的个人福祉，有助于员工正向情感的产生，正向情感能够为工作角色参与保有积极的心理状态，产生工作满意感。组织支持感在工作领域的积极作用已经得到大量实证研究的验证，如组织支持感对工作满意度和组织承诺有较强的正向影响。[⑤] 当员工认为组织在关心他们的福祉时，就会觉得有义务帮助组织。在这个

[①] Blau, Peter M., *Exchange and Power in Social Life*, New York: Wiley, 1964.

[②] Eisenberger, R., Fasolo, P., Davis-LaMastro, V., "Perceived Organizational Support and Employee Diligence, Commitment, and Innovation", *Journal of Applied Psychology*, 1990, 75 (1): 51–59.

[③] Shapiro, J. A. M., "New Developments in the Employee-Organization Relationship", *Journal of Organizational Behavior*, 2003, 24 (5): 443–450.

[④] Rhoades, L., Eisenberger, R., "Perceived Organizational Support: A Review of the Literature", *Journal of Applied Psychology*, 2002, 87 (4): 698–714.

[⑤] Riggle, R. J., Edmondson, D. R., Hansen, J. D., "A Meta-Analysis of the Relationship between Perceived Organizational Support and Job Outcomes: 20 Years of Research", *Journal of Business Research*, 2009, 62 (10): 1027–1030.

互惠的交换过程中，员工不断因为组织给予的关心支持而增加对组织的情感，产生对工作的满意感。为验证先前研究结论，提出以下假设：

H6-1：组织支持感对工作满意度具有正向预测作用。

(二) 组织支持感、工作—家庭增益与工作满意度的关系

社会交换理论主张人人都有可用于和别人进行交换的资源，包括实物商品、服务等有形资源和关心、尊重、积极情感、认同等无形资源。个体在与组织资源（物质、信息、情感、尊重、关爱等）交换中，组织支持感是组织所提供的与员工贡献相匹配的一种支持性资源，是员工因为投入工作角色领域所收获的支持性角色资源之一。组织支持感在满足员工情感支持和归属感等情感需求上发挥积极作用[1]，以实现组织与个体间高质量的互换。员工需求的满足是组织与员工间良性交换体验的结果，这不仅有利于员工在工作领域的良好表现，同时积极的情感资源也会在家庭角色领域参与中得以保存，有利于员工在家庭角色领域的表现和满足家庭角色参与的情感需要。[2] 如允许员工自行安排工作时间或因家庭事务的休假、表达对员工贡献的肯定或对员工工作家庭存在困难的关心等组织支持，能够减缓员工紧张并分担角色压力，使其更有信心、更愉悦。这样一种积极的心理状态将转移到家庭角色领域，继而为参与家庭角色储备积极的心理能量，并提升家庭角色领域的表现，体验工作—家庭增益。同时，个体与工作、家庭间的良性互动体验将会进一步增强个体在原资源领域和跨界领域的积极态

---

[1] Rhoades, L., Eisenberger, R., "Perceived Organizational Support: A Review of the Literature", *Journal of Applied Psychology*, 2002, 87 (4): 698-714.

[2] Wayne, J. H., Grzywacz, J. G., Carlson, D. S., et al., "Work-Family Facilitation: A Theoretical Explanation and Model of Primary Antecedents and Consequences", *Human Resource Management Review*, 2007, 17 (1): 63-76.

度和评价。① 当个体认为工作有助于增强家庭领域的角色表现时，个体体验到高水平的工作—家庭增益，会有助于增强个体的工作满意度。② 员工个人在其整个职业生涯中工作角色与家庭角色的相互转换是反复出现和恒定不变的，并且难以轻言工作角色与家庭角色孰重孰轻，这期间必然伴随不同角色资源的累积。组织支持感是一种因参与工作角色领域而收获的支持性工作角色资源，其有助于个体体验工作对家庭的增益，进而提升员工对工作的满意度。

综上所述，提出以下假设：

H6 – 2：工作—家庭增益在组织支持感与工作满意度的关系中起中介作用。

（三）组织支持感与工作—家庭增益的关系

组织支持感的结果变量研究更多关注对员工工作角色中心理与行为的影响，如工作满意度、离职倾向、组织承诺等。近些年，部分研究开始关注组织支持感对工作家庭界面关系的影响。社会交换理论通常用来解释组织支持感如何促进员工和组织产生积极行为。根据这一理论，在互惠的规范下，当一方善待另一方时，预期对方在未来会义务性回报使其获得有利待遇，并将互惠原则应用于个人或群体之间交换社会情感利益和物质利益。③ 工作中员工以投入自身资源为"代

---

① McNall, L. A., Nicklin, J. M., Masuda, A. D., "A Meta – Analytic Review of the Consequences Associated with Work – Family Enrichment", *Journal of Business and Psychology*, 2010, 25 (3): 381 – 396; Tang, S. W., Siu, O. L., Cheung, F., "A Study of Work – Family Enrichment among Chinese Employees: The Mediating Role between Work Support and Job Satisfaction", *Applied Psychology*, 2014, 63 (1): 130 – 150.

② Bhargava, S., Baral, R., "Antecedents and Consequences of Work – Family Enrichment among Indian Managers", *Psychological Studies*, 2009, 54 (3): 213 – 225.

③ Shore, L. M., Tetrick, L. E., Lynch, P., et al., "Social and Economic Exchange: Construct Development and Validation", *Journal of Applied Social Psychology*, 2006, 36 (4): 837 – 867.

价",以获取组织提供的一系列角色资源为"回报",实现与组织的互换,交换的资源可能涉及商品、信息和社会情感(如批准、尊重和关怀等)。交换的质量则取决于所收获的角色资源满足角色需求的程度。角色需求不仅包含工作领域成长和生存的需求,也包含角色资源跨界满足员工家庭角色期许的程度。组织支持感通过满足员工的社会情感需求,会促发员工积极的回报行为,如更好的绩效表现;同时员工也会拥有良好的心理状态,并有助于家庭生活中的表现。[1]

组织支持感的获取是以员工对组织有贡献价值为前提,是能够被员工感知的组织"回报"。一方面,组织支持感表现为员工对组织肯定自身价值和贡献的感知。这不仅决定了员工薪酬等物质层面的"回报"程度,也满足了员工对归属感、情感支持等社会情感的需要。基于此,个人得到组织有价值的"回报",会以积极的组织心理和行为来"回报"组织。[2] 这间接为员工满足工作家庭角色需求提供了物质保障和精神基础,需求的充分满足是组织与员工良性交换体验的结果。组织对员工工作和价值的肯定,也间接肯定了员工的工作技能、观点等发展性经验。[3] 而这些工作角色参与的经验提升了员工理解新观点和处理新事务的发展性能力,当员工回到家中可以继续更好地应用于与家人沟通和处理家庭事务上,最终提升员工家庭角色的绩效表现和生活

---

[1] McNall, L. A., Masuda, A. D., Shanock, L. R., et al., "Interaction of Core Self-Evaluations and Perceived Organizational Support on Work-to-Family Enrichment", *The Journal of Psychology*, 2011, 145 (2): 133–149.

[2] Rhoades, L., Eisenberger, R., "Perceived Organizational Support: A Review of the Literature", *Journal of Applied Psychology*, 2002, 87 (4): 698–714.

[3] Carlson, D. S., Thompson, M. J., Crawford, W. S., et al., "Spillover and Crossover of Work Resources: A Test of the Positive Flow of Resources through Work-Family Enrichment", Journal of Organizational Behavior, 2019, 40 (6): 709–722.

品质。① 另一方面，组织支持感也表现为员工对组织关心自身福祉的感知。那些关心员工福祉的企业，对员工遇到的困难表达理解并切实提供帮助。这不仅可以协助员工协调与整合工作与家庭角色需求，实现高质量的互换，同时也有助于减缓员工多重角色参与的紧张和压力，使员工保有更强烈的信心和更愉悦的心境，即使切换到家庭领域，积极的心理资源也能带来心理能量，有利于家庭角色的表现。因此，组织支持感的跨界渗溢有助于员工更好地扮演家庭角色，提升生活的品质。

综上所述，提出以下假设：

H6-3：组织支持感对工作—家庭增益具有正向预测作用。

（四）组织认同与核心自我评价的双中介作用

增益可以描述为一个资源累积的过程，角色领域资源能够增强个体资源（个体特质和能量），通过有效利用个体资源以提升在另一角色领域的表现。② 哪些个体心理资源能够有利于工作—家庭增益发生？Zhang 等③在此基础上提出有必要从工作—家庭增益的视角拓展个体心理资源的概念范围，将组织认同纳入其中，认为组织认同有利于增加积极态度或情感转移的机会。个体是多重角色参与的主体，同时也是角色资源跨界的载体，不同员工对组织支持的差异化感知与评估，会引发个体心理资源的改变，为跨角色参与蓄积情感能量，促进跨角色

---

① Greenhaus, J. H., Powell, G. N., "When Work and Family are Allies: A Theory of Work-Family Enrichment", *Academy of Management Review*, 2006, 31 (1): 72-92.

② ten Brummelhuis, L. L., Bakker, A. B., "A Resource Perspective on the Work-Home Interface: The Work-Home Resources Model", *American Psychologist*, 2012, 67 (7): 545-556.

③ Zhang, H., Kwong Kwan, H., Everett, A. M., et al., "Servant Leadership, Organizational Identification, and Work-to-Family Enrichment: The Moderating Role of Work Climate for Sharing Family Concerns", *Human Resource Management*, 2012, 51 (5): 747-767.

领域表现。本节内容关注组织支持感如何促发个体对组织的强烈认同，进而影响工作—家庭增益，即论证"组织支持感—组织认同—工作对家庭增益"的中介关系；组织支持感如何增强个体对自身的积极评价，进而有助于工作—家庭增益，即论证"组织支持感—核心自我评价—工作对家庭增益"的中介关系。

组织认同是员工与组织之间的心理和情感纽带，指员工对自身与组织的同一性和归属于组织的感知。[1] 社会交换理论认为，除薪酬等物质层面的交换资源外，个体与组织的互换也包括支持、信任、自尊等心理层面的资源交换。[2] 满足员工的情感需求会激发员工的"回报"义务，增强员工对所在组织的认同感。同时，社会交换理论也强调社会交换结果的价值取决于员工对获取的角色资源价值的主观感受，"互惠"原则和"回报"义务刺激员工"回报"组织。[3] 员工个体在组织、个体和家庭之间交换并实现交换目标的过程中，以及个体在不同角色的转换中，组织提供的支持资源越能够满足个体需求，个体将越倾向于对组织给予积极正向的评价，并增强对组织的认同。组织支持感也可以被视为一种对组织环境的认知性评估，同样有助于满足员工的认同感和归属感等社会情感需要。[4] 组织支持感是员工对组织环境的一种认知性评估，支持性的组织关注员工福祉，重视员工的贡献和价值。当员工感知到组织支持时，会认为在组织中是核心、有价值和被尊重

---

[1] Mael, F., Ashforth, B. E., "Alumni and Their Alma Mater: A Partial Test of the Reformulated Model of Organizational Identification", *Journal of Organizational Behavior*, 1992, 13 (2): 103 – 123.

[2] Cropanzano, R., Mitchell, M. S., "Social Exchange Theory: An Interdisciplinary Review", *Journal of Management*, 2005, 31 (6): 874 – 900.

[3] Blau, Peter M., *Exchange and Power in Social Life*, New York: Wiley, 1964.

[4] Lee, J., Peccei, R., "Perceived Organizational Support and Affective Commitment: The Mediating Role of Organization – Based Self – Esteem in the Context of Job Insecurity", *Journal of Organizational Behavior*, 2007, 28 (6): 661 – 685.

的个体。基于互惠交换原则，员工被刺激回报组织，进而增强个体对组织的心理依附和归属感，产生更强的组织认同。[1] Zhang 等[2]将组织认同视为一种个体心理资源，认为组织认同能够增强工作角色参与中所获得的积极情感和态度转移至家庭角色中的机会，组织认同较强的员工更倾向于感知到组织中工作和生活的意义，将投入更多的努力，也将更有机会获得跨角色领域渗溢的积极状态体验，将更多地关注家庭成员关系，更好地履行家庭责任。因此，员工会将组织的行动拟化为组织对自己的承诺。组织支持感是员工对组织支持环境的认知性评估和感知，个体对组织支持的感知将导致情绪反应，触发组织认同，这样一种心理资源能够触发跨角色领域积极情感的转移，实现跨界增益。

综上所述，提出以下假设：

H6-4a：组织认同在组织支持感与工作—家庭增益的关系中起中介作用。

在对工作家庭关系研究的文献回顾中发现，很少有研究关注个体特质的差异对于工作—家庭增益的影响。个体特质的差异会影响个体对情境的感知和应对策略，具备积极个体特质的人更擅长积极应对和管理工作家庭角色关系。核心自我评价是个体对自己潜在的价值、能力和效能的基本评估，可以用自尊、神经质（情绪稳定性）、控制点和一般自我效能四种特质来表述[3]，是一种自我概念和认知评价。Green-

---

[1] Edwards, M. R, Peccei, R., "Perceived Organizational Support, Organizational Identification, and Employee Outcomes", *Journal of Personnel Psychology*, 2010, 9 (1): 17-26.

[2] Zhang, H., Kwong Kwan, H., Everett, A. M., et al., "Servant Leadership, Organizational Identification, and Work-to-Family Enrichment: The Moderating Role of Work Climate for Sharing Family Concerns", *Human Resource Management*, 2012, 51 (5): 747-767.

[3] Judge, T. A., Bono, J. E., Erez, A., et al., "Core Self-Evaluations and Job and Life Satisfaction: The Role of Self-Concordance and Goal Attainment", *Journal of Applied Psychology*, 2005, 90 (2): 257-268.

haus 和 Powell①在工作—家庭增益理论中指出，角色参与所收获的积极核心自我评价（自我效能、自尊等）、对未来的积极情绪（乐观、希望）等个体心理资源能够有助于产生积极情感，并促进另一角色领域的表现。

社会交换理论认为社会交换结果的价值取决于当事人的主观感受，在社会交换关系中得到组织的认可和尊重是有价值的结果。②基于社会交换中的"义务回报"原则，员工感知组织支持，会更倾向于认为在组织中是有价值和被尊重的员工，不仅会对组织产生认同，也会对自己给予更加积极的评价。Bhargava 和 Baral③指出，组织支持是工作领域收获的角色资源，有助于员工整合多重角色需求，能够减缓员工多重角色参与所导致的紧张和压力，增强员工的满意度、自信心和心理能量，组织支持感有利于个体积极的自我评价。自我的积极评价、自尊感和自我效能感等又可视为促进工作—家庭增益的心理资源，这种心理资源可以从工作角色领域转移到家庭角色领域。例如：获取的自尊感、自我效能感等能够帮助个体提高另一个领域的表现，因为这种心理资源可以激发个体的动力，激励个体付出更多的努力，设定更高的目标。④善于积极核心自我评价的员工习惯于用积极的方式看待自己，认为自己是有能力和有价值的，对自己的生活也有更强的掌控能力，同样会影响员工对多重角色投入中工作家庭正向互动的感知。⑤同

---

① Greenhaus, J. H., Powell, G. N., "When Work and Family are Allies: A Theory of Work – Family Enrichment", *Academy of Management Review*, 2006, 31（1）：72 – 92.

② Blau, Peter M., *Exchange and Power in Social Life*, New York：Wiley, 1964.

③ Bhargava, S., Baral, R., "Antecedents and Consequences of Work – Family Enrichment among Indian Managers", *Psychological Studies*, 2009, 54（3）：213 – 225.

④ Greenhaus, J. H., Powell, G. N., "When Work and Family are Allies: A Theory of Work – Family Enrichment", *Academy of Management Review*, 2006, 31（1）：72 – 92.

⑤ Rothbard, N. P., "Enriching or Depleting? The Dynamics of Engagement in Work and Family Roles", *Administrative Science Quarterly*, 2001, 46（4）：655 – 684.

时，积极评价自我的个体在面对挑战性工作时，会乐于把工作看成有积极意义的[1]，也倾向于用积极的眼光去看待挑战，更有能力去掌控和积极归因工作家庭领域所面临的问题，在双重角色参与中对压力的敏感程度较低，对提高工作家庭整体生活品质的表现更具信心，有利于体验工作对家庭的增益。[2] 因此，组织支持感有助于增强个体积极的心理评价这一个体心理资源，而积极心理资源可以跨界保存，最终实现工作—家庭增益。

综上所述，提出以下假设：

H6-4b：核心自我评价在组织支持感与工作—家庭增益的关系中起中介作用。

二 组织支持感跨界增益的研究设计

紧扣上节内容所提出的研究理论模型与研究假设，本节计划通过科学合理的研究设计，将研究设想逐步落实到研究操作过程的每一步。研究设计主要包括以下几方面的内容。第一部分，对所涉及的主要变量（组织支持感、组织认同、核心自我评价、工作—家庭增益、工作满意度）进行操作性的界定，寻求有效的测量工具。第二部分，总结概述整个研究设计的思路和具体的步骤及所用到的研究方法。第三部分，详细阐述调研对象的选取和问卷设计与发放流程，为下一步数据的获取和处理做相应的准备。

---

[1] Judge, T. A., Bono, J. E., Locke, E. A., "Personality and Job Satisfaction: The Mediating Role of Job Characteristics", *Journal of Applied Psychology*, 2000, 85 (2): 237-249.

[2] McNall, L. A., Masuda, A. D., Shanock, L. R., et al., "Interaction of Core Self-Evaluations and Perceived Organizational Support on Work-to-Family Enrichment", *The Journal of Psychology*, 2011, 145 (2): 133-149.

(一) 构念的定义与测量

本章关注的重点是变量之间的内在作用机理，同时验证各变量量表本身的结构维度。在确保测量有效性的前提下，倾向于选择较为简短的量表，以避免冗长的调查问卷给调研对象造成厌烦和不愿作答的负向影响，旨在保证数据质量和研究的有效性。按照惯例，原始语言为英文的量表，采用直接翻译结合回译的方式来保证翻译质量。[①] 研究根据本国语言表达的习惯，结合研究实际开展对所需量表的整理、细化和翻译工作。量表翻译过程中，反复对问卷中有歧义、用词不当、意思模棱两可的测量条目进行修正。最终，将研究模型中所涉及的变量测量条目逐步校对纳入调研问卷，形成最终问卷。管理学研究中较多使用内部一致性信度（Internal Consistency Reliability）来评估量表内部条目之间的一致性和稳定性，同一构念的测量条目之间一致性程度越高表明整个量表的随机误差越小，Cronbach α 系数是管理学研究中最为常用的，一般建议值不低于 0.7，在 0.8 以上较为理想。[②]

1. 组织支持感

组织支持感是指员工认为组织重视他们的价值和贡献，关心他们利益的程度[③]，是员工对组织重视自己的贡献并关注其幸福感的综合知

[①] Schaffer, B. S., Riordan, C. M., "A Review of Cross-Cultural Methodologies for Organizational Research: A Best-Practices Approach", *Organizational Research Methods*, 2003, 6 (2): 169–215.

[②] 罗胜强、姜嬿：《管理学问卷调查研究方法》，重庆大学出版社 2014 年版，第 152—158 页。

[③] Rhoades, L., Eisenberger, R., "Perceived Organizational Support: A Review of the Literature", *Journal of Applied Psychology*, 2002, 87 (4): 698–714.

觉，重点反映员工的心理认知。当员工感到自己是组织一员时，他们倾向于在心理和情感上依附组织。[1] 组织支持感是一个比较宽泛的概念，要进行测量比较困难。Eisenberger 等[2]编制了 36 个题项的组织支持感量表，并抽取了 15 个条目形成简短版量表。借鉴 Eisenberger 等[3]研究中编制的 8 个条目的量表，Farh 等[4]研究中将反向计分题"如果有机会，单位就会利用我"这一条目在中国组织情境下删除，最终形成 7 个条目的组织支持感正式量表。如："当我遇到困难时，单位会帮助我""单位关心我个人的福祉（利益）""我的单位重视我的观点""单位非常重视我个人的目标和价值观""我的单位极少表现出对我的关心（反向题）""当我需要特殊帮助时，单位会愿意帮忙"等。该量表采用 Likert 5 点计分，"1"代表非常不同意，"2"代表比较不同意，"3"代表不确定，"4"代表比较同意，"5"代表非常同意。研究变量组织支持感（$\alpha=0.887$）的内部一致性系数的值在 0.8 以上，量表具有较好的内部一致性信度。

2. 组织认同

组织认同是员工对与组织同一性或从属于组织的感知。不同学者

---

[1] Rhoades, L., Eisenberger, R., Armeli, S., "Affective Commitment to the Organization: The Contribution of Perceived Organizational Support", *Journal of Applied Psychology*, 2002, 86 (5): 825–836.

[2] Eisenberger, R., Huntington, R., Hutchisom, S., "Perceived Organizational Support", *Journal of Applied Psychology*, 1986, 2: 500–507.

[3] Eisenberger, R., Cummings, J., Armeli, S., et al., "Perceived Organizational Support, Discretionary Treatment, and Job Satisfaction", *The Journal of Applied Psychology*, 1997, 82 (5): 812–820.

[4] Farh, J., Hackett, R. D., Liang, J., "Individual–Level Cultural Values as Moderators of Perceived Organizational Support–Employee Outcome Relationships in China: Comparing the Effects of Power Distance and Traditionality", *Academy of Management Journal*, 2007, 50 (3): 715–729.

对于组织认同的概念和内涵有不同界定。对于组织认同的构成维度，学者们有不同的观点和看法，研究包括了从单一维度的组织认同结构模型到四维度的组织认同结构模型。采用 Mael 和 Ashforth[①] 的量表，并根据研究需要对语言的阐述和表达进行了修订，建立组织认同的初始测量量表，该量表共计 6 个题项。如，"当有人批评我们单位时，我感觉就像在批评我自己""我很在意别人怎么评价我们单位""当我谈论我们单位时，我通常说'我们'而不是'他们'""我们单位的成功就是我的成功""当有人称赞我们单位时，我感觉就像自己受到了表扬""假如媒体上出现批评我们单位的新闻，我会感到很尴尬"。该量表采用 Likert 5 点计分，"1"代表非常不同意，"2"代表比较不同意，"3"代表不确定，"4"代表比较同意，"5"代表非常同意。研究变量组织认同（$\alpha = 0.870$）的内部一致性系数的值在 0.8 以上，量表具有较好的内部一致性信度。

3. 核心自我评价

核心自我评价是指个体对自己潜在的价值、效能以及能力的基本评估。采用 Judge 等[②]的量表，该量表共计 12 个题项，其中 6 个反向题项和 6 个正向题项，研究选取 6 个正向题项。如，"我有信心在生活中取得应有的成功""一般情况下，只要我努力都能成功""我成功地完成了任务""总体上，我对自己很满意""我的人生由我自己决定""对于遇到的大部分问题，我都有能力应对"。该量表采用 Likert 5 点量

[①] Mael, F., Ashforth, B. E., "Alumni and Their Alma Mater: A Partial Test of the Reformulated Model of Organizational Identification", *Journal of Organizational Behavior*, 1992, 13 (2): 103 – 123.

[②] Judge, T. A., Erez, A., Bono, J. E., et al., "The Core Self – Evaluations Scale: Development of A Measure", *Personnel Psychology*, 2003, 56 (2): 303 – 331.

表,其中"1"代表非常不同意,"2"代表比较不同意,"3"代表不确定,"4"代表比较同意,"5"代表非常同意。研究变量核心自我评价($\alpha=0.824$)的内部一致性系数的值在0.8以上,量表具有较好的内部一致性信度。

4. 工作—家庭增益

工作—家庭增益强调某一角色领域获取的角色资源跨界渗溢并有助于另一角色领域表现和提升生活品质的程度,包括工作对家庭增益和家庭对工作增益。Carlson 等[1]开发的工作—家庭增益量表在工作对家庭增益的方向上包括发展维度(Development)、情感维度(Affect)和资本维度(Capital)三个维度,而在家庭对工作增益方向上有发展维度(Development)、情感维度(Affect)和效能维度(Efficiency)三个维度,该量表采用了18个题项,其中工作对家庭增益9个题项,家庭对工作增益9个题项。Kacmar 等[2]力图为工作家庭相关的研究者提供一个更精简的量表,该量表包括工作对家庭增益的3个条目,家庭对工作增益的3个条目。工作—家庭增益的量表本章节仅关注工作对家庭增益。工作—家庭增益的测量我们借鉴 Kacmar 等的量表,包括3个条目的工作对家庭增益的问卷,如,"参与工作能帮助我理解不同的观点,有助我成为一名更好的家庭成员""参与工作能让我感到快乐,有助我成为一名更好的家庭成员""参与工作能让我感到充实,有助我成为一名更好的家庭成员"。该量表采用 Likert 5 点量表,其中"1"代

---

[1] Carlson, D. S., Kacmar, K. M., Wayne, J. H., et al., "Measuring the Positive Side of the Work – Family Interface: Development and Validation of a Work – Family Enrichment Scale", *Journal of Vocational Behavior*, 2006, 68 (1): 131–164.

[2] Kacmar, K. M., Crawford, W. S., Carlson, D. S., et al., "A Short and Valid Measure of Work – Family Enrichment", *Journal of Occupational Health Psychology*, 2014, 19 (1): 32–45.

表非常不同意,"2"代表比较不同意,"3"代表不确定,"4"代表比较同意,"5"代表非常同意。工作—家庭增益($\alpha = 0.813$)的内部一致性系数的值在0.8以上,量表具有较好的内部一致性信度。

5. 工作满意度

工作满意度是指员工从工作中感受到愉悦的程度。工作满意度的测量量表较多。Liu等[①]使用工作满意度量表以检测工作环境压力对员工的影响,包括3个条目,如,"总的来讲,我不喜欢我的工作(反向题)""总的来讲,我对工作满意""总的来讲,我喜欢在这里工作"。Judge等[②]的量表包括5个条目,如,"大部分时间,我对自己的工作是有热情的""我对目前的工作相当满意""在工作中我能找到真正的乐趣"等。工作满意度我们采用舒睿和梁健[③]研究中使用的工作整体满意度量表,共计3个题项,如,"总体而言,我对自己的工作感到满意""我大体满意从这份工作中得到的成就感""对于在这个岗位从事的工作,我大体感到满意"。该量表采用Likert 5点量表,其中"1"代表非常不同意,"2"代表比较不同意,"3"代表不确定,"4"代表比较同意,"5"代表非常同意。研究变量工作满意度($\alpha = 0.833$)的内部一致性系数的值在0.8以上,量表具有较好的内部一致性信度。

---

① Liu, C., Spector, P. E., Shi, L., "Cross–National Job Stress: A Quantitative and Qualitative Study", *Journal of Organizational Behavior*, 2007, 28 (2): 209–239.
② Judge, T. A., Locke, E. A., Durham, C. C., et al., "Dispositional Effects on Job and Life Satisfaction: The Role of Core Evaluations", *Journal of Applied Psychology*, 1998, 83 (1): 17–34.
③ 舒睿、梁健:《基于自我价值的伦理领导与员工工作结果研究》,《管理学报》2015年第7期。

6. 控制变量

借鉴已有研究，引入年龄、婚姻状况、性别、子女数量为控制变量。年龄、婚姻状况等人口统计学变量会潜在地影响工作家庭之间的互动过程。[1] 传统的性别和家庭观念都强调男性应该是家庭的经济支柱，而女性则应更多分管家庭内部事务。[2] 通常女性在家庭中的投入高于男性，容易体验更高水平的工作—家庭增益[3]，因此本章实证研究也考虑了性别这一控制变量。家庭中子女的数量，决定了家庭事务所耗费的时间和精力程度以及家庭投入的程度，一对有小孩的夫妻相较于没小孩时期的生活状态会发生很大的变化，会新增家庭中孩子的养育等相关问题，因此，将子女数量纳入控制变量范围。

（二）研究方法与步骤

本章通过横向实地的问卷调查法对理论模型和研究假设进行实证检验。以现实和理论为出发点，通过实地调研获取变量数据，并通过统计分析结果验证理论模型中变量之间的关系。具体研究方法与步骤见表6-1。

---

[1] Chen, W., Zhang, Y., Sanders, K., et al., "Family – Friendly Work Practices and Their Outcomes in China: The Mediating Role of Work – to – Family Enrichment and the Moderating Role of Gender", *The International Journal of Human Resource Management*, 2018, 29 (7): 1307 – 1329; Zhang, Y., Xu, S., Jin, J., et al., "The Within and Cross Domain Effects of Work – Family Enrichment: A Meta – Analysis", *Journal of Vocational Behavior*, 2018, 104: 210 – 227.

[2] 於嘉：《性别观念、现代化与女性的家务劳动时间》，《社会》2014年第2期。

[3] Zhang, H., Kwong Kwan, H., Everett, A. M., et al., "Servant Leadership, Organizational Identification, and Work – to – Family Enrichment: The Moderating Role of Work Climate for Sharing Family Concerns", *Human Resource Management*, 2012, 51 (5): 747 – 767.

表6-1　　　　　　　　　　　研究方法与步骤

研究内容	研究步骤	研究方法
文献梳理与理论模型构建 ①理论与文献梳理 ②基于跨界增益的角度，构建组织支持感影响工作满意度的理论模型	追踪国内外现有文献整理形成文献综述	文献归纳法
	理论模型构建 研究假设论证	文献归纳法 理论演绎法
实证研究设计 ①调查问卷的设计 ②横向问卷调研方案的设计	量表的选取 问卷的设计 样本选取与数据收集	问卷调查法（横截面）
数据分析与假设检验 ①数据分析与处理 ②实证研究检验：组织认同、核心自我评价在组织支持感与工作—家庭增益关系中的双中介作用；工作—家庭增益在组织支持感与工作满意度关系中的中介作用	量表信度检验 变量的区分效度检验 共同方法偏差检验 变量描述性统计分析 假设验证 研究结论总结	Cronbach α 系数；验证性因子分析；Harman 单因子检验与不可测量潜在方法因子检验；T检验；单因素方差分析；中介效应检验

首先，选取和翻译量表、设计调研问卷。本阶段通过对组织支持感、组织认同、核心自我评价、工作—家庭增益和工作满意度等相关文献的回顾和梳理，选取与研究领域相关、学者们广泛采用且信度较高的简短的测量量表。对原始问卷为英文的量表进行前期的翻译和回译工作，最后设计出调研的问卷。

其次，调研方案的设计。选择具有硕士或博士科研训练经验的"朋友"为研究助理，并向他们说明此次调研的内容、目的、流程等，委托他们通过网络社交媒体发布调查问卷，鼓励他们向在职的同事和朋友分享问卷信息。同时，对单位同事发放的问卷，考虑填答和收集方便，我们邮寄纸质版问卷到研究助理单位，由研究助理说明调研目的，发放给公司的同事。在抽样方式上，便利抽样这样一种非随机抽样的方式，相对简单易行，易于控制调查的进度，人力、物力和时间成本较少，也比较适合探索性的研究。调研需要采集工作家庭的相关变量数据，整个调研的难度较大，由于主客观因素的限制，选用便利抽样的方式。

最后，数据处理与研究假设验证。利用 AMOS 24.0、SPSS 26.0 软件进行统计分析。分析策略如下：第一步，对正式回收问卷进行筛选，再一次检验量表的信度效度，使用 Cronbach α 系数来衡量构念的信度。第二步，利用 Harman 单因子检验与不可测量潜在方法因子检验两种方法检验共同方法偏差的事前控制是否达到效果。第三步，采用独立样本 T 检验、单因素方差分析对所选控制变量对研究主变量的影响进行检验。第四步，进行描述性统计和相关系数检验。第五步，利用 PROCESS 程序实现中介效应检验，利用层次回归结果检验变量之间的关系。

（三）问卷设计与数据采集

1. 问卷设计

通过对现有文献的梳理，清晰把握研究所涉及变量的现有测量工具，结合研究对象、内容和目的，对过往学者在实证研究中使用的成熟量表进行收集和整理。为保证调研数据获取的真实性和有效性，研究尽量在问卷设计的细节上力求更加周密。

首先，由于研究涉及变量测量条目较多，为方便填答，在纸质问卷的样式设计上我们采用深浅颜色交替出现的方式，避免漏答。在线上问卷的设计上，我们反复地调试适合手机填答的阅读模式，并邀请非专业人士进行填答的时长测试和样式选取。

其次，为避免填答者的顾虑和对调研目的的猜度，在问卷的设计和测量中采取以下措施：第一，在问卷的填写说明中用加粗字体强调"**本问卷涉及的内容仅用于学术研究，并绝对保密**"。第二，问卷的设计上，对变量顺序进行合理调整，避免填答者对变量关系的人为猜度。第三，在问卷发放前，向调研对象再次强调本次调研的内容、目的，并鼓励调研对象结合真实感受诚实作答，可拒绝填写，也可随时终止填写。

在初始量表翻译和设计结束后，邀请了几位不同行业不同学历水平的在职员工进行访谈，让其尝试阅读和作答问卷，征求有关量表设计的建议，包括量表所涉及条目的含义表达是否清晰，是否存在模棱两可和不够简单易懂的题项。获得调研方式方面的以下建议：一位被试者指出，问卷中涉及工作家庭方面的问题，不太希望由领导发放问卷，会担忧隐私泄露和调研目的的真实性。如果领导让填，更多的是为了完成任务，不会真实地去反映工作家庭实际的关系情况。经过认真的思考和权衡，研究认为这条建议在收集的方式上具有非常大的价值，后期发放问卷主要是从"朋友"的角度去邀请，或从同事的角度去邀请，避免由上级下发问卷，也避免以公司名义发放问卷。在量表阅读中，工科背景的被试者指出对"福祉"这个词的含义不太能够理解，建议我们替换成更加通俗易懂的词汇，修订的过程中认真考虑了本条建议，将"福祉"后面加上括号，备注"利益"。

2. 数据收集

本次调研数据主要来自广州、重庆、成都、江苏、上海五个城市。在具体的调查过程中，我们选择具有硕士或博士科研训练经验的"朋友"为研究助理,并向他们说明此次调研的内容、目的、流程等,委托他们通过网络社交媒体发布调查问卷,鼓励在职的同事和朋友参与并共享问卷信息,要求所有发放均为一对一推送。线上采集的问卷,在问卷后设置了随机金额的红包奖励。部分发放给研究助理同事的线下问卷,由我们发送电子版的问卷,委托研究助理打印出纸质版问卷,直接带到单位发放给同事,其间要求反复强调"本次调研是我朋友的研究项目,纯学术研究",旨在消除大家的顾虑,避免对研究调研目的的猜测。对于现场采集的数据,我们将委托研究助理结合具体情况,灵活地发放一些"小礼物"给被试者。线下问卷采用集中发放、集中回收的方式,收集好后,由研究助理整理基本的样本单位信息,邮寄给项目组成员。

本次共发放问卷 485 份,回收 443 份有效问卷,有效回收率为 91.34%。最终的有效样本中,女性 263 人,占 59.37%;男性 180 人,占 40.63%。年龄 29 岁及以下的 263 人,占 59.37%;30—39 岁的 118 人,占 26.64%;40—49 岁的 47 人,占 10.61%;50 岁及以上的 15 人,占 3.39%。已婚的有 281 人,占 63.43%;未婚的有 155 人,占 34.99%;其他 7 人,占 1.58%。子女数量中没有孩子的 182 人,占 41.08%;有 1 个孩子的 212 人,占 47.86%;有 2 个孩子的有 49 人,占 11.06%;样本中未出现有 3 个孩子的职员。

三 组织支持感跨界增益的数据分析与结果

(一) 共同方法偏差检验

由于数据均来源于自陈式问卷,测量的环境和项目的语境相同,容易产生共同方法偏差 (Common Method Biases, CMB)。变量之间的变异重叠是由于使用了相同的测量工具，而不是构念本身的真实关系。在心理与行为研究领域，共同方法偏差普遍存在于采用问卷调查方式获取数据的研究中，从而影响研究的效度，有必要进行共同方法偏差的事后检测。共同方法偏差的事后检验的一般原理是，如果方法变异大量存在，进行验证性因素分析可能会出现共同方法变异，因子模型的拟合指数明显优于无共同方法变异因子的模型。调研采用自陈式量表收集变量数据，存在共同方法偏差的可能性。

本章采用 Harman 单因素检验和不可测量潜在方法因子检验两种方法来检验共同方法偏差。Harman 单因素检验基本假设是方法变异大量存在，进行探索性因素分析时，会提取出一个因子，或者一个共同因子能够解释大部分变量的变异，将五个核心变量的全部测量条目放在一起做探索性因素分析。运用主成分分析法，检验未旋转的因素分析结果，提取特征值大于 1 的因子，结果显示 KMO = 0.92，Bartlett 球形检验值显著，表明适合使用探索性因素分析。在未经旋转时提取了 7 个特征值大于 1 的因子，其中第一主成分解释了 37.355% 的变异，未超过建议值 40%，没有一个公共因子可以解释绝大部分变异。但 Harman 单因素检验是一种相对不灵敏的检验，除非存在较为严重的共同方法偏差，否则一般不会出现一个共同因子解释绝大部分变量变异的情况。Harman 单因素检验通过，仅表示不存在非常严重的共同方法偏差问题。

对不可测量潜在方法因子进行控制的方法，进一步采用不可测量潜在方法因子检验，假如方法变异大量存在，加入共同方法因子后模型的拟合指数会明显优于无共同方法因子的模型。使所有测量条目在共同方法因子上有载荷，如果加入后模型各项拟合指标均没有显著改善，可以视为研究不存在严重的共同方法偏差问题。根据

表 6 - 2 中的结果，检验加入共同方法因子后的六因子模型拟合较好（χ^2 = 532.510，df = 240，$RMSEA$ = 0.053，CFI = 0.947，TLI = 0.933，IFI = 0.947），五因子模型和六因子模型的比较需要考虑拟合指标的变化，模型拟合结果对比显示前后拟合指标的改善程度均不超过 0.02（△$RMSEA$ = 0.004；△CFI = 0.017；△TLI = 0.013；△IFI = 0.017），加入共同方法因子后，模型的拟合值并没有得到明显的改善。根据以上两种检验分析方法结论，研究所涉及的变量共同方法偏差问题并不严重，共同方法偏差问题并不会严重影响研究结论的有效性。

（二）验证性因素分析

常使用绝对适配度指数：GFI、AGFI、RMSEA；增值适配度指数：NFI、RFI、IFI、TLI（NNGI）、CFI；简约适配度指数：卡方自由度比 χ^2/df 等指标来验证模型与数据的拟合程度。相关判断的指标标准：GFI、AGFI 适配度标准或临界值大于 0.9 或 0.85；RMSEA 适配度标准或临界值小于 0.1，RMSEA 小于 0.05 更佳；NFI、RFI、IFI、TLI（NNGI）、CFI 适配度标准或临界值大于 0.9 或 0.85；卡方自由度比 χ^2/df 的适配度标准或临界值小于 5，χ^2/df 小于 3 更佳。[①] 利用 AMOS 24.0 软件进行验证性因素分析，对组织支持感、组织认同、核心自我评价、工作—家庭增益、工作满意度五个构念做验证性因素分析以检验潜变量之间的区分效度。表 6 - 2 的验证性因素分析结果显示，五因子模型的整体拟合指数（χ^2 = 649.543，df = 265，$RMSEA$ = 0.057，

---

① MacCallum, R. C., Browne, M. W., Sugawara, H. M., "Power Analysis and Determination of Sample Size for Covariance Structure Modeling", *Psychological Methods*, 1996, 1 (2): 130 - 149；邱皓政、林碧芳：《结构方程模型的原理与应用》，中国轻工业出版社 2009 年版。

$CFI=0.930$，$TLI=0.920$，$IFI=0.930$）优于其他因子模型，五个研究变量之间具有较好的区分效度。

表 6-2　　　　　　　　　验证性因子分析结果

模　型	χ^2	df	RMSEA	CFI	TLI	IFI
六因子模型:POS;OI;CSE;WFE;JS;CMV	532.510	240	0.053	0.947	0.933	0.947
五因子模型:POS;OI;CSE;WFE;JS	649.543	265	0.057	0.930	0.920	0.930
四因子模型:POS;OI;CSE;WFE+JS	809.219	269	0.067	0.901	0.890	0.902
四因子模型:POS;OI+CSE;WFE;JS	1085.995	269	0.083	0.851	0.834	0.852
四因子模型:POS+OI;CSE;WFE;JS	1226.327	269	0.09	0.825	0.805	0.826
三因子模型:POS;OI+CSE;WFE+JS	1246.531	272	0.090	0.822	0.804	0.823
三因子模型:POS+OI;CSE;WFE+JS	1382.888	272	0.096	0.797	0.776	0.798
三因子模型:POS+OI+CSE;WFE;JS	1700.498	272	0.109	0.739	0.712	0.740
二因子模型:POS+OI+CSE;WFE+JS	1856.899	274	0.114	0.711	0.683	0.712
单因子模型:POS+OI+CSE+WFE+JS	2163.073	275	0.125	0.655	0.624	0.657

注：POS 代表组织支持感，OI 代表组织认同，CSE 代表核心自我评价，WFE 代表工作—家庭增益，JS 代表工作满意度，CMV 代表同源偏差，"+"代表两个因子合并为一个因子。

（三）人口统计特征的方差分析

人口统计特征可能对变量关系带来干扰，有必要对这些变量进行控制。将性别、年龄、婚姻状况、子女数量 4 个人口统计特征作为控制变量，利用方差分析法探讨在职员工的性别、年龄、婚姻状况、子女数等个体特征变量在研究主要变量上的差异,包括组织支持感、组织认同、核心自我评价、工作—家庭增益、工作满意度。利用独立样本 T 检验和单因素方差分析,进行方差齐性检验,并判断均值是否存在显著的差异。

1. 性别的独立样本 T 检验

男性和女性员工的样本数据是相互独立的,通过独立样本 T 检验,判断两个总体的均值是否存在显著的差异性。采用 T 检验的前提是两个总体分布的方差必须相等,但大样本中对方差齐性不做要求。以员工性别为分组依据的独立样本 T 检验的结果见表 6-3。组织支持感(POS)、组织认同(OI)、核心自我评价(CSE)、工作—家庭增益(WFE)、工作满意度(JS)的方差齐性检验结果不显著,接受方差齐性的假设。在95%的置信水平下检验结果显示,组织支持感、组织认同、核心自我评价、工作—家庭增益、工作满意度这些变量在性别上并未存在显著的差异,表明企业中男性职员和女性职员在判断这些变量与自身实际情况的符合程度上并不存在显著的差异。

表 6-3　　　　　性别差异的独立样本 T 检验结果

变量		莱文方差等同性检验		平均值等同性 T 检验					差值95%置信区间	
		F	Sig.	T	自由度	Sig.	平均值差值	标准误差差值	下限	上限
POS	假定等方差	0.029	0.865	-0.032	441.000	0.974	-0.00241	0.07434	-0.14850	0.14369
	不假定等方差	—	—	-0.032	372.964	0.974	-0.00241	0.07498	-0.14984	0.14503

续 表

变量		莱文方差等同性检验		平均值等同性 T 检验						
							平均值差值	标准误差差值	差值95%置信区间	
		F	Sig.	T	自由度	Sig.			下限	上限
OI	假定等方差	5.949	0.015	-1.725	441.000	0.085	-0.12719	0.07375	-0.27214	0.01775
	不假定等方差	—	—	-1.670	340.085	0.096	-0.12719	0.07615	-0.27698	0.02259
CSE	假定等方差	0.027	0.870	-0.708	441.000	0.479	-0.04099	0.05791	-0.15481	0.07283
	不假定等方差	—	—	-0.696	362.347	0.487	-0.04099	0.05886	-0.15674	0.07476
WFE	假定等方差	0.072	0.789	-0.954	441.000	0.341	-0.07100	0.07445	-0.21732	0.07531
	不假定等方差	—	—	-0.946	372.887	0.345	-0.07100	0.07510	-0.21867	0.07666
JS	假定等方差	1.425	0.233	-1.414	441.000	0.158	-0.09792	0.06924	-0.23400	0.03817
	不假定等方差	—	—	-1.401	371.788	0.162	-0.09792	0.06990	-.23537	0.03954

注：POS 为组织支持感；OI 为组织认同；CSE 为核心自我评价；WFE 为工作—家庭增益；JS 为工作满意度。

2. 年龄的单因素方差分析

将年龄分为四个组，检验三组及以上数据均值是否具有显著差异，需要采用方差分析方法。年龄的单因素方差分析结果见表 6-4，在 95% 的置信度水平下，不同年龄阶段的企业员工在核心自我评价、工作—家庭增益、工作满意度上具有显著的差异。不同年龄段在组织支持感与组织认同上并不存在显著的差异，这表明在企业中不同年龄段的员工在判断这两个变量与自身实际情况的符合程度上并不存在显著的差异。

表6-4　　年龄的单因素方差分析结果

		离差平方和	自由度	离差平方根	F	Sig.
组织支持感	组间	1.331	3	0.444	0.752	0.522
	组内	259.088	439	0.590	—	—
	总计	260.419	442	—	—	—
组织认同	组间	2.462	3	0.821	1.410	0.239
	组内	255.578	439	0.582	—	—
	总计	258.041	442	—	—	—
核心自我评价	组间	6.186	3	2.062	5.954	0.001
	组内	152.053	439	0.346	—	—
	总计	158.239	442	—	—	—
工作—家庭增益	组间	8.332	3	2.777	4.811	0.003
	组内	253.399	439	0.577	—	—
	总计	261.731	442	—	—	—
工作满意度	组间	7.943	3	2.648	5.307	0.001
	组内	219.029	439	0.499	—	—
	总计	226.972	442	—	—	—

为了进一步验证企业中不同年龄段的员工在核心自我评价、工作—家庭增益、工作满意度上的差异性，利用LSD法进行两两比较，LSD法是方差分析后进行的事后比较分析。检验结果见表6-5，20岁到50岁及以上的年龄阶段比较显示，随着年龄的增长，核心自我评价的水平也逐渐提升。50岁及以上这一年龄段的员工核心自我

评价水平显著高于其他年龄阶段。存在这一现象的可能原因在于，随着年龄的不断增长，个人在工作和生活领域积累了更广泛的资源，包括经验、知识、技能和人脉等，人力资本也逐渐提升，自我核心评价更高。随着年龄的增长，体验工作—家庭增益的水平逐渐提升，20—29 岁的员工的工作—家庭增益的体验水平显著低于其他年龄段，存在这一现象的原因是，20—29 岁的员工可能工作和家庭角色转换的频率更高，员工在这一年龄面临结婚生子的多重角色初体验。随着年龄的增长，工作满意度也逐渐提升。

表 6-5　　　　　　变量 LSD 法多重比较结果

因变量	(I) 年龄	(J) 年龄	平均值 差值 (I-J)	标准误	显著性	95% 置信区间	
						下限	上限
CSE	20—29 岁	30—39 岁	-0.23293*	0.06521	0.000	-0.3611	-0.1048
		40—49 岁	-0.15837	0.09320	0.090	-0.3415	0.0248
		50 岁及以上	-0.39856*	0.15623	0.011	-0.7056	-0.0915
	30—39 岁	20—29 岁	0.23293*	0.06521	0.000	0.1048	0.3611
		40—49 岁	0.07456	0.10151	0.463	-0.1250	0.2741
		50 岁及以上	-0.16563	0.16133	0.305	-0.4827	0.1514
	40—49 岁	20—29 岁	0.15837	0.09320	0.090	-0.0248	0.3415
		30—39 岁	-0.07456	0.10151	0.463	-0.2741	0.1250
		50 岁及以上	-0.24019	0.17453	0.169	-0.5832	0.1028
	50 岁及以上	20—29 岁	0.39856*	0.15623	0.011	0.0915	0.7056
		30—39 岁	0.16563	0.16133	0.305	-0.1514	0.4827
		40—49 岁	0.24019	0.17453	0.169	-0.1028	0.5832

续 表

因变量	(I) 年龄	(J) 年龄	平均值 差值 (I-J)	标准误	显著性	95%置信区间	
						下限	上限
WFE	20—29 岁	30—39 岁	-0.14129	0.08418	0.094	-0.3067	0.0242
		40—49 岁	-0.13648	0.12032	0.257	-0.3729	0.1000
		50 岁及以上	-0.71567*	0.20168	0.000	-1.1121	-0.3193
	30—39 岁	20—29 岁	0.14129	0.08418	0.094	-0.0242	0.3067
		40—49 岁	0.00481	0.13105	0.971	-0.2527	0.2624
		50 岁及以上	-0.57439*	0.20826	0.006	-0.9837	-0.1651
	40—49 岁	20—29 岁	0.13648	0.12032	0.257	-0.1000	0.3729
		30—39 岁	-0.00481	0.13105	0.971	-0.2624	0.2527
		50 岁及以上	-0.57920*	0.22531	0.010	-1.0220	-0.1364
	50 岁及以上	20—29 岁	0.71567*	0.20168	0.000	0.3193	1.1121
		30—39 岁	0.57439*	0.20826	0.006	0.1651	0.9837
		40—49 岁	0.57920*	0.22531	0.010	0.1364	1.0220
JS	20—29 岁	30—39 岁	-0.23186*	0.07826	0.003	-0.3857	-0.0780
		40—49 岁	-0.07998	0.11186	0.475	-0.2998	0.1399
		50 岁及以上	-0.56840*	0.18751	0.003	-0.9369	-0.1999
	30—39 岁	20—29 岁	0.23186*	0.07826	0.003	0.0780	0.3857
		40—49 岁	0.15188	0.12183	0.213	-0.0876	0.3913
		50 岁及以上	-0.33653	0.19362	0.083	-0.7171	0.0440
	40—49 岁	20—29 岁	0.07998	0.11186	0.475	-0.1399	0.2998
		30—39 岁	-0.15188	0.12183	0.213	-0.3913	0.0876
		50 岁及以上	-0.48842*	0.20947	0.020	-0.9001	-0.0767
	50 岁及以上	20—29 岁	0.56840*	0.18751	0.003	0.1999	0.9369
		30—39 岁	0.33653	0.19362	0.083	-0.0440	0.7171
		40—49 岁	0.48842*	0.20947	0.020	0.0767	0.9001

注：*代表平均值差值的显著性水平为 0.05。POS 代表组织支持感，OI 代表组织认同，CSE 代表核心自我评价，WFE 代表工作—家庭增益，JS 代表工作满意度。

3. 婚姻状况的独立样本 T 检验

已婚和未婚员工的样本数据是相互独立的，通过独立样本 T 检验，判断两个总体的均值是否存在显著的差异性。采用 T 检验的前提是两个总体分布的方差必须相等，但大样本中对方差齐性不做要求。以员工婚姻状态为分组依据的独立样本 T 检验的结果见表 6 – 6。若组织支持感（POS）、组织认同（OI）、核心自我评价（CSE）、工作—家庭增益（WFE）、工作满意度（JS）的方差齐性检验结果不显著，则接受方差齐性的假设。在 95% 的置信水平下检验结果显示，组织支持感、组织认同在已婚和未婚员工上并未存在显著的差异，表明企业中已婚和未婚员工在判断这些变量与自身实际情况的符合程度上并不存在显著的差异。在 95% 的置信水平下检验结果显示，核心自我评价、工作—家庭增益和工作满意度在已婚和未婚员工上存在显著的差异，表明企业中已婚和未婚员工在判断这些变量与自身实际情况的符合程度上存在显著的差异。

表 6 – 6　　　　　婚姻状态差异的独立样本 T 检验结果

变量		方差相等的 Levene 检验		平均值等同性 T 检验						
		F	Sig.	T	自由度	Sig.	均值差	标准误差值	95%置信区间	
									下限	上限
POS	假定等方差	5.546	0.019	1.071	434.000	0.285	0.08235	0.07692	−0.06883	0.23353
	不假定等方差	—	—	1.116	357.863	0.265	0.08235	0.07377	−0.06273	0.22743
OI	假定等方差	0.318	0.573	1.003	434.000	0.316	0.07687	0.07662	−0.07372	0.22746
	不假定等方差	—	—	1.006	319.934	0.315	0.07687	0.07643	−0.07350	0.22723

续表

变量		方差相等的 Levene 检验		平均值等同性 t 检验						
		F	Sig.	T	自由度	Sig.	均值差	标准误差值	95%置信区间	
									下限	上限
CSE	假定等方差	0.468	0.494	3.549	434.000	0.000	0.21055	0.05933	0.09395	0.32715
	不假定等方差	—	—	3.482	300.363	0.001	0.21055	0.06046	0.09156	0.32954
WFE	假定等方差	0.132	0.717	2.232	434.000	0.026	0.17133	0.07677	0.02045	0.32221
	不假定等方差	—	—	2.234	318.635	0.026	0.17133	0.07668	0.02047	0.32220
JS	假定等方差	0.171	0.680	2.749	434.000	0.006	0.19617	0.07135	0.05593	0.33640
	不假定等方差	—	—	2.761	321.470	0.006	0.19617	0.07105	0.05637	0.33596

注：POS 代表组织支持感，OI 代表组织认同，CSE 代表核心自我评价，WFE 代表工作—家庭增益，JS 代表工作满意度。

4. 子女数的单因素方差分析

将子女数分为三个组（无子女、1个子女和2个子女），单因素方差分析的结果见表6-7。在95%的置信度水平下，家中子女数不同的员工在组织认同、核心自我评价、工作—家庭增益、工作满意度上具有显著的差异。家中子女数不同的员工在组织支持感上并不存在显著差异。

表6-7 子女数的单因素方差分析结果

		离差平方和	自由度	离差平方根	F	Sig.
组织支持感	组间	0.400	2	0.200	0.339	0.713
	组内	260.018	440	0.591	—	—
	总计	260.419	442	—	—	—

续 表

		离差平方和	自由度	离差平方根	F	Sig.
组织认同	组间	4.953	2	2.477	4.306	0.014
	组内	253.088	440	0.575	—	—
	总计	258.041	442	—	—	—
核心自我评价	组间	4.135	2	2.068	5.903	0.003
	组内	154.104	440	0.350	—	—
	总计	158.239	442	—	—	—
工作—家庭增益	组间	10.438	2	5.219	9.138	0.000
	组内	251.293	440	0.571	—	—
	总计	261.731	442	—	—	—
工作满意度	组间	4.927	2	2.464	4.882	0.008
	组内	222.044	440	0.505	—	—
	总计	226.972	442	—	—	—

为了进一步验证家中子女数不同的员工在组织认同、核心自我评价、工作—家庭增益、工作满意度上的差异性，利用LSD法进行两两比较，检验结果见表6-8。随着家中子女数增多，组织认同逐渐升高，核心自我评价逐渐增高，体验工作对家庭增益程度逐渐提升，工作满意度逐渐增加。家中有两个孩子的员工组织认同、核心自我评价、工作—家庭增益和工作满意度显著高于1个孩子和没有孩子的员工。存在上述可能的原因在于，在中国家庭情境中生育孩子的成本较高。选择生育二胎的夫妇可能本身在经济能力、家庭支持等方面就有较强的实力。

表 6-8　　　　　　　　变量 LSD 法多重比较结果

因变量	(I)子女数量	(J)子女数量	平均值差值(I-J)	标准误	显著性	95%置信区间	
						下限	上限
组织认同	0	1	-0.09544	0.07664	0.214	-0.2461	0.0552
	0	2	-0.35662*	0.12206	0.004	-0.5965	-0.1167
	1	0	0.09544	0.07664	0.214	-0.0552	0.2461
	1	2	-0.26118*	0.12022	0.030	-0.4975	-0.0249
	2	0	0.35662*	0.12206	0.004	0.1167	0.5965
	2	1	0.26118*	0.12022	0.030	0.0249	0.4975
核心自我评价	0	1	-0.15995*	0.05980	0.008	-0.2775	-0.0424
	0	2	-0.27943*	0.09525	0.004	-0.4666	-0.0922
	1	0	0.15995*	0.05980	0.008	0.0424	0.2775
	1	2	-0.11948	0.09381	0.203	-0.3038	0.0649
	2	0	0.27943*	0.09525	0.004	0.0922	0.4666
	2	1	0.11948	0.09381	0.203	-0.0649	0.3038
工作—家庭增益	0	1	-0.25624*	0.07637	0.001	-0.4063	-0.1061
	0	2	-0.44113*	0.12163	0.000	-0.6802	-0.2021
	1	0	0.25624*	0.07637	0.001	0.1061	0.4063
	1	2	-0.18489	0.11979	0.123	-0.4203	0.0505
	2	0	0.44113*	0.12163	0.000	0.2021	0.6802
	2	1	0.18489	0.11979	0.123	-0.0505	0.4203
工作满意度	0	1	-0.16072*	0.07179	0.026	-0.3018	-0.0196
	0	2	-0.32104*	0.11433	0.005	-0.5457	-0.0963
	1	0	0.16072*	0.07179	0.026	0.0196	0.3018
	1	2	-0.16031	0.11260	0.155	-0.3816	0.0610
	2	0	0.32104*	0.11433	0.005	0.0963	0.5457
	2	1	0.16031	0.11260	0.155	-0.0610	0.3816

注：*代表平均值差值的显著性水平为 0.05。

(四) 变量的描述性统计

主要变量的均值、标准差及变量之间的相关系数见表6-9，其中主要研究变量包括组织支持感、组织认同、核心自我评价、工作—家庭增益和工作满意度。控制变量包括性别、年龄、婚姻状况和子女数。组织支持感与工作—家庭增益显著正相关（$r=0.44$，$p<0.01$）。组织支持感分别与组织认同（$r=0.54$，$p<0.01$）、核心自我评价（$r=0.39$，$p<0.01$）显著正相关。组织认同（$r=0.50$，$p<0.01$）、核心自我评价（$r=0.55$，$p<0.01$）分别与工作—家庭增益显著正相关。组织支持感与工作满意度显著正相关（$r=0.51$，$p<0.01$）。工作—家庭增益与工作满意度显著正相关（$r=0.60$，$p<0.01$）。变量之间的相关模式与假设模型的变量关系模式相一致。

表6-9　均值、标准差和相关系数（N=443）

变量	均值	标准差	1	2	3	4	5	6	7	8	9
性别	1.59	0.49	1.00	—	—	—	—	—	—	—	—
年龄	1.58	0.81	-0.17**	1.00	—	—	—	—	—	—	—
婚姻状况	1.38	0.52	0.11*	-0.43**	1.00	—	—	—	—	—	—
子女数	0.70	0.66	0.07	0.39**	-0.33**	1.00	—	—	—	—	—
组织支持感	3.51	0.77	0.00	0.02	-0.05	0.02	1.00	—	—	—	—
组织认同	3.78	0.76	0.08	0.08	-0.04	0.13**	0.54**	1.00	—	—	—
核心自我评价	3.84	0.60	0.03	0.17**	-0.15**	0.16**	0.39**	0.49**	1.00	—	—
工作—家庭增益	3.81	0.77	0.05	0.15**	-0.10*	0.20**	0.44**	0.50**	0.55**	1.00	—

续 表

变量	均值	标准差	1	2	3	4	5	6	7	8	9
工作满意度	3.83	0.72	0.07	0.15**	−0.12*	0.15**	0.51**	0.47**	0.53**	0.60**	1.00

注：性别（1=男，2=女）；年龄（1=29 岁及以下，2=30-39 岁，3=40-49 岁，4=50 岁及以上）；婚姻状况（1=已婚，2=未婚，3=其他）；子女数（0=没有孩子，1=只有1个孩子，2=有 2 个孩子，3=有 3 个及以上孩子）。** 代表在 0.01 级别（双尾）相关性显著。* 代表在 0.05 级别（双尾）相关性显著。

（五）假设检验结果

1. 组织支持感、工作—家庭增益与工作满意度的关系假设检验结果

研究假设 1 预测了组织支持感与工作满意度之间的关系，检验结果见表 6-10，组织支持感显著正向影响工作满意度（$c=0.470$，$SE=0.038$，$t=12.501$），即在控制了性别、年龄、婚姻状况、子女数后，组织支持感每变化一个单位，工作满意度变化 0.470 个单位，假设 1 得到验证。

研究假设 2 预测了工作—家庭增益在组织支持感与工作满意度之间的中介关系，模型中组织支持感（X）为自变量，工作—家庭增益（M）为中介变量，工作—家庭增益（Y）为因变量，同时加入性别、年龄、婚姻状况、子女数为控制变量，利用 Hayes 和 Preacher 开发的 PROCESS 程序检验研究假设 2，将 Bootstrap 再抽样设定为 10000 次，置信区间设定为 95%，中介路径检验结果见表 6-10。组织支持感透过工作—家庭增益影响工作满意度的间接效应为 $c-c'=0.183$（Bias Corrected CI = [0.131, 0.250]，$\alpha=0.05$），偏差矫正 95% 的置信区间

不包括零,表明间接效应显著。工作—家庭增益的中介作用成立,假设 2 得到验证。

表 6 - 10　组织支持感、工作—家庭增益与工作满意度关系假设检验结果

	POS X (a)			JS Y (b)		
	Coeff.	SE	t(sig.)	Coeff.	SE	t(sig.)
WFE M	0.437	0.042	10.434***	0.418	0.038	10.973***
—	总效应 c (Total Effect)			直接效应 c' (Direct Effect)		
—	0.470	0.038	12.501***	0.288	0.037	7.720***
间接效应 c - c' (Indirect Effect)						
—	Effet	Boot SE	BootLLCI	BootULCI	—	—
WFE M	0.183	0.030	0.131	0.250	—	—

Level of Confidence for Confidence Intervals:95　　Number of Bootstrap Resamples:10000

注:POS 代表组织支持感,OI 代表组织认同,CSE 代表核心自我评价,WFE 代表工作—家庭增益,JS 代表工作满意度。*** 代表 $p<0.001$,** 代表 $p<0.01$,* 代表 $p<0.05$。

2. 组织支持感影响工作—家庭增益的双中介假设检验结果

研究检验 3 预测了组织支持感与工作—家庭增益之间的关系,结果见表 6 - 11,组织支持感对工作—家庭增益有显著的正向影响 ($c=0.437$,$SE=0.042$,$t=10.434$),即在控制了性别、年龄、婚姻状况、子女数后,组织支持感每变化一单位,工作—家庭增益变化 0.437 个单位,假设 3 得到验证。

研究假设 4 预测了组织认同在组织支持感与工作—家庭增益两者关系中的中介作用。研究假设 5 预测了核心自我评价在组织支持感与

工作—家庭增益两者关系中的中介作用。利用 Hayes 和 Preacher 开发的 PROCESS 程序检验研究假设，模型中组织支持感（X）为自变量，组织认同（M_1）、核心自我评价（M_2）为两个中介变量，工作—家庭增益（Y）为因变量，同时加入性别、年龄、婚姻状况、子女数为控制变量，将 Bootstrap 再抽样设定为10000次，置信区间设定为95%。组织支持感影响工作—家庭增益的多重中介路径检验结果显示：组织支持感对工作—家庭增益的间接效应为 $c-c' = 0.246$（Bias Corrected CI = [0.174, 0.330]，$\alpha = 0.05$），偏差矫正95%的置信区间不包括零，表明总的间接效应显著。在多重中介模型检验中，需要进一步关注单独的中介效应，由表6-11可见，组织支持感透过组织认同影响工作—家庭增益的间接效应为 $a_1 b_1 = 0.108$（Bias Corrected CI = [0.046, 0.177]，$\alpha = 0.05$），置信区间不包括零，间接效应显著，组织认同的中介作用成立，假设4得到验证。组织支持感透过核心自我评价影响工作—家庭增益的间接效应 $a_2 b_2 = 0.138$（Bias Corrected CI = [0.091, 0.203]，$\alpha = 0.05$），间接效应显著，核心自我评价的中介作用成立，假设5得到验证。

表6-11　组织支持感、组织认同、核心自我评估与工作—家庭增益的假设验证

	POS X (a)			WFE Y (b)		
	Coeff.	SE	t(sig.)	Coeff.	SE	t(sig.)
OI M_1	0.531	0.040	13.405***	0.203	0.048	4.275***
CSE M_2	0.298	0.034	8.880***	0.463	0.056	8.231***
—	总效应 c (Total Effect)			直接效应 c' (Direct Effect)		

续 表

	POS X (a)			WFE Y (b)		
	Coeff.	SE	t(sig.)	Coeff.	SE	t(sig.)
—	0.437	0.042	10.434***	0.191	0.045	4.280***

*** 代表 $p<0.001$，** 代表 $p<0.01$；* 代表 $p<0.05$

间接效应 $c-c'$ (Indirect Effect)

	Effet	Boot SE	BootLLCI	BootULCI	—	—
TOTAL	0.246	0.040	0.174	0.330	—	—
OI M_1	0.108	0.033	0.046	0.177	—	—
CSE M_2	0.138	0.028	0.091	0.203	—	—

Level of Confidence for Confidence Intervals:95　　Number of Bootstrap Resamples:10000

四　组织支持感跨界增益实证研究结论与展望

本节对组织支持感跨界增益与扩散的实证研究结论进行讨论和解析，在此基础上探究理论模型和研究结论的理论意义和对管理实践的启示，总结本章的主要理论贡献和实践意义，并简要阐述现有研究的不足之处以及展望后续实证研究亟待深入讨论的问题。

(一) 研究结论与讨论

本章选取工作域的支持性角色资源——组织支持感为前因变量，探讨了组织支持感跨界增益与扩散的作用路径，实证检验了理论模型中从"互惠交换"视角论述的跨角色资源累积与循环的路径，即"工作域角色资源—个体心理资源改变—工作对家庭增益—原角色域评价"。从社会交换理论视角，将员工、工作和家庭放置在一个更大的社会交换整合系统中去思考组织支持感跨界增益的互动本质。厘清了组织支持感跨界增益与扩散路径，即工作—家庭增益在组织支持感与工作满意度的关系中起中介作用；个体心理资源（组织认同与核心自我评价）在组织支持感与工作—家庭增益的关系中起双中介作用。研究结论为促进工作与家庭正向互动提供了理论指导。具体结论如下。

第一，组织支持感是工作—家庭增益的重要角色资源（前因变量）。组织支持感对工作—家庭增益具有显著的正向影响。这一研究结论拓宽了工作—家庭增益前因研究中组织支持性角色资源的外延。以往研究更多关注家庭支持型主管行为、同事支持、家庭友好政策实践、工作家庭文化等，并将其作为工作资源或工作特征的一部分。[①] 本章认为支持性角色资源不仅包含过往研究关注的家庭友好型组织支持，也包含组织对员工自身价值贡献的肯定和个人福祉的关心。同样，我们认为即使身处同一组织，员工对组织支持也存在个体差异化的感知，其价值取决于个体对这些资源价值需求的判断。

第二，组织认同和核心自我评价分别在组织支持感与工作—家庭增益的关系中起部分中介作用，诠释了组织支持感跨界增益的多重中介路径。工作领域支持性角色资源的获取是跨界增益的前提，但现有研究忽视了组织支持性角色资源跨界增益过程中个体感知与心理评估这一重要阶段。与以往研究不同，我们认为组织支持性资源并不是直接作用于家庭角色领域，而是通过跨界的直接行动者，

---

① Chen, W., Zhang, Y., Sanders, K., et al., "Family-Friendly Work Practices and Their Outcomes in China: The Mediating Role of Work-to-Family Enrichment and the Moderating Role of Gender", *The International Journal of Human Resource Management*, 2018, 29 (7): 1307–1329; Russo, M., Buonocore, F., Carmeli, A., et al., "When Family Supportive Supervisors Meet Employees' Need for Caring: Implications for Work-Family Enrichment and Thriving", *Journal of Management*, 2018, 44 (4): 1678–1702.

即个体这个工作和家庭角色领域的跨越者对资源进行价值判断,以引发个体心理因素的改变,进而影响界面另一端的角色行为和表现。基于此,本章从个体心理感知与评估视角,验证了组织支持感影响工作—家庭增益的心理中介机制,即组织认同、核心自我评价的双中介作用。

第三,工作—家庭增益在组织支持感与工作满意度关系中的中介作用成立。从多重角色参与的视角,拓展了组织支持感的扩散作用。组织(工作领域)、个体、家庭可以视为一个更大的整合系统,将角色资源的获取和工作—家庭增益的发生放在一个更长期和更稳定的资源保存系统中去思考,个体在多重角色的参与和转换中,工作家庭间的正向互动体验不仅影响个体心理行为,还会扩散影响个体对组织、家庭角色领域的评价,产生更全面的跨界作用。工作—家庭增益中介作用的成立,为组织正向理解和干预员工工作家庭界面管理实践提供了理论支持。本结论将有利于组织管理者从新的角度去理解组织支持感对工作家庭间正向互动关系的促进作用,员工因工作家庭的良性互动而形成对整体工作的满意度。基于社会交换理论,企业人力资源管理实践者的重要角色是协助员工与组织建立长期、有回报的互惠交换关系。企业为员工提供的社会性奖励,不仅需要考虑对工作角色领域参与的作用,也应该考虑对家庭角色领域参与的重要作用。关注员工的贡献和福祉不仅有利于个体在工作领域的角色表现和对工作角色领域的积极评价(工作满意度),而且组织支持感这类支持性的工作角色资源也能够在跨界面角色参与中得到保存,促进工作与家庭之间的良性互动,最终增强员工对工作的满意度。

第四,各变量在人口统计特征上存在差异。引入性别、年龄、婚姻状况和子女数为控制变量。通过独立样本 T 检验和个体单因素方差分析，得出以下结论：企业中男性职员和女性职员在判断这些变量与自身实际情况的符合程度上并不存在显著的差异。不同年龄段的企业员工在核心自我评价、工作—家庭增益、工作满意度上具有显著的差异。不同年龄段的员工在组织支持感与组织认同上并不存在显著的差异。核心自我评价、工作—家庭增益和工作满意度在已婚和未婚员工上存在显著的差异。家中子女数不同的员工在组织认同、核心自我评价、工作—家庭增益、工作满意度上具有显著的差异。

（二）管理实践启示

1. 管理者应将"组织、员工、家庭"视为更大的资源交换系统

企业管理中应该避免以下误区：将工作与家庭视为相互分离和冲突的角色领域。在部分管理者看来，员工的家庭是员工的私人角色领域，因此将管理政策的作用更多限定在工作领域，更多关注员工在工作领域的角色表现。中国人对工作和家庭角色的整合提出更高的要求，因为他们将工作领域和家庭领域视为一个整体，所以他们的工作目标是获得更好的生活。① 研究结论为企业管理者认识三者的关系提供了理论的支持。企业管理者应该将"组织、员工和家庭"看成资源的有机整合和交换系统，在社会交换互利互惠的原则下，管理者的工作是帮助员工与组织和家庭建立长期的、互惠互利的交换关系，而不是仅仅关注员工与组织在工作角色领域的交换。

---

① Chen, W., Zhang, Y., Sanders, K., et al, "Family-Friendly Work Practices and Their Outcomes in China: The Mediating Role of Work-to-Family Enrichment and the Moderating Role of Gender", *The International Journal of Human Resource Management*, 2018, 29 (7): 1307–1329.

2. 管理者要从组织支持角度去促进员工工作与家庭之间的积极关系

研究结论有利于组织管理者从新的视角去理解员工组织支持感对工作家庭正向互动关系中的积极作用，为组织利用相应的支持性管理政策正向干预员工工作家庭提供实证和理论的依据。具体而言，第一，企业应该从制度层面体现对员工价值贡献的肯定和衡量。价值不仅包括员工知识、技能和经验等个人价值，也包括员工因应用个人价值和发挥个人努力给企业创造的价值。在薪酬设计、绩效考核中应该充分尊重和衡量这两种价值。第二，管理者特别是员工的直接上司应该加强对员工价值贡献的情感性肯定。通过社会奖励（如赞美、尊重、支持、欣赏、关心等）来回馈员工在工作角色领域的付出。第三，企业提供支持性的人力资源管理政策。管理者不仅可以通过实施弹性工作安排、增强工作自主性、塑造工作家庭文化氛围、鼓励家庭支持型主管行为，同时也可以通过加强对员工自身价值和贡献的肯定及个人利益和幸福的关心来促进工作家庭良性互动。

3. 管理者需要挖掘跨界增益过程中的积极心理资源

管理者也应该重视组织支持感跨界增益背后蕴藏的情感性路径。组织、个体和家庭的社会交换过程中，任何一方都想从社会交换中得到有价值的东西，除经济性资源以外（如工资报酬等），积极的心理资源（寒暄、组织认可、支持、关心、尊重和声望等）被视为最有价值的交换资源，因此管理者应该重视丰富心理情感性资源，重视同一组织情境下员工对组织支持的差异化感知。具体而言，第一，管人员可以通过肯定员工价值贡献、关注员工意见、关心员工切实利益、帮助员工解决困难等方式来帮助员工增强对组织和自身的积极评价等心理资源，这些会进一步影响工作家庭关系的互动体验。第二，管理人员应该增强员工的组织认同感。通过表达对员工家庭角色需求的关心，为员工创造实现个人目标和需求的机会，合理地奖励员工，提高员工工作参与度等管理手段提升员工的组织认同感。第三，重视员工的差异化心理需求。不同的员工对工作和家庭角色的价值感存在很大的差异，有些重视工作中自我价值的体现，这类员工在情感性激励中，应该更加重视对其工作价值的肯定，使其产生工作成就感、自豪感等；有些员工则更加重视工作的福祉体验和多重角色参与的益处。

（三）研究局限与未来研究展望

1. 研究局限

本章实证研究采用横截面数据，变量之间的因果关系验证尚不具备最充分的依据。同时，单一的研究法也不足以完全解答和验证研究提出的问题。[①] 模型提出的部分研究假设虽然得到本次实证调研数据的支持，但一次调研的数据和一种研究方式并不足以论证原有理论的假设；在研究结论与讨论部分，也亟待后续研究多角度多方法的验证模型假设，我们也会继续跟进。例如：为更好地揭示因果关系可以从纵向追踪的数据信息去挖掘，多方验证研究结论。追踪调查的优点在于研究者通过不同时间点重复观测同一群体，可以收集到

---

① Scandura, T. A., Williams, E. A., "Research Methodology in Management: Current Practices, Trends, and Implications for Future Research", *Academy of Management Journal*, 2000, 43 (6): 1248 – 1264.

被观察者随时间发展的行为和心理的连续变化数据，从而可以分析环境变化导致的被观察者行为演变的模式，以及各类现象之间的因果机制。

本章实证研究收集的数据均来源于自陈式的问卷采样，自陈式的问卷易于出现共同方法偏差的问题，很难完全规避。虽然采用 Harman 单一因子检验和不可测量潜在方法因子检验，表明共同方法偏差对研究结果的影响不大，但仍然难以完全避免此问题的存在，后续研究可在研究设计和方法上进一步加强。由于各种主客观条件的限制，在研究过程中尚存在一些局限之处，采用横截面数据，变量之间的因果关系的验证尚不具备最充分的依据。为更好地揭示因果关系，未来研究可以从纵向数据信息上去挖掘，多方验证该领域研究结论。

2. 未来研究展望

基于研究的理论模型和实证研究结论，为后续研究提出几点微薄的建议。从研究内容而言，研究揭示了组织支持感跨界增益的实现路径，未来研究可以进一步从工作—家庭边界特征的差异性、员工个体需求特征等去限定中介路径成立的条件。研究仅关注工作对家庭增益，并没有关注家庭对工作增益，未来研究可以思考家庭支持资源影响员工家庭对工作增益的实现路径。从研究设计而言，采用横截面数据，变量之间的因果关系验证尚不具备最充分的依据，后续研究为更好地揭示因果关系可以收集纵向追踪数据或采用实验研究法等，多方验证该领域的研究结论。

研究结论显示个体对组织支持感的差异化评估会引发个体心理因素的改变进而影响工作—家庭增益，从心理资源互惠交换的角度解释了"支持性资源感知—个体心理资源改变—工作家庭增益"这一路径。但组织支持性角色资源跨界增益发生背后蕴藏的心理机制中,除了组织认同、核心自我评估以外,还会给其他个体心理资源带来怎样的影响?如心理资本。心理资本是员工在成长和发展过程中表现出来的一种积极心理状态,由信心、乐观、希望和韧性四维度构成[1],是一种积极心理能量。个体所具有的自信、乐观、自尊等积极心理特质被视为能够管理和协调其他资源以获取满意结果的关键性个体资源。[2] 换言之,具备关键性心理资源(乐观、自信等)的个体更擅于整合情境资源,在减缓多重角色参与压力和协调多重角色问题上会表现得更出色。[3] 这些心理资源能否为跨界角色参与带来益处,还有待研究。

五 本章小结

在理论研究的基础上,本章重点关注工作支持资源跨界增益与扩散的作用路径,基于社会交换理论,实证检验工作—家庭增益在组织支持感与工作满意度关系中的中介作用,以及组织认同和核心自我评价分别在组织支持感与工作—家庭增益关系中的双中介作用,得出以下研究结论。

---

[1] Luthans, F., Norman, S. M., Avolio, B. J., et al., "The Mediating Role of Psychological Capital in the Supportive Organizational Climate – Employee Performance Relationship", *Journal of Organizational Behavior*, 2008, 29 (2): 219 – 238.

[2] Hobfoll, S. E., "Social and Psychological Resources and Adaptation", *Review of General Psychology*, 2002, 6 (4): 307 – 324.

[3] ten Brummelhuis, L. L., Bakker, A. B., "A Resource Perspective on the Work – Home Interface: The Work – Home Resources Model", *American Psychologist*, 2012, 67 (7): 545 – 556.

首先，组织支持感是工作—家庭增益的重要角色资源（前因变量）。组织支持感对工作—家庭增益具有显著正向影响。其次，组织认同和核心自我评价分别在组织支持感与工作—家庭增益的关系中起部分中介作用，诠释了组织支持感跨界增益的多重中介路径。最后，工作—家庭增益在组织支持感与工作满意度关系中的中介作用成立。从多重角色参与的视角，拓展了组织支持感的扩散作用。

第七章 家庭支持型主管行为跨界增益与扩散的实证研究

上章内容关注的支持性角色资源是工作领域中组织对员工个人价值的肯定和个人福祉的关心,重点挖掘了员工感知的组织层面的支持(组织支持感),主要研究了组织支持感跨界增益与扩散的作用机理,验证了前述章节理论模型中提到的角色资源跨界增益的逻辑主线,即"角色资源累积—个体心理资源改变—跨界增益—角色评价与投入"。但上章的研究中并未考虑逻辑主线成立的限定条件,本章在前述理论研究的基础上,将继续讨论另一个重要的工作域支持资源,即家庭支持型主管行为。

现如今工作已经成为人们社会活动中重要的一部分,而且工作占据了人们一天中大部分的时间。工作是一种有偿的劳动,不仅可以获取工作角色资源、实现自我价值和成就以及提升个体自尊,更成为人们幸福感的重要来源。[1] 现如今不论男性职员还是女性职员均需要解决日益增多的工作角色需求和家庭角色需求,迫切需要依靠组织

---

[1] 李爱梅、王笑天、熊冠星等:《工作影响员工幸福体验的"双路径模型"探讨——基于工作要求—资源模型的视角》,《心理学报》2015年第5期。

（公司或单位）帮助员工平衡工作角色需求和家庭角色需求。现有部分研究表明仅依赖组织层面正式的家庭支持性制度（弹性工作时间、儿童托管服务、远程办公、带薪休假等）并不能满足员工的工作和家庭需求。[①] 组织层面的家庭友好型政策落地的关键是主管领导对企业政策的解读和具体执行情况。主管作为组织的代言人，能够促进家庭支持性组织文化的形成[②]，是真正意义上组织家庭友好政策的执行者。本章将继续关注主管在帮助员工应对工作家庭需求，促进工作与家庭之间良性互动中的重要作用。组织中与员工密切接触的主管表现出的家庭支持型行为如何跨界增益和产生跨域扩散作用，以及员工在面对主管的家庭支持型行为时又会如何评价工作域，差异化的工作—家庭边界特征会对路径带来哪些限定影响，成为本章需要进一步思考的问题。

过往研究已经关注到了家庭支持型主管行为对员工工作—家庭增益的积极作用，但根据前述章节从社会交换理论层面的阐述，个体角色投入、资源累积、跨界增益的行为与体验过程，实际是在组织（工作领域）、个体、家庭所依存的一个更大、更长期和更稳定的资源保存与交换系统中发生的。前述章节理论模型论证提出跨角色领域中角色资源累积循环的动态循环主线，即"角色资源累积—跨界增益—角色评价—角色再投入"。工作—家庭增益与角色领域评估的关系中，某一角色领域收获的角色资源跨界满足个体另一角色需

[①] Allen, T. D., "Family - Supportive Work Environments: The Role of Organizational Perceptions", *Journal of Vocational Behavior*, 2001, 58 (3): 414 - 435; Ernst. K. E., Lewis, S., Hammer, L. B., "Work - Life Initiatives and Organizational Change: Overcoming Mixed Messages to Move from the Margin to the Mainstream", *Human Relations*, 2010, 63 (1): 3 - 19.

[②] Straub, C., "Antecedents and Organizational Consequences of Family Supportive Supervisor Behavior: A Multilevel Conceptual Framework for Research", *Human Resource Management Review*, 2012, 22 (1): 15 - 26.

求，提升角色表现的程度，决定了角色资源跨界增益的水平。角色资源的跨界增益基于个体对角色资源跨界满足角色需求状态的评估，同时工作—家庭增益也会有助于个体对原资源领域产生积极正向的评估。

目前有关工作—家庭边界的具体特征在角色资源跨界增益过程中深层次的调节作用考察不足。工作与家庭是两个拥有独立边界的角色领域。那么，哪些工作—家庭边界特征会影响角色资源跨界渗溢和扩散的过程？本章试图在前述章节跨界增益的理论研究的基础上，将支持性角色资源从关注工作域的支持转向对员工家庭域的直接支持，从组织层面的支持转向对组织中人的支持（上司/主管），从跨角色界面去验证家庭支持型主管行为影响工作幸福感的中介机制，即工作—家庭增益的中介作用；并结合边界理论，从个体边界控制感的角度分析家庭支持型主管行为跨界增益与扩散发生背后蕴藏的调节机制。家庭支持型主管行为的积极效应能够从工作环境溢出到家庭生活，帮助员工提升家庭角色领域的表现。

一 家庭支持型主管行为跨界增益的理论与研究假设

（一）家庭支持型主管行为与工作幸福感的关系假设

家庭支持型主管行为（Family - Supportive Supervisor Behaviors，FSSB）是指主管表现出的有助于员工履行家庭角色职责的支持性行为，其中包括提供情感性支持，即表达对员工家庭生活的关心，以一种让员工感到舒适的方式与他们交流；工具性支持，即针对员工个人的需要，通过日常管理积极地提供支持资源和服务，以帮助员工履行工作和家庭职责；角色的榜样行为，即主管有效地履行自己的工作和家庭职责，在协调、平衡工作和家庭关系方面向员工展现出榜样行为；实施创新式的工作—家庭管理，即主管主动采取政策性措施，提高员工管理家庭生活的能力，同时提高员工工作效率。① 现有研究已经验证了家庭支持型主管行为对工作领域角色的积极影响，如员工工作绩效。② 从社会交换理论视角也更多关注了家庭支持型主管行为对员工工作态度和工作绩效等工作领域表现的影响。③ 幸福是人类永恒的追求，个体对幸福的主观感知构成幸福感。工作幸福感是工作愉悦判断（积极态度）或愉悦体验（积极感受、心情、情绪和心流状态）。④ 工作幸福感作为一种结果状态，其产生主要依赖于两个关键要素，第一要素是积极的情感体验，它能够拓展人的身体、智力和社交资源；第二要素是总体目标感，它为人的行动指明方向和意义。⑤ 基于社会交换理论，当一方提供有重要价值和意义的资源给另一方时，会诱发另一方给予回报。⑥ 个人投入工作领域，以个人的时间、精力、能力、学识、经验和情感等个体的物质资源和情感资源为"代价"，预期收获工作领域相应的角色资源为"报酬"。家庭支持型主管行为能够满足员工的社会情感

---

① Hammer, L. B., Kossek, E. E., Yragui, N. L., et al., "Development and Validation of A Multidimensional Measure of Family Supportive Supervisor Behaviors (FSSB)", *Journal of Management*, 2009, 35 (4): 837 – 856; Hammer, L. B., Kossek, E. E., Bodner, T., et al., "Measurement Development and Validation of the Family Supportive Supervisor Behavior Short – Form (FSSB – SF)", *Journal of Occupational Health Psychology*, 2013, 18 (3): 285 – 296.

② 陈晓暾、杨晓梅、任旭：《家庭支持型主管行为对女性知识型员工工作绩效的影响：一个有调节的中介模型》，《南开管理评论》2020 年第 4 期。

③ 马红宇、邱慕梦、唐汉瑛等：《家庭支持型主管行为研究述评与展望》，《外国经济与管理》2016 年第 10 期。

④ Fisher, C. D., "Happiness at Work", *International Journal of Management Reviews*, 2010, 12 (4): 384 – 412.

⑤ Robertson, I. T., Cooper, C. L., "Full Engagement: The Integration of Employee Engagement and Psychological Well – Being", *Leadership and Organization Development Journal*, 2010, 31 (4): 324 – 336.

⑥ Cropanzano, R., Mitchell, M. S., "Social Exchange Theory: An Interdisciplinary Review", *Journal of Management*, 2005, 31 (6): 874 – 900.

关系需求，如尊重、关心和认可①，能够使员工获得心理"回报"。主管展现出的家庭支持型行为，对员工平衡工作家庭需求而言是重要且有意义的资源，不仅能够提升主管和员工之间的相互信任和承诺，促进交换关系的持续改进②，同时也会让员工产生积极的情感体验，更愿意积极地去评价工作域，收获更多的工作幸福感。具体而言，当员工需要协调工作家庭需求时，主管表现出情感层面的关心和支持，表达出对员工家庭事务的关心，这体现了主管对员工履行家庭责任的尊重、理解和重视。社会交换理论将这类资源列为社会资源，虽然没有物质价值，也无法用价格来衡量，却被视为最有价值的资源，所获资源能够满足个体的工作家庭需求，个体更倾向于认为工作是幸福的。家庭支持型主管行为会在工作领域营造出充满关怀的工作环境，这能够给员工更多的积极情绪体验，提高员工的工作幸福感。家庭支持型主管行为可以帮助员工更好地扮演家庭角色，从而让员工不被家庭事务所困，更好地投入工作去履行工作职责，员工也将从工作领域获取更多的角色资源，与工作域高质量交换的员工也会体验更高水平的工作幸福感。同时，家庭支持型主管行为会让员工收获积极情绪，带来认知灵活性，更好地专注于工作，体验工作幸福感。因此，家庭支持型主管行为能够促进员工的工作幸福感。由此，得到以下假设：

H7-1：家庭支持型主管行为对工作幸福感具有正向预测作用。

（二）工作—家庭增益的中介作用

工作—家庭增益更加关注工作家庭之间正向互动的本质，强调个

---

① Allen, T. D., "Family-Supportive Work Environments: The Role of Organizational Perceptions", *Journal of Vocational Behavior*, 2001, 58 (3): 414-435.

② Nahrgang, J. D., Morgeson, F. P., Ilies, R. "The Development of Leader-Member Exchanges: Exploring How Personality and Performance Influence Leader and Member Relationships Over Time", *Organizational Behavior and Human Decision Processes*, 2009, 108 (2): 256-266.

体由于在某一角色（工作或者家庭）中的投入，而对另一角色（如家庭或者工作）的发展做出贡献的程度，包括工作对家庭增益和家庭对工作增益。本章主要关注工作对家庭增益。社会交换理论认为社会交换应基于双边、交互、互惠原则，被交换的标的包括经济资源和社会资源。① 员工与组织之间、员工与家庭之间也必然存在这种交换关系，尤其是基于情感和心理资源的互换。工作中员工以投入自身资源为"代价"，以获取组织提供的一系列角色资源为"回报"，实现与组织的互换，交换的质量则取决于所收获的角色资源满足角色需求的程度，社会交换结果的价值取决于当事人的主观感受。家庭支持型主管行为是一种领导行为，从社会交换的视角，它也是员工实现工作家庭平衡，减少多重角色压力的支持性角色资源，对员工而言具有重要的价值。

现有研究已经证实家庭支持型主管行为会给工作—家庭增益带来积极影响。② 具体而言，主管展示出的家庭支持行为，会让员工感受到组织与主管对个人履行家庭责任的支持与帮助和对员工幸福生活的重视与关心，在满足员工情感支持和多重角色参与的需求上发挥积极作用，有助于工作—家庭增益。③ 员工需求的满足是组织与员工间良性交换体验的结果，这不仅有利于员工在工作领域的良好表现，同时积极的支持性资源也会在家庭角色领域参与中得以保存，有利于员工在家庭角色领域的表现和满足家庭角色参与的需要。具体而言，主管对员工工作家庭生活表达关心，对员工履行家庭责任表达尊重和理解等，这样的情感支持能够使员工增强信心并提升愉悦感。这些积极的心理

---

① Blau, Peter M., *Exchange and Power in Social Life*, New York: Wiley, 1964.
② Russo, M., Buonocore, F., Carmeli, A., et al., "When Family Supportive Supervisors Meet Employees' Need for Caring: Implications for Work – Family Enrichment and Thriving", *Journal of Management*, 2018, 44 (4): 1678 – 1702.
③ 陈晓暾、杨晓梅、任旭：《家庭支持型主管行为对女性知识型员工工作绩效的影响：一个有调节的中介模型》，《南开管理评论》2020年第4期。

状态将转移到家庭角色领域，继而为参与家庭角色储备积极的心理能量，并提升家庭角色领域的表现，体验工作—家庭增益。① 当主管积极帮助员工调整工作任务以应对家庭需求时，这类工具性支持能够立刻减缓员工的紧张并分担员工的家庭角色压力，有助于员工更好地扮演家庭角色，使员工体会工作对家庭增益。当主管展现出不打扰员工家庭生活等榜样行为时，员工可以更好地守护自己的家庭时光，也能在主管的榜样行为中寻求平衡工作家庭需求的经验，这有助于提升员工在家庭角色中的表现。当主管主动发起对工作时间、地点、方式等的创新式工作家庭管理时，能够帮助员工更加有效地协调和处理工作和家庭之间的关系，从源头上降低员工工作与家庭需求的不平衡感，建立起公司的后援支持系统，这有助于员工更好地扮演家庭角色。可见，家庭支持型主管行为有助于员工体验工作对家庭增益。

员工个人在其整个职业生涯中工作角色与家庭角色的相互转换是反复出现和恒定不变的，并且难以轻言工作角色与家庭角色孰重孰轻。基于社会交换理论，前述理论章节论证指出某一角色领域收获的角色资源跨界满足个体另一角色需求，提升角色表现程度，决定了角色资源跨界增益的水平。工作对家庭增益意味着员工投入工作域的资源得到了预期的回报，会有助于个体对原资源领域产生积极正向的评估和满意感。员工可以通过满足自主、胜任和关系这三个人类基本心理需要来实现工作幸福感。② 一方面，工作对家庭增益能够有助于促进员工扮演家庭角色和提升家庭中的表现，有助于员工更好地满足多重角色参与的需求，体验到对生活的掌控感，从而更加认为工作是有价值的。工

---

① Greenhaus, J. H., Powell, G. N., "When Work and Family are Allies: A Theory of Work – Family Enrichment", *Academy of Management Review*, 31 (1), 2006: 72 – 92.
② 邹琼、佐斌、代涛涛:《工作幸福感:概念、测量水平与因果模型》,《心理科学进展》2015 年第 4 期。

作增强了多重角色的胜任感，会让员工体验工作幸福感。另一方面，工作对家庭增益，会让员工在多重角色参与中收获更多的积极情绪（开心、愉悦等），也更愿意积极地面对工作，更加肯定工作对协调多重角色需求的价值，体验更多的工作幸福感。

综上，员工参与工作领域角色收获来自主管的家庭支持行为，家庭支持型主管行为会让员工在平衡家庭角色时拥有更多的支持，员工个体体会到工作对家庭增益也越强。工作对家庭增益状态下，员工会更加认可工作的价值感，收获更多的积极情感，最终获得更多的工作幸福感。由此，提出以下假设：

H7-2：工作—家庭增益在家庭支持型主管行为与工作幸福感的关系中起中介作用。

（三）边界控制感的调节作用

组织、个人、家庭可以视为一个整合系统，但工作与家庭却是两个有着相互独立边界的角色领域，因此支持型主管行为跨界增益的过程，也应该考虑工作—家庭边界管理特征的影响。现有研究从边界融合或分离（Integration/Segmentation）、边界灵活性（Flexibility）、边界渗透性（Permeability）等来描述边界特征，并且工作与家庭之间的边界渗透性变得越来越强。[1] 工作与家庭边界在移动互联网时代日益模糊化，在物理空间上提供了远程办公和在家办公的可能性，在时间上打破了过去工作和家庭时间的明确界限，同样也从心理上潜移默化地模糊了员工对工作家庭两域的心理边界。[2] 在移动互联网时代，工作与家

---

[1] Allen, T. D., Cho, E., Meier, L. L., "Work-Family Boundary Dynamics", *The Annual Review of Organizational Psychology and Organizational Behavior*, 2014, 1 (1): 99-121.

[2] 林忠、孟德芳、鞠蕾：《工作—家庭增益方格模型构建研究》，《中国工业经济》2015年第4期。

庭之间的边界渗透性日益增强，阻隔工作与家庭之间的渗透变得很难，特别是心理性渗透。但员工工作—家庭边界的灵活性却因企业、行业、文化和制度的差异而迥异。部分企业也开始通过管理工作与家庭边界的灵活性等策略来满足员工工作与家庭的需求。Clark[1]将边界灵活性解释为个体对边界收缩或扩张能力的感知程度。组织的政策和实践通常会约束个体有关工作—家庭边界的管理[2]，组织对工作—家庭边界差异化的管理风格会导致员工差异化的工作—家庭边界控制感，成为个体边界管理的重要特征之一。

边界控制感（Perceived Boundary Control，PBC）是指个体能够掌控他们如何管理工作和家庭生活之间边界的程度，是个体对工作—家庭边界控制感的心理阐释，它并非一种个体特质。边界控制感强的员工会相信他们能够控制工作与家庭跨越边界的时间、频率和方向，以适应他们的不同身份和多重角色需求。[3] 一方面，边界控制感较高的人可以感知到更多资源，拥有更高的自我认同。[4] 从资源的增益视角看，拥有个体资源较多的人，即边界控制感较强的人，可以感知到更多的其他资源，并且这些资源可以促使他们体验到更高的工作—家庭增益。[5] 换言之，边界控制感越强的员工，拥有更强的自身边界控制

---

[1] Clark, S. C., "Work/Family Border Theory: A New Theory of Work/Family Balance", *Human Relations*, 2000, 53 (6): 747-770.

[2] Olson-Buchanan, J. B., Boswell, W. R., "Blurring Boundaries: Correlates of Integration and Segmentation between Work and Nonwork", *Journal of Vocational Behavior*, 2006, 68 (3): 432-445.

[3] Kossek, E. E., Ruderman, M. N., Braddy, P. W., et al., "Work-Nonwork Boundary Management Profiles: A Person-Centered Approach", *Journal of Vocational Behavior*, 2012, 81 (1): 112-128.

[4] Kossek, E. E., Lautsch, B. A., "Work-Family Boundary Management Styles in Organizations: A Cross-Level Model", *Organizational Psychology Review*, 2012, 2 (2): 152-171.

[5] 姜海、马红宇、谢菊兰等：《家庭支持型主管行为对员工工作态度的影响：有调节的中介效应分析》，《心理科学》2015年第5期。

力和适应多重角色的能力，对主管层面的多重角色的帮助和支持的感知能力也会更强，从而强化了家庭支持型主管行为对工作—家庭增益的积极影响。相反，边界控制感较弱的员工通常会感到他们无法控制边界以适应不同身份和多重角色需求[①]，因自身控制和管理工作和家庭之间边界的能力较弱，多重角色参与中很难依靠自身对工作—家庭边界的掌控来协调多重角色参与的需求，同时对主管表现出的家庭支持型行为的感知能力也较弱，自我认同感较低，家庭支持型主管行为对工作—家庭增益的积极关系会被弱化。另一方面，员工每天跨越工作和家庭角色领域边界，频繁地参与角色转换，并利用物理空间、时间、个体心理的界限对工作和家庭领域进行区分。工作—家庭增益跨越工作家庭领域边界，关注某一角色领域收获的角色资源跨界应用并促进其在另一角色领域的表现和提升其生活品质的程度。既然工作与家庭是拥有各自独立边界的两个角色领域，员工是跨界增益的主体，同时也是角色资源的载体，跨界增益必然会受到个体工作—家庭边界控制力的影响。对工作和家庭生活之间边界的控制程度越强的员工，越能够根据自身工作—家庭边界环境情况，更好地利用和发挥家庭支持型主管行为的益处，更好地提升家庭角色领域的表现，体验更多工作对家庭增益。由此，提出以下假设：

H7－3：边界控制感对家庭支持型主管行为与工作—家庭增益之间关系具有正向调节作用，即与边界控制感较弱的员工相比，边界控制感越强，家庭支持型主管行为对工作—家庭增益的正向影响越强。

[①] Kossek, E. E., Ruderman, M. N., Braddy, P. W., et al., "Work–Nonwork Boundary Management Profiles: A Person–Centered Approach", *Journal of Vocational Behavior*, 2012, 81 (1): 112–128.

综上所述，工作—家庭增益在家庭支持型主管行为与工作幸福感之间起中介作用，且边界控制感对家庭支持型主管行为与工作—家庭增益之间的关系起正向调节作用。员工边界控制感越强，则家庭支持型主管行为对工作—家庭增益的促进作用越强。由此进一步推论，工作—家庭增益在家庭支持型主管行为与工作幸福感之间的中介效应也可能受到员工边界控制感的影响，即员工边界控制感越强，工作—家庭增益传导家庭支持型主管行为对工作幸福感的积极作用也越强，由此，提出以下假设：

H7-4：边界控制感能够调节工作—家庭增益在家庭支持型主管行为与工作幸福感之间的中介效应，当边界控制感增强时，家庭支持型主管行为通过工作—家庭增益影响工作幸福感的正向效应会增强。

本研究的理论模型如图7-1所示。

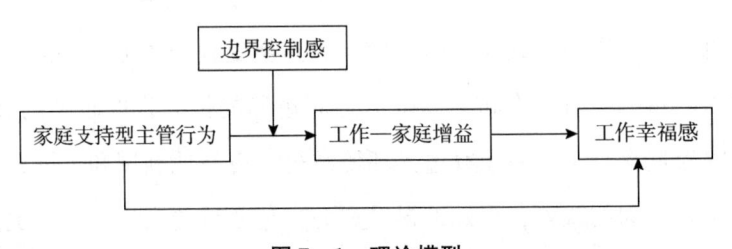

图7-1 理论模型

二 家庭支持型主管行为跨界增益的研究设计

紧扣上节内容所提出的研究理论模型与研究假设，本节计划通过科学合理的研究设计，将研究设想逐步落实到研究操作过程的每一步。研究设计主要包括以下几方面的内容。第一部分，对研究所涉及的主要变量（家庭支持型主管行为、工作—家庭增益、工作幸福感、边界控制感）进行操作性的界定，寻求有效的测量工具。第二部分，总结概述整个研究设计的思路和具体的步骤及所用到的研究方法。第三部分，详细阐述调研对象的选取、问卷设计与发放流程，为下一步数据的获取和处理做相应的准备。

（一）构念的定义与测量

研究所使用的量表均为国内外学者开发的成熟量表。在确保测量有效性的前提下，研究倾向于选择较为简短的量表，以避免冗长的调查问卷给调研对象造成厌烦和不愿作答的负向影响，旨在保证数据质量和研究的有效性。原始语言为英文的量表按照惯例，采用直接翻译结合回译的方式来保证翻译质量。[1] 研究根据本国语言表达的习惯，结合研究实际开展对所需量表的整理、细化和翻译工作。量表翻译过程中，反复对问卷中有歧义、用词不当、意思模棱两可的测量条目进行修正。为保证所有题项能够被本次调研的对象所理解，且符合本次调研的背景，我们选取了十位（未纳入最后调研）企业工作职员阅读全部题项，并就他们提出疑义的地方进行修改，最终形成本次调研问卷。管理学研究中较多使用内部一致性信度（Internal Consistency Reliability）来评估量表内部条目之间的一致性和稳定性，同一构念的测量条目之间一致性程度越高表明整个量表的随机误差也越小，Cronbach α 系数是管理学研究中最为常用的，一般建议值不低于 0.7，在 0.8 以上较为理想。[2]

---

[1] Schaffer, B. S., Riordan, C. M., "A Review of Cross-Cultural Methodologies for Organizational Research: A Best-Practices Approach", *Organizational Research Methods*, 2003, 6 (2): 169–215.

[2] 罗胜强、姜嬿：《管理学问卷调查研究方法》，重庆大学出版社 2014 年版，第 152—158 页。

1. 家庭支持型主管行为

家庭支持型主管行为是指主管表现出的支持家庭的行为。Hammer 等[①]编制了 14 个条目的家庭支持型主管行为量表，包括情感性支持、工具性支持、榜样行为和创造性的工作—家庭管理四个维度。如"我的主管愿意倾听我周旋于工作与生活之间的问题"等。研究采用 Hammer 等[②]的家庭支持型主管行为的简版量表，共计 4 个条目，如"在谈论我的工作与家庭生活的冲突时，我的主管让我感到很舒心""我的主管在如何兼顾工作和家庭这个问题上，展示了有效的行为""我的主管与员工一起高效工作，以创造性地解决工作与家庭之间的冲突""我的主管在组织部门/单位工作中，能让员工和企业都有利"。该量表采用 Likert 5 点量表，其中"1"代表非常不同意，"2"代表比较不同意，"3"代表不确定，"4"代表比较同意，"5"代表非常同意。研究变量家庭支持型主管行为（$\alpha = 0.936$）的内部一致性系数的值在 0.8 以上，量表具有较好的内部一致性信度。

2. 工作—家庭增益

工作—家庭增益强调某一角色领域获取的角色资源跨界渗溢并有助于另一角色领域表现和提升生活品质的程度，包括工作对家庭增益和家庭对工作增益。工作—家庭增益的量表仅关注工作对家庭增益。

[①] Hammer, L. B., Kossek, E. E., Yragui, N. L., et al., "Development and Validation of a Multidimensional Measure of Family Supportive Supervisor Behaviors (FSSB)", *Journal of Management*, 2009, 35 (4): 837–856.

[②] Hammer, L. B., Kossek, E. E., Bodner, T., et al., "Measurement Development and Validation of the Family Supportive Supervisor Behavior Short–Form (FSSB–SF)", *Journal of Occupational Health Psychology*, 2013, 18 (3): 285–296.

与上一章实证研究相同，工作对家庭增益的测量同样借鉴 Kacmar 等①的量表，包括 3 个条目的工作对家庭增益的问卷，如"参与工作能帮助我理解不同的观点，有助我成为一名更好的家庭成员""参与工作能让我感到快乐，有助我成为一名更好的家庭成员""参与工作能让我感到充实，有助我成为一名更好的家庭成员"。该量表采用 Likert 5 点量表，其中"1"代表非常不同意，"2"代表比较不同意，"3"代表不确定，"4"代表比较同意，"5"代表非常同意。研究变量工作—家庭增益（$\alpha = 0.920$）的内部一致性系数的值在 0.8 以上，量表具有较好的内部一致性信度。

3. 工作幸福感

工作幸福感是幸福感在工作领域的反映，是员工幸福感的重要构成。员工幸福感既是员工对工作层面与生活层面满意程度的认知与感知，又是在工作层面与非工作层面所表现出来的情感心理体验和满足状态。② 基于整合的视角，员工幸福感量表包括生活幸福感、工作幸福感以及心理幸福感三个维度。本章只关注工作对家庭增益会影响个体对原资源领域（工作域）的积极评价。因此，仅选择工作幸福感维度。工作幸福感量表选用 Zheng 等③研究中的量表，共计 6 个条目，具体为"我的工作非常有趣""总体来说，我对我从事的工作感到非常

---

① Kacmar, K. M., Crawford, W. S., Carlson, D. S., et al., "A Short and Valid Measure of Work - Family Enrichment", *Journal of Occupational Health Psychology*, 2014, 19 (1): 32 - 45.

② 郑晓明、刘鑫：《互动公平对员工幸福感的影响：心理授权的中介作用与权力距离的调节作用》，《心理学报》2016 年第 6 期。

③ Zheng, X. M., Zhu, W. C, Zhao, H. X., et al., "Employee Well - Being in Organizations: Theoretical Model, Scale Development, and Cross - Cultural Validation", *Journal of Organizational Behavior*, 2015, 36: 621 - 644.

满意""我总能找到办法来充实我的工作""我对我具体的工作内容感到基本满意""对于我来说,工作会是很有意义的一场经历""我对从目前工作中获得的成就感感到基本满意"。该量表采用 Likert 5 点量表,其中"1"代表非常不同意,"2"代表比较不同意,"3"代表不确定,"4"代表比较同意,"5"代表非常同意。研究变量工作幸福感($\alpha = 0.920$)的内部一致性系数的值在 0.8 以上,量表具有较好的内部一致性信度。

4. 边界控制感

边界控制感是个体能够掌控他们如何管理工作和家庭生活之间边界的程度。具有较高边界控制感的个体会相信自身可以控制跨越边界的时间、频率和方向,以适应自己的身份和多种角色需求。相反,边界控制感较弱的个体可能会认为他们无法控制边界来适应自己的身份。采用 Kossek 等[1]编制的边界控制感量表,共计 3 个条目。如,"我的工作与个人生活能否分开是由我掌控的""我的工作与个人生活能否有清晰的界限是由我掌控的""我一天的工作与私人生活能否兼顾是由我掌控的"。该量表采用 Likert 5 点量表,其中"1"代表非常不同意,"2"代表比较不同意,"3"代表不确定,"4"代表比较同意,"5"代表非常同意。该量表的 Cronbach's alpha 系数为 0.888。边界控制感($\alpha = 0.888$)的内部一致性系数的值在 0.8 以上,量表具有较好的内部一致性信度。

---

[1] Kossek, E. E., Ruderman, M. N., Braddy, P. W., et al., "Work‐Nonwork Boundary Management Profiles: A Person‐Centered Approach", *Journal of Vocational Behavior*, 2012, 81 (1): 112–128.

5. 控制变量

参考已有文献，本章引入性别、年龄、婚姻状态、最高受教育水平、子女数量和周工作时长作为控制变量。传统上，性别观念和家庭观念都强调男性应该是家庭的经济支柱，而女性更应该关注家庭内部事务。一般来说，女性比男性更重视家庭，而男士则更重视工作。受过高等教育的员工很容易知道如何有效地利用工作中获得的资源来改善家庭的生活质量。受教育水平和婚姻状态是与工作—家庭增益有关的关键因素。[①] 年龄会影响个体工作—家庭增益的经历和经验。[②]

（二）研究方法与步骤

本章通过追踪调查法来进一步收集数据，验证家庭支持型主管行为跨界影响工作幸福感的理论模型。追踪调查的优点在于研究者通过在不同时间点重复观测同一群体，可以收集到被观察者随时间发展的心理和行为的连续变化数据，从而可以分析环境变化导致的被试行为演变模式，以及各类现象之间的因果机制。具体研究方法与步骤见表 7–1。

首先，选取和翻译量表、设计调研问卷。本阶段通过对家庭支持型主管行为、工作—家庭增益、工作幸福感、边界控制感的相关文献的回顾和梳理，选取与研究领域相关、学者广泛采用且信度较高的简短的测量量表。对原始问卷为英文的量表进行前期的翻译和回译工作，最后设计出调研的问卷。

[①] Cooklin, A. R., Westrupp, E. M., Strazdins, L., et al., "Fathers at Work: Work–Family Conflict, Work–Family Enrichment and Parenting in an Australian Cohort", *Journal of Family Issues*, 2016, 37 (11): 1611–1635.

[②] Jaga, A., Bagraim, J., "The Relationship between Work–Family Enrichment and Work–Family Satisfaction Outcomes", *South African Journal of Psychology*, 2011, 41: 52–62.

表 7-1　　　　　　　　　　研究方法与步骤

研究内容	研究步骤	研究方法
文献梳理与理论模型构建 ①理论与文献梳理 ②基于社会交换理论，从跨角色增益视角，构建家庭支持型主管行为影响工作幸福感的理论模型	追踪国内外现有文献 整理形成文献综述 理论模型构建 研究假设论证	文献归纳法 文献归纳法 理论演绎法
纵向追踪实证研究设计 ①调查问卷的设计 ②多时点纵向追踪调研方案的设计	量表的选取 问卷的设计 样本选取与数据收集	问卷调查法（多时点）
数据分析与假设检验 ①数据分析与处理 ②实证研究检验：工作—家庭增益在家庭支持型主管行为与工作幸福感关系中的中介作用；边界控制感在家庭支持型主管行为与工作—家庭增益关系中的调节作用	变量的区分效度检验 共同方法偏差检验 变量描述性统计分析 假设验证 研究结论总结	验证性因子分析；Harman 单因素检验；中介效应检验；调节效应检验；被调节的中介效应检验

其次，纵向追踪调研方案的设计。追踪调查将分三个阶段进行：t_0 时点作为调研的初始时点，我们测试和收集研究对象的家庭支持型主管行为、边界控制感的数据，同时测试样本相关的控制变量。经过 3 个月，我们测试 t_1 时点工作—家庭增益的数据。再经过 3 个月，我们测试收集 t_2 时点的工作幸福感数据，整个流程历时半年。

最后，数据处理与研究假设验证。此阶段对正式回收问卷进行筛选，为保证数据的准确性，剔出部分填答和全部不填答的问卷，因这类情况多为不想回答的应对之举。再一次检验量表的信度效度，使用 Cronbach α 系数来衡量构念的信度，使用验证性因子分析检验构念的收敛效度。利用 Harman 单因素检验来检验共同方法偏差的事前控制是否达到效果。利用 PROCESS 程序实现中介效应和调节效应的检验，利用层次回归结果检验变量之间的关系。

（三）样本与数据收集过程

本章以企业在职员工为研究对象，为降低潜在的共同方法偏差，采用三个阶段的数据收集方式，为了保证多次问卷能够有效配对，问卷中均让被试填写手机尾号后四位数字，作为配对的识别编号。三个阶段数据配对成功的被试将收到线上红包奖励。数据采集集中在半年内完成。考虑三个阶段采集数据的时间周期较长且需要跨省多地采集，其间可能受到疫情防控政策的影响，为确保三个阶段采集的时间周期准确性和持续性，最终选择以线上调研的方式进行。通过问卷对太原、成都等地的企业员工进行在线调研，主要涵盖金融、教育咨询、科技等行业领域，每次采样时间间隔约 3 个月。

为了提升数据收集的数量和质量，首先，与所在企业的负责人进行沟通，征得同意后，在企业中设置一个联络人，通过他们对所在企业的被试进行点对点联系，并告知他们调研的目的性和自愿性。问卷发放前，发送"联络人问卷发放须知"，重点强调以下内容：第一，告知被试本次调研分三个阶段收集，历时半年，三个阶段数据完整才可配对成功；第二，提醒被试者手机号码后四位是本次配对数据的识别编号，请确保三个阶段研究中填写同一手机号码后四位；第三，记录每次发放问卷的部门或具体人员代号，并交由项目组备份，三个月后可根据上一阶段的发放记录发放下一轮。接下来研究团队一对一地对联络人进行问卷发放须知的告知。再次强调调研内容、目的，并要求鼓励调研对象结合最真实的感受作答，可拒绝填写，也可随时中止问卷填写。随后联络人对自愿参与调研的被试者进行问卷的发放并提醒他们按时提交问卷，尤其是强调问卷纯属学术之用，请放心填写。同时，为提高调研结果的有效性，在问卷的填写说明中用加粗字体强调"问卷所涉及的所有问题仅用于学术研究，不涉及任何商业用途，承诺保护调研对象隐私"。

在时点第一阶段（T_0）收集家庭支持型主管行为、边界控制感和人口统计变量的数据，共回收了 485 份填答完整的问卷；第二阶段（T_1）继续向参与第一阶段调研的被试者发放问卷，用于收集工作—家庭增益的数据，回收了 395 份问卷，回收率为 81.44%；第三阶段（T_2）向参与第二阶段的被试者发放问卷，用于收集工作幸福感的数据，回收了 318 份问卷，回收率为 80.51%。为减轻联络员的发放负担，三轮发放中我们均向第一轮发放的人投放问卷，并特别说明若上一阶段未参与，本阶段及以后可忽略不填。最终，剔除了三个阶段无法有效配对和填答不完整的问卷后，获得有效问卷 215 份。在 215 份有效样本中，男性 111 人，占 51.4%；女性 104，占 48.4%。年龄在 26—30 岁和 31—35 岁的居多，其中 20—25 岁的有 18 人，占 8.4%；26—30 岁的有 77 人，占 35.8%；31—35 岁的有 80 人，占 37.2%；36—40 岁的有 19 人，占 8.8%；41—50 岁的有 12 人，占 5.6%；50 岁以上的有 9 人，占 4.2%。学历以本科和硕士及以上为主，其中高中及以下 12 人，占 5.6%；专科 25 人，占 11.6%；本科 103 人，占 47.9%；硕士及以上学历 75 人，占比 34.9%。婚姻状况中已婚的 142 人，占比 66%；未婚的 72 人，占比 33.5%；其他 1 人，占比 0.5%。子女数量为没有孩子的 84 人，占比 39.1%；1 个孩子的 116 人，占比 54%；2 个孩子的 14 人，占比 6.5%，3 个孩子及以上的 1 人，占比 0.5%。每周工作 25 小时及以下的 13 人，占比 6%；25—29 小时的 38 人，占比 17.7%；40—45 小时的 83 人，占比 38.6%；45 小时以上的 81 人，占比 37.7%。

三 家庭支持型主管行为跨界增益的数据分析与结果

(一) 共同方法偏差检验

共同方法偏差是由于同样的数据来源、同样的评分者、同样的测量环境（实践、地点等）、相似的项目语境以及项目本身特征所造成的预测变量与效标变量之间人为的共变。为了减少共同方法偏差对数据结果造成的影响，在数据收集过程中进行了以下的事前控制：第一，在问卷收集工作开始前，告知员工该问卷仅用于学术研究，以保证数据的真实性与可靠性，旨在保持匿名性和减少被试者对研究目的的猜度；第二，采用三个阶段数据收集方式，通过多时点采集来保证数据分析结果的准确性；第三，对调查问卷的不同量表出现的顺序进行调整，防止被试者猜度变量关系。然而，同一时点和自评都可能引起共同方法偏差的问题。由于研究中的关键变量均由同一员工填写，研究结果仍然可能存在共同方法偏差的影响，虽然研究采用多时点数据采集方式对可能出现的共同方法偏差进行事前的控制，但由于数据来源于自陈式问卷，很可能存在共同方法偏差，从而影响研究的效度，有必要进行共同方法偏差的事后检测。共同方法偏差的事后检验的一般原理是，如果方法变异大量存在，进行验证性因素分析可能会出现有共同方法变异，因子模型的拟合指数明显优于无共同方法变异因子的模型。

采用 Harman 单因素检验来检验共同方法偏差。Harman 单因素检验基本假设是方法变异大量存在时，进行探索性因素分析时，会提取出一个因子，或者能够解释大部分变量的变异的一个共同因子，将四个核心变量的全部测量条目放在一起做探索性因素分析。运用主成分分析法，检验未旋转的因素分析结果，提取特征值大于1的因子，结果显示共有四个主成分因子的特征值大于1，四个因子的累计方差贡献率为80.042%；此外，第一因子解释了累计方差的36.944%，小于40%。没有一个公共因子可以解释绝大部分变异。因此，研究不存在严重的共同方法偏差问题。但Harman单因素检验是一种相对不灵敏的检验，除非存在较为严重的共同方法偏差，否则一般不会出现一个共同因子解释绝大部分变量变异的情况，Harman单因素检验通过，表示不存在非常严重的共同方法偏差问题。

（二）验证性因素分析

利用AMOS 24.0软件对家庭支持型主管行为、边界控制感、工作—家庭增益，以及工作幸福感这四个变量进行验证性因素分析，并将拟合指数与其他几个模型相比较。具体结果见表7-2，四因子模型的各项拟合指标都达到了推荐标准（$\chi^2/df = 1.582$，CFI = 0.978，TLI = 0.973，RMSEA = 0.052，RMR = 0.032）；同时，四因子模型的拟合指数明显优于其他几个备选模型，说明这四个变量有较好的区分效度。

表7-2　　　　　　　　　　验证性因子分析结果

模型	χ^2	df	$\chi^2/(df)$	CFI	TLI	RMSEA	RMR
FSSB,WFE,PBC,WH	155.066	98	1.582	0.978	0.973	0.052	0.032
FSSB + WFE,PBC,WH	625.735	101	6.195	0.799	0.761	0.156	0.105
FSSB + PBC,WFE + WH	916.043	103	8.894	0.689	0.638	0.192	0.120
FSSB + WFE + PBC + WH	1653.270	104	15.897	0.407	0.316	0.264	0.205

注：FSSB为家庭支持型主管行为，WFE为工作—家庭增益，PBC为边界控制感，WH为工作幸福感。

(三) 描述性统计分析

本章中所有变量的均值、标准差，以及变量间相关系数的结果见表7-3。可以看出，家庭支持型主管行为（$r=0.291$，$p<0.01$）和工作—家庭增益（$r=0.322$，$p<0.01$）都与工作幸福感正相关；此外，家庭支持型主管行为也与工作—家庭增益正相关（$r=0.262$，$p<0.01$）。以上结果符合研究的预期，为检验假设提供了初步支持，可以进行后续的检验。

区分效度强调同一方法应能区分不同的测量内容，一个测量不应该与其他构念的测量相关很大。区分效度的检验可以通过潜变量之间的 AVE 平方根和相关系数进行比较，如果 AVE 值的平方根大于各潜变量的相关系数，则表明变量之间具有较好的区分效度。[1] 研究变量的均值、标准差、相关系数与 AVE 值平方根等相关信息见表7-3。家庭支持型主管行为、工作—家庭增益、边界控制感、工作幸福感的平均方差抽取量（AVE）分别为 0.786、0.818、0.784 和 0.701。将表中加粗字体显示的 AVE 的平方根与变量相关系数的比较，发现各变量的 AVE 值的平方根值介于 0.837 到 0.904 之间，均高于与各变量间的相关系数，说明变量之间具有良好的区别效度。

表7-3　　　　　　　各变量的均值、标准差和相关系数

变量	M	SD	1	2	3	4	5	6	7	8	9	10
性别	0.480	0.501	—	—	—	—	—	—	—	—	—	—
年龄	3.800	1.161	0.023	—	—	—	—	—	—	—	—	—

---

[1] Fornell, C., Larcker, D. F., "Equation Models with Unobservable Variables and Measurement Error: Algebra and Statistics", *Journal of Marketing Research*, 1981, 18 (3): 382–388.

续表

变量	M	SD	1	2	3	4	5	6	7	8	9	10
学历	3.120	0.823	0.016	-0.356**	—	—	—	—	—	—	—	—
婚姻状况	1.340	0.486	0.100	-0.482**	0.129	—	—	—	—	—	—	—
子女数	1.680	0.613	-0.093	0.462**	-0.118	-0.762**	—	—	—	—	—	—
每周工作时长	3.080	0.890	-0.264**	-0.034	0.134	0.099	-0.099	—	—	—	—	—
FSSB	3.450	0.932	-0.173*	0.005	-0.077	0.020	-0.013	0.039	(0.786)	—	—	—
WFE	3.900	0.821	-0.008	0.021	-0.111	-0.106	0.037	-0.023	0.262**	(0.818)	—	—
PBC	3.474	0.853	-0.029	-0.048	0.020	0.006	-0.021	0.024	0.363**	0.133	(0.784)	—
WH	3.422	0.819	0.000	0.119	-0.104	-0.067	0.112	-0.053	0.291**	0.322**	0.097	(0.701)

注：* 表示 $p<0.05$，** 表示 $p<0.01$，括号中为 AVE 值。FSSB 代表家庭支持型主管行为，WFE 代表工作—家庭增益，PBC 代表边界控制，WH 代表工作幸福感。

（四）假设检验结果

1. 家庭支持型主管行为与工作幸福感的关系假设检验结果

表7-4展现了回归分析的结果。假设1预测家庭支持型主管行为正向影响了工作幸福感，首先在模型中加入性别、年龄、学历、婚姻状况、子女数，及每周工作时长，分析这些变量对员工工作幸福感的影响效应。随后，将家庭支持型主管行为加入模型1中，回归分析的结果见表7-4的模型2，家庭支持型主管行为对工作幸福感存在显著的正向影响（$\beta=0.298$，$p<0.001$），因此，假设1得到了验证。

2. 工作—家庭增益的中介假设检验结果

假设 2 指出工作—家庭增益中介了家庭支持型主管行为与工作幸福感之间的关系。从表 7-5 的模型 2 和表 7-4 的模型 2 可以看出，家庭支持型主管行为对工作—家庭增益（$\beta=0.267$，$p<0.001$）和工作幸福感（$\beta=0.298$，$p<0.001$）的正向影响都是显著的；此外，从表 7-4 的模型 3 可以看出，工作—家庭增益对工作幸福感也存在显著的积极影响（$\beta=0.325$，$p<0.001$）。在模型 2 中加入工作—家庭增益后，模型 4 的结果显示家庭支持型主管行为对工作幸福感的影响效应下降（$\beta=0.227$，$p<0.01$），说明工作—家庭增益在家庭支持型主管行为与工作幸福感之间起部分中介作用。因此，假设 2 得到了验证。进一步的，研究还通过 PROCESS 程序来检验工作—家庭增益的中介作用，Bootstrap 方法（抽样 5000 次）的结果显示工作—家庭增益的中介效应系数为 0.062；且 95% 的置信区间为 [0.0212, 0.1300]，不包含 0，为假设 2 提供了进一步的支持。

表 7-4　　　　　　　　　对工作幸福感的回归分析结果

变量	工作幸福感					
	模型 1	模型 2	模型 3	模型 4	模型 5	模型 6
性别	-0.007	0.046	-0.010	0.031	0.053	0.036
年龄	0.073	0.071	0.098	0.092	0.078	0.094
学历	-0.068	-0.044	-0.027	-0.017	-0.031	-0.011
婚姻状况	0.075	0.061	0.139	0.117	0.071	0.119
子女数	0.122	0.125	0.152	0.149	0.129	0.149
每周工作时长	-0.039	-0.038	-0.040	-0.039	-0.036	-0.038

续表

变量	工作幸福感					
	模型1	模型2	模型3	模型4	模型5	模型6
家庭支持型主管行为	—	0.298***	—	0.227**	0.311***	0.243**
工作—家庭增益	—	—	0.325***	0.265***	—	0.249***
边界控制感	—	—	—	—	0.013	-0.004
家庭支持型主管行为*边界控制感	—	—	—	—	0.124 (p=0.065)	0.069
R^2	0.026	0.112	0.129	0.175	0.126	0.179
F	0.940	3.714**	4.368***	5.451***	3.292**	4.45***

注：* $p<0.05$；** $p<0.01$；*** $p<0.001$（双尾检验）。

3. 边界控制感的调节作用检验结果

本节检验模型中边界控制感对家庭支持型主管行为与工作—家庭增益关系的调节作用是否显著。利用SPSS 26.0多层回归分析方法检验假设3，即假设3提出边界控制感增强了家庭支持型主管行为与工作—家庭增益之间的正向关系。调节效应检验回归前先对包含在交叉项中的变量进行中心化处理，即对家庭支持型主管行为和边界控制感进行了标准化处理，并构建了"家庭支持型主管行为*边界控制感"的交互项。回归模型中以工作—家庭增益为因变量，第一步放入控制变量性别、年龄、学历、婚姻状况、子女数、每周工作时长。第二步放入自变量家庭支持型主管行为和调节变量边界控制感。第三步放入家庭支持型主管行为*边界控制感的交叉乘积项进行回归分析。表7-5的模型4的回归结果显示，家庭支持型主管行为与边界控制感的交互项对工作—家庭增益存在显著的积极影响（$\beta=0.223$，$p<0.01$）。

表 7-5　　　　　　　　　对工作—家庭增益的回归分析结果

变量	工作—家庭增益			
	模型 1	模型 2	模型 3	模型 4
性别	0.008	0.056	0.011	0.067
年龄	-0.076	-0.078	-0.069	-0.063
学历	-0.124	-0.103	-0.124	-0.080
婚姻状况	-0.199	-0.211*	-0.193	-0.190
子女数	-0.092	-0.090	-0.089	-0.081
每周工作时长	0.004	0.004	0.001	0.007
家庭支持型主管行为	—	0.267***	—	0.276***
边界控制感	—	—	0.131	0.068
家庭支持型主管行为 * 边界控制感	—	—	—	0.223**
R^2	0.030	0.098	0.047	0.147
F	1.059	3.228**	1.452	3.926***

注：*$p<0.05$；**$p<0.01$；***$p<0.001$（双尾检验）。

为进一步显示边界控制感调节家庭支持型主管行为与工作—家庭增益之间关系的模式是否与假设相符合，图 7-2 中绘制了在边界控制感高于均值一个标准差（SD）和低于均值一个标准差水平下家庭支持型主管行为与工作—家庭增益的关系。如图 7-2 所示，当边界控制感较强时，家庭支持型主管行为与工作—家庭增益关系的线段更加陡峭，表明在边界控制感越强，家庭支持型主管行为与工作—家庭增益的正向关系越强，反之越弱。因此，假设 3 得到了支持。

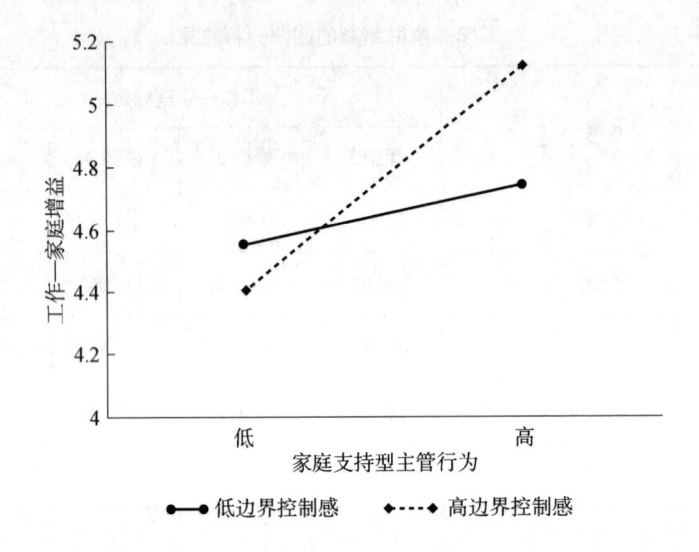

图 7-2　家庭支持型主管行为与边界控制感的交互项对工作—家庭增益的影响

假设 4 提出，边界控制感调节了家庭支持型主管行为通过工作—家庭增益对工作幸福感的间接影响。如表 7-4 的模型 5 和表 7-5 的模型 4 所示，家庭支持型主管行为和边界控制感交互项对工作—家庭增益（$\beta = 0.223$，$p < 0.01$）和工作幸福感都存在显著的积极影响（$\beta = 0.124$，$p = 0.065 < 0.1$）；且工作—家庭增益对工作幸福感的积极影响也是显著的（$\beta = 0.325$，$p < 0.001$）。在表 7-4 的模型 5 中加入工作—家庭增益后，模型 6 的结果显示，家庭支持型主管行为与边界控制感的交互项对工作幸福感的积极影响不再显著，说明工作—家庭增益在其中发挥的完全中介作用为假设 4 提供了一定支持。进一步的，在 Preacher 和 Hayes[①] 的指导下，研究采用 PROCESS 程序来检验假设 4，结果见表 7-6。当边界控制感处于均值以下一个标准差

---

① Preacher, K. J., Hayes, A. F., "SPSS and SAS Procedures for Estimating Indirect Effects in Simple Mediation Models", *Behavior Research Methods, Instruments & Computers*, 2004, 36 (4): 717-731.

时,家庭支持型主管行为通过工作—家庭增益对工作幸福感的间接效应不显著（β=0.0257,95% C.I. =[-0.0151,0.0855]）;边界控制感处于中等水平时,这一间接效应较弱（β=0.0598,95% C.I. =[0.0194,0.1286]）;边界控制感为均值以上一个标准差时,家庭支持型主管行为通过工作—家庭增益对工作幸福感的间接效应最强（β=0.0938,95% C.I. =[0.0354,0.1819]）。此外,被调节的中介系数是显著的（β=0.0341,95% C.I. =[0.0075,0.0721]）。因此,假设4得到了验证。

表7-6　　　　　　　被调节的中介效应检验结果

		效应值	标准误	Boot LLCI	Boot ULCI
路径:家庭支持型主管行为→工作—家庭增益→工作幸福感					
边界控制感	-1 SD	0.0257	0.0251	-0.0151	0.0855
	0	0.0598	0.0271	0.0194	0.1286
	+1 SD	0.0938	0.0369	0.0354	0.1819
被调节的中介系数		0.0341	0.0161	0.0075	0.0721

四　家庭支持型主管行为跨界增益实证研究结论与展望

本节将对实证研究的结论进行讨论和解释,在此基础上探究理论模型和研究结论带给管理实践的启示,总结本章的主要贡献和不足,并简要阐述和展望后续研究亟待深入讨论的问题。

(一) 研究结论与讨论

本章基于社会交换理论和边界理论,从多重角色参与的跨界增益视角，探寻家庭支持型主管行为影响工作幸福感的作用机理，即工作—家庭增益的中介作用以及边界控制感的调节作用。通过三个时点纵向数据采集，最终有效配对215位在职员工的填答数据，以验证研究假设。

研究结论显示：第一，在特定工作领域，家庭支持型主管行为会正向影响员工工作幸福感。第二，在跨角色领域，工作—家庭增益在家庭支持型主管行为与工作—家庭增益之间起部分中介作用，即家庭支持型主管行为会通过工作—家庭增益影响员工工作幸福感。第三，员工边界控制感正向调节了家庭支持型主管行为与工作—家庭增益之间的正向关系，即边界控制感越强，家庭支持型主管行为与工作—家庭增益的关系就越强，反之越弱。第四，边界控制感正向调节经由工作—家庭增益传导的家庭支持型主管行为对工作幸福感的间接影响，表现为被调节的中介作用；即员工边界控制感越强，家庭支持型主管行为对工作—家庭增益正向影响也越强，工作—家庭增益对家庭支持型主管行为与工作幸福感之间关系的中介作用就越强，反之越弱。

研究结论的讨论如下。第一，基于社会交换理论，从跨界增益的角度，提出并验证了"家庭支持型主管行为—工作—家庭增益—工作幸福感"的角色资源增益与扩散作用过程。员工的工作幸福感不仅源自工作目标实现带来的成就感和价值感，也可源于工作的参与让自身收获家庭的和谐美满，更好地扮演不同的人生角色。本章选取工作—家庭增益作为中介变量，全面建构了工作、家庭与幸福体验三者之间的理论模型，对个体幸福感的研究和工作家庭界面的研究均有理论层面的推动。本章从员工跨角色领域的视角，在家庭支持型主管行为与工作幸福感之间引入工作—家庭增益作为中介变量。研究结论显示，工作—家庭增益在家庭支持型主管行为与工作幸福感之间起部分中介作用。早期的研究更多关注到工作带来的压力源和损耗机制，认为工作会给幸福感带来负面的影响。工作竞争的加剧，也让很多员工在工作中投入了大量的时间和精力，并认为工作剥夺了员工的快乐，偷走了在职员工的幸福感。对工作的积极作用关注不足，更多强调工作对员工造成的损耗，而忽略了工作的交换、社会接触、地位获取、个人价值和自尊实现等增益性功能。员工投入工作，是一个资源交换的过程，收获的工作资源具有动机效能，会引发资源增益。家庭支持型主管行为就是有助员工多重角色参与的重要工作支持性资源。根据工作—家庭资源模型，工作资源通过工作—家庭增益影响结果变量。[①] 研究部分支持了这一理论假设。家庭支持型主管行为作为一种工作角色资源，通过提升员工的工作—家庭增益来影响工作幸福感。

第二，验证了边界控制感对角色资源增益与扩散过程的调节效应。本章验证了家庭支持型主管行为所形成的资源增益和扩散作用因个体边界控制感的差异而不同，边界控制感显著调节了这一资源增益过程。这一研究结论有助于深化家庭支持型主管行为影响工作幸福感的限定条件。家庭支持型主管行为是员工在工作域收获的重要角色资源，员工不仅是多重角色参与的主体，同时也是角色资源的载体。员工每天在工作域和家庭域之间反复多次地切换，个体对边界的控制感越强，对积极工作角色资源的感知则越强，家庭支持型主管行为的增益扩散作用会越明显，即员工边界控制感水平越高，家庭支持型主管行为与工作—家庭增益的关系则越强。相比于边界控制感弱的员工，那些边界控制感较强的员工更能够通过利用家庭支持型主管行为来促进工作—家庭增益，进而提升员工的工作幸福感。研究结论证实了资源增

---

① ten Brummelhuis, L. L., Bakker, A. B., "A Resource Perspective on the Work – Home Interface: The Work – Home Resources Model", *American Psychologist*, 2012, 67 (7): 545 – 556.

益的理论视角，资源存在叠加效应，拥有资源越多的个体，越能够获得更多的资源。① 那些能够很好地控制工作与家庭边界的员工，可以获得更多家庭支持型主管行为，从而提高工作—家庭增益和工作幸福感。这也验证了工作角色资源对个体资源的积极影响。

（二）实践管理启示

本章研究结论对组织和个体如何理解和提升工作幸福感有一定的实践指导意义。首先，管理者应该从员工多重角色表现的角度，增强员工工作的积极效应，提升员工的工作幸福感。工作一方面会耗费员工的时间和精力等个体资源，另一方面也会使员工收获积极的工作角色资源。从社会交换的角度去理解主管领导和员工之间的交换关系的"互惠"性，员工产生努力工作、回报主管的义务感的前提是收获积极的工作资源。研究结论显示，家庭支持型主管行为会通过工作—家庭增益影响员工工作幸福感。实践管理中管理者应该充分重视展现出的家庭支持型主管行为，这不仅可以协助员工满足家庭角色需求，也会有利于员工体验工作幸福感，最终使员工更好地投入工作并产生回报主管的义务感。

主管展现出家庭支持型主管行为可以从以下几个方面去实践。第一，主管可以为员工提供情感性的支持，以员工认为舒适的方式关心员工的家庭生活情况，给予员工情感上的关心。比如，有针对性地了解和关心员工现阶段工作对家庭的影响，对员工因为处理家庭事务给工作带来的影响表现出切实的尊重和理解。第二，主管可以提供一定

---

① Greenhaus, J. H., Ziegert, J. C., Allen, T. D., "When Family – Supportive Supervision Matters: Relations between Multiple Sources of Support and Work – Family Balance", *Journal of Vocational Behavior*, 2012, 80 (2): 266 – 275.

的工具性层面的支持资源或服务，来切实帮助员工促进工作和家庭角色的积极互动。比如，当员工遇到紧急的家庭事务时，积极帮助员工协调工作时间。第三，主管自身也需要展现出在平衡工作和家庭关系中的榜样行为。比如，非紧急情况下，主管尽量不要在周末和节假日去打扰员工和侵占员工的休息时间，包括询问工作、发送工作邮件和打电话等。第四，主管也可主动发起一些创新式的工作—家庭管理方式，从制度层面更有效地去协助员工处理工作和家庭的需求平衡。比如，大多数有孩子的家庭周五下午的时间，要么需要接小孩，要么想提前下班出游，可以通过建立周五下午部门员工轮班制度，建立支持政策。不论主管以什么样的形式去满足员工工作家庭需求，作为主管都需要意识到自己展现的家庭支持型行为的积极作用。家庭支持型的主管也会了解员工的家庭生活，并帮助他们更好地管理工作和家庭的职责。总之，采用有效和可靠的以主管为中心的家庭友好策略来支持员工的工作和家庭生活，有助于工作对家庭增益，也间接提升员工的工作积极体验。

其次，管理者应重视员工边界控制感的调节作用。研究结论显示个体的边界控制感越强，会增强家庭支持型主管行为对工作—家庭增益的影响。在管理实践中，应该重视不同员工或者不同性质的工作岗位的差异，在岗位允许和有条件的情况下应该关注加强员工的边界控制感的有效策略。员工边界控制感弱，会更加倾向于认为自己无从掌控工作家庭的边界，是一个被动的边界接收者。但边界控制感与工作环境、工作性质有一定的关系，也跟个体自身的工作家庭管理能力相关。比如，从职业性质上，医生这个职业的边界掌控感普遍较弱，有固定的上班时段，面对救死扶伤的神圣使命，在工作要求的趋势下很难真正意义上认为自己有能力将工作和家庭生活分开，因此家庭支持型的主管行为很难去影响本身工作家庭需求难以平衡的状态，会弱化家庭支持型主管行为对工作—家庭增益的影响。所以针对这类型的职业或者员工，更应该帮助员工去缓解工作的压力和情绪的紧张感，增强其他性质的工作域角色资源来补足个体资源的耗损，如收入、社会地位、声望等。在可能的情况下尽量去提升个体的边界控制感。一个工作量非常大的主管可能很难为员工树立榜样，一个工作量非常大的员工可能也只是奢望减轻工作压力，减少工作需求。对于边界控制感较强的员工，本身就拥有平衡工作生活的个人能力，所从事的工作本身也可能边界的弹性很大，换言之，这类工作的性质或个体的工作平衡能力就已经让员工处在一个资源增益的螺旋中，他们会通过个体丰富的资源获得和感知到更多有意义的资源。对边界控制感较强的员工，管理者应该尽可能地去展现家庭支持型主管行为。作为管理者应该清楚家庭支持型主管行为对哪一类员工或群体是更为有效，以及家庭支持型主管行为促进工作—家庭增益的程度跟个体边界控制感强弱有关。在实施前需要对群体、工作性质和员工特征进行评估，对于已经处于资源耗损中的个体而言，更重要的是减少和合理化工作需求。在进行家庭支持型主管行为干预时，还需要注重提高员工感知这种支持的能力，帮助他们提升个体资源，进而使得他们获得更加积极的工作体验。

（三）研究不足与展望

第一，目前对幸福感的研究更多采集横截面数据[①]，本章虽然采取了纵向收集数据的研究设计，但实质上仍属横截面研究。而工作域

---

① 张银普、石伟、骆南峰等：《经验取样法在组织行为学中的应用》，《心理科学进展》2017年第6期。

资源对于工作—家庭领域的作用以及幸福感的影响是动态变化的。最新研究已从状态模型转向动态模型研究，呈现出关注个体差异和个体内波动相结合的趋势。① 因此未来研究，应该从动态的数据角度去挖掘，例如家庭支持型主管行为、工作—家庭增益以及工作幸福感也应该存在日间的变化和波动性，从日记研究设计的角度可以有效捕捉其日间的变化和差异。因此，未来的实证研究应该进一步将工作资源跨界增益与扩散机理的实证研究从"状态/静态模型"转向"动态模型"。员工每日感知或收获的工作资源的差异性，可以构建工作资源跨界增益的动态模型。最新与工作—家庭增益相关的实证研究已从状态模型转向动态模型研究②，呈现出关注个体差异和个体内波动相结合的趋势。因此，从动态视角探索员工每天收获的工作支持性角色资源差异对每日工作—家庭关系状态和每日工作状态的影响是非常有价值的。

第二，研究的样本中，56%的被试者处于未婚状态，并没有去有效地区分群体之间的差异。有学者认为工作对家庭的影响作用并不仅存在于已婚人群和已有子女人群中，即使未婚人群也存在工作与生活的冲突。③ 但不同的职业群体在工作需求、工作资源和工作—家庭边界特征上存在极大的差异，未来研究可以针对不同职业人群去进一步验证研究结论，采取纵向追踪研究和干预实验的研究方法，更好地考察

---

① Koopmann, J., Lanaj, K., Bono, J., et al., "Daily Shifts in Regulatory Focus: The Influence of Work Events and Implications for Employee Well-Being", *Journal of Organizational Behavior*, 2016, 37 (8): 1293–1316.

② Wu, C., Hunter, E. M., Sublett, L. W., "Gaining Affective Resources for Work-Family Enrichment: A Multisource Experience Sampling Study of Micro-Role Transitions", *Journal of Vocational Behavior*, 2021, 125, 103–541.

③ Witt, L. A., Carlson, D. S., "The Work-Family Interface and Job Performance: Moderating Effects of Conscientiousness and Perceived Organizational Support", *Journal of Occupational Health Psychology*, 2006, 11 (4): 343–357.

变量间的因果关系与变化趋势，进一步揭示工作资源影响员工幸福体验和工作评价的内在机理。

第三，研究从社会交换的视角理解家庭支持型主管行为影响工作幸福感的作用机理。将组织、个体、家庭放置在更大的系统中去思考互惠交换问题，认为家庭支持型主管行为是平衡工作家庭需求、履行家庭职责非常重要且有价值的关键资源，它的获取是基于员工本身对组织的贡献，当员工从工作领域获取这一资源时，会进一步在家庭领域中应用，收获积极情绪以及良好的生活体验，并根据需求满足的程度来评价工作域的价值和体验感，即收获工作幸福感。但"社会交换"并非唯一的理解工作家庭互动增益的新视角，未来研究可以从更加多元的理论视角去看待工作与家庭之间的良性互动。

五　本章小结

本章将支持性角色资源从对工作域的支持转向对员工家庭域的直接支持，从组织层面的支持转向对组织中人的支持（上司/主管）；从跨界增益角度去验证家庭支持型主管行为影响工作幸福感的中介机制，即工作—家庭增益的中介作用；并结合边界理论，从个体边界控制感的角度分析家庭支持型主管行为跨界增益与扩散发生背后蕴藏的调节机制。

研究得出以下结论。首先，在特定工作领域，家庭支持型主管行为会正向影响员工工作幸福感。其次，在跨角色领域，工作—家庭增益在家庭支持型主管行为与工作幸福感之间起部分中介作用，即家庭支持型主管行为会透过工作—家庭增益影响员工工作幸福感。再次，员工边界控制感正向调节了家庭支持型主管行为与工作—家庭增益之间的正向关系，即边界控制感越强，家庭支持型主管行为与工作—家庭增益的关系就越强；反之越弱。最后，边界控制感正向调节经由工作—家庭增益传导的家庭支持型主管行为对工作幸福感的间接影响，表现为被调节的中介作用；即员工边界控制感越强，家庭支持型主管行为对工作—家庭增益正向影响也越强，工作—家庭增益对家庭支持型主管行为与工作幸福感之间关系的中介作用就越强，反之越弱。

附录 半结构化访谈提纲

一 提示语

非常感谢您接受邀请参与本次调研,本次访谈的内容录音、文本资料等课题组将会严格保密,仅用于学术研究,且匿名处理。本次访谈主要涉及工作与家庭的关系问题的探讨,接下来我会提出问题去了解您工作和家庭的一些基本情况,恳请您根据工作和家庭中的实际情况真实作答,对于自己不太想回答的问题可以直接拒绝回答。本次访谈不存在标准答案或指向性的提问,请不用思考太久,根据实际情况回答即可,不存在回答的对错好坏之分。再次感谢!

二 访谈的具体提问

(一)工作篇(了解被试的工作域相关的情况)

1. 请描述你每天上班的常态,上下班的时间,在公司主要负责的工作。

2. 从事现在这个工作让你有哪些收获或者欣慰的地方?

3. 参与这份工作,有利于你参与家庭角色的地方在哪里?请列举详细的事件。

4. 从事现在这个工作,有哪些损耗或者失望的地方?

5. 参与这份工作，不利于你参与家庭角色的地方在哪里？请列举详细事件。

6. 你希望单位提供哪些有利的资源或者管理对策，有利于你更好地参与家庭角色？

7. 通常你回家后还会处理工作相关的事情吗？请列举具体的事件。

(二) 家庭篇 (了解被试家庭域相关的情况)

1. 请简要描述下你常住的家庭成员的构成，平日大家在家庭中的大致分工。

2. 你从家庭中获得了哪些有利于促进工作表现的东西？请举例详细说明。

3. 你的家庭让你觉得处理不好工作角色的困难在哪里？请举例详细说明。

4. 你希望你的家庭或家人能为你提供什么，有利于你更好地扮演工作角色？

(三) 关系篇 (了解工作家庭关系的基本情况)

1. 什么情况下你会有很强的工作与家庭相互冲突的感受？请说一个具体的事例。

2. 什么情况下你会有很强的工作与家庭相互促进的感受？请说一个具体的事例。

3. 这两种感受在你生活中是一种占据主导还是交替存在，有具体的事例吗？

三 结束语

感谢您耐心真诚的回答和对学术研究的支持！本次访谈结束，后期如果需要追问，还需要您牺牲宝贵的时间配合我们，再联系。

四 注意事项

1. 注意消除被试的紧张情绪，尽量在轻松愉悦下进行。
2. 选取安静的访谈环境，布置平等的座位。
3. 如发现对方就某一问题或事件不愿提起或不想作答，尊重被试，友好地切换问题。
4. 多次强调访谈的用途：学术研究。
5. 重视提醒被试具体事件的列举。

参考文献

一 中文专著

罗胜强、姜嬿:《管理学问卷调查研究方法》,重庆大学出版社2014年版。

邱皓政、林碧芳:《结构方程模型的原理与应用》,中国轻工业出版社2009年版。

二 中文期刊

陈晓暾、杨晓梅、任旭:《家庭支持型主管行为对女性知识型员工工作绩效的影响:一个有调节的中介模型》,《南开管理评论》2020年第4期。

高中华、赵晨:《工作家庭两不误为何这么难?基于工作—家庭边界理论的探讨》,《心理学报》2014年第4期。

郭戈:《"丧偶式育儿"话语中的母职困境与性别焦虑》,《北京社会科学》2019年第10期。

黄丽芬:《20世纪80年代以来中国婆媳关系的历史变迁——以北京市平谷区Y镇为例》,《人口与社会》2021年第3期。

贾旭东、谭新辉：《经典扎根理论及其精神对中国管理研究的现实价值》，《管理学报》2010年第5期。

姜海、马红宇、谢菊兰等：《家庭支持型主管行为对员工工作态度的影响：有调节的中介效应分析》，《心理科学》2015年第5期。

金家飞、刘崇瑞、李文勇：《工作时间与工作家庭冲突：基于性别差异的研究》，《科研管理》2014年第8期。

李爱梅、王笑天、熊冠星等：《工作影响员工幸福体验的"双路径模型"探讨——基于工作要求—资源模型的视角》，《心理学报》2015年第5期。

李超平、李晓轩、时勘等：《授权的测量及其与员工工作态度的关系》，《心理学报》2006年第1期。

林忠、鞠蕾、陈丽：《工作—家庭冲突研究与中国议题：视角、内容和设计》，《管理世界》2013年第9期。

林忠、孟德芳、鞠蕾：《工作—家庭增益方格模型构建研究》，《中国工业经济》2015年第4期。

马春华、石金群、李银河等：《中国城市家庭变迁的趋势和最新发现》，《社会学研究》2011年第2期。

马红宇、邱慕梦、唐汉瑛等：《家庭支持型主管行为研究述评与展望》，《外国经济与管理》2016年第10期。

马红宇、申传刚、杨璟等：《边界弹性与工作—家庭冲突、增益的关系：基于人—环境匹配的视角》，《心理学报》2014年第4期。

马丽、徐枞巍：《基于个人—环境匹配理论的边界管理与工作家庭界面研究》，《南开管理评论》2011年第5期。

卿石松：《性别角色观念、家庭责任与劳动参与模式研究》，《社会科学》2017年第11期。

卿石松：《中国性别收入差距的社会文化根源——基于性别角色观念的经验分析》，《社会学研究》2019年第1期。

舒睿、梁健：《基于自我价值的伦理领导与员工工作结果研究》，《管理学报》2015年第7期。

谭小宏、秦启文、潘孝富：《企业员工组织支持感与工作满意度、离职意向的关系研究》，《心理科学》2007年第2期。

唐汉瑛、马红宇、王斌：《工作—家庭界面研究的新视角：工作家庭促进研究》，《心理科学进展》2007年第5期。

唐汉瑛、马红宇、王斌：《工作—家庭增益问卷的编制及信效度检验》，《中国临床心理学杂志》2009年第4期。

吴伟炯、刘毅、路红等：《本土心理资本与职业幸福感的关系》，《心理学报》2012年第10期。

萧放：《孝文化的历史传统与当代意义》，《民俗研究》2015年第2期。

闫敏、张同全、田一丹：《全面两孩政策下中国家庭关系的变化——基于105个案例的模糊集定性分析》，《人口与经济》2020年第6期。

於嘉：《性别观念、现代化与女性的家务劳动时间》，《社会》2014年第2期。

袁扬舟：《生育政策与家庭微观决策及宏观经济结构》，《经济研究》2021年第4期。

翟学伟：《人情、面子与权力的再生产——情理社会中的社会交换方式》，《社会学研究》2004年第5期。

张勉、李海、魏钧等：《交叉影响还是直接影响？工作—家庭冲突的影响机制》，《心理学报》2011年第4期。

张银普、石伟、骆南峰等：《经验取样法在组织行为学中的应用》，《心理科学进展》2017年第6期。

张越、陈丹:《新中国70年的人口政策变迁与当代人口发展》,《宏观经济管理》2020年第5期。

赵凤、计迎春、陈绯念:《夫妻关系还是代际关系?——转型期中国家庭关系主轴及影响因素分析》,《妇女研究论丛》2021年第4期。

郑晓明、刘鑫:《互动公平对员工幸福感的影响:心理授权的中介作用与权力距离的调节作用》,《心理学报》2016年第6期。

周大鸣:《差序格局与中国人的关系研究》,《中央民族大学学报》(哲学社会科学版)2022年第1期。

邹琼、佐斌、代涛涛:《工作幸福感:概念、测量水平与因果模型》,《心理科学进展》2015年第4期。

三 外文文献

Blau, Peter, M., *Exchange and Power in Social Life*, New York: Wiley, 1964.

Foa, U. G., Foa, E. B., *Societal Structures of the Mind*, Springfield, Illinois: Thomas, 1974.

Ahmed, S. F., Eatough, E. M., Ford, M. T., "Relationships between Illegitimate Tasks and Change in Work – Family Outcomes Via Interactional Justice and Negative Emotions", *Journal of Vocational Behavior*, 2018, 104: 14 – 30.

Allen, T. D., "Family – Supportive Work Environments: The Role of Organizational Perceptions", *Journal of Vocational Behavior*, 2001, 58 (3): 414 – 435.

Allen, T. D., Cho, E., Meier, L. L., "Work – Family Boundary Dynamics", *The Annual Review of Organizational Psychology and Organiza-*

tional Behavior, 2014, 1 (1): 99-121.

Ashforth, B. E., Kreiner, G. E., Fugate, M., "All in A Days Work: Boundaries and Micro Role Transitions", *Academy of Management Review*, 2000, 25 (3): 472-491.

Bakker, A., Demerouti, E., "The Job Demands - Resources Model: State of the Art", *Journal of Managerial Psychology*, 2007, 22 (3): 309-328.

Baral, R., Bhargava, S., "Examining the Moderating Influence of Gender on the Relationships between Work - Family Antecedents and Work - Family Enrichment", *Gender in Management: An International Journal*, 2011, 26 (02): 122-147.

Baral, R., Bhargava, S., "Predictors of Work - Family Enrichment: Moderating Effect of Core Self - Evaluations", *Journal of Indian Business Research*, 2011, 3 (4): 220-243.

Barnett, R. C., "Toward a Review and Reconceptualization of the Work/Family Literature", *Genetic Social and General Psychology Monographs*, 1998, 124 (2): 125-184.

Barnett, R. C., Hyde, J. S., "Women, Men, Work, and Family", *American Psychologist*, 2001, 56 (10): 781-796.

Becker, G. S., Hubbard, W. H. J., Murphy, K. M., "Explaining the Worldwide Boom in Higher Education of Women", *Journal of Human Capital*, 2010, 4 (3): 203-241.

Bhargava, S., Baral, R., "Antecedents and Consequences of Work - Family Enrichment among Indian Managers", *Psychological Studies*, 2009, 54 (3): 213-225.

Blau, P. M., "The Hierarchy of Authority in Organizations", *American Journal of Sociology*, 1968, 73 (4): 453 –467.

Brough, P., O'Driscoll, M. P., Kalliath, T. J., "The Ability of 'Family Friendly' Organizational Resources to Predict Work – Family Conflict and Job and Family Satisfaction", *Stress and Health*, 2005, 21: 223 –234.

Brown, J. D., "Evaluations of Self and Others: Self – Enhancement Biases in Social Judgments", *Social Cognition*, 1986, 4 (4): 353 –376.

Carlson, D., Kacmar, K. M., Zivnuska, S., et al., "Work – Family Enrichment and Job Performance: A Constructive Replication of Affective Events Theory", *Journal of Occupational Health Psychology*, 2011, 16 (3): 297 –312.

Carlson, D. S., Ferguson, M., Kacmar, K. M., et al., "Pay it Forward: The Positive Crossover Effects of Supervisor Work – Family Enrichment", *Journal of Management*, 2011, 37 (3): 770 –789.

Carlson, D. S., Hunter, E. M., Ferguson, M., et al., "Work – Family Enrichment and Satisfaction Mediating Processes and Relative Impact of Originating and Receiving Domains", *Journal of Management*, 2014, 40 (3): 845 –865.

Carlson, D. S., Kacmar, K. M., Wayne, J. H., et al., "Measuring the Positive Side of the Work – Family Interface: Development and Validation of a Work – Family Enrichment Scale", *Journal of Vocational Behavior*, 2006, 68 (1): 131 –164.

Carlson, D. S., Kacmar, K. M., Zivnuska, S., et al., "Do the Benefits of Family – to – Work Transitions Come at too Great a Cost?", *Journal* of *Occupational Health Psychology*, 2015, 20 (2): 161-171.

Carlson, D. S., Kacmar, K. M., Zivnuska, S., et al., "Work-Family Enrichment and Job Performance: A Constructive Replication of Affective Events Theory", *Journal of Occupational Health Psychology*, 2011, 16 (3): 297-312.

Carlson, D. S., Thompson, M. J., Crawford, W. S., et al., "Spillover and Crossover of Work Resources: A Test of the Positive Flow of Resources through Work-Family Enrichment", *Journal of Organizational Behavior*, 2019, 40 (6): 709-722.

Carvalho, V. S., Chambel, M. J., "Work-to-Family Enrichment and Employees' Well-Being: High Performance Work System and Job Characteristics", *Social Indicators Research*, 2013, 119 (1): 373-387.

Casper, W. J., Eby, L. T., Bordeaux, C., et al., "A Review of Research Methods in IO/OB Work-Family Research", *Journal of Applied Psychology*, 2007, 92 (1): 28-43.

Chen, W., Zhang, Y., Sanders, K., et al., "Family-Friendly Work Practices and Their Outcomes in China: The Mediating Role of Work-to-Family Enrichment and the Moderating Role of Gender", *The International Journal of Human Resource Management*, 2018, 29 (7): 1307-1329.

Chen, Z., Powell, G. N., "No Pain, No Gain? A Resource-Based Model of Work-to-Family Enrichment and Conflict", *Journal of Vocational Behavior*, 2012, 81 (1): 89-98.

Chen, Z., Powell, G. N., Cui, W., "Dynamics of the Relationships among Work and Family Resource Gain and Loss, Enrichment, and

Conflict over Time", *Journal of Vocational Behavior*, 2014, 84 (3): 293 – 302.

Chen, Z., Powell, G. N., Greenhaus, J. H., "Work – to – Family Conflict, Positive Spillover, and Boundary Management: A Person – Environment Fit Approach", *Journal of Vocational Behavior*, 2009, 74 (1): 82 – 93.

Clark, S. C., "Work/Family Border Theory: A New Theory of Work/Family Balance", *Human Relations*, 2000, 53 (6): 747 – 770.

Cooklin, A. R., Westrupp, E. M., Strazdins, L., et al., "Fathers at Work: Work – Family Conflict, Work – Family Enrichment and Parenting in an Australian Cohort", *Journal of Family Issues*, 2016, 37 (11): 1611 – 1635.

Corbin, J., Strauss A., "Grounded Theory Research: Procedures, Canons, and Evaluative Criteria", *Qualitative Sociology*, 1990, 19 (6): 418 – 427.

Cropanzano, R., Mitchell, M. S., "Social Exchange Theory: An Interdisciplinary Review", *Journal of Management*, 2005, 31 (6): 874 – 900.

Crouter, A. C., "Spillover from Family to Work: The Neglected Side of the Work – Family Interface", *Human Relations*, 1984, 37 (6): 425 – 441.

Daniel, S., Sonnentag, S., "Crossing the Borders: The Relationship between Boundary Management, Work – Family Enrichment and Job Satisfaction", *The International Journal of Human Resource Management*, 2016, 27 (4), 407 – 426.

Demerouti, E., Bakker, A. B., Nachreiner, F., et al., "The Job Demands – Resources Model of Burnout", *Journal of Applied Psychology*,

2001, 86 (3): 499 – 512.

Desrochers, S., Hilton, J. M., Larwood, L., "Preliminary Validation of the Work – Family Integration – Blurring Scale", *Journal of Family Issues*, 2005, 26 (4): 442 – 466.

Desrochers, S., Sargent, L. D., "Boundary/Border Theory and Work – Family Integration", *Organization Management Journal*, 2004, 1 (1): 40 – 48.

Eagly, A. H., Wood, W., "The Nature – Nurture Debates: 25 Years of Challenges in Understanding the Psychology of Gender", *Perspectives on Psychological Science*, 2013, 8 (3): 340 – 357.

Edwards, M. R., Peccei, R., "Perceived Organizational Support, Organizational Identification, and Employee Outcomes", *Journal of Personnel Psychology*, 2010, 9 (1): 17 – 26.

Eisenberger, R., Armeli, S., Rexwinkel, B., et al., "Reciprocation of Perceived Organizational Support", *Journal of Applied Psychology*, 2001, 86 (1): 42 – 51.

Eisenberger, R., Cummings, J., Armeli, S., et al., "Perceived Organizational Support, Discretionary Treatment, and Job Satisfaction", The *Journal of Applied Psychology*, 1997, 82 (5): 812 – 820.

Eisenberger, R., Fasolo, P., Davis – LaMastro, V., "Perceived Organizational Support and Employee Diligence, Commitment, and Innovation", *Journal of Applied Psychology*, 1990, 75 (1): 51 – 59.

Eisenberger, R., Huntington, R., Hutchisom, S., "Perceived Organizational Support", *Journal of Applied Psychology*, 1986, 2: 500 – 507.

Eisenhardt, K. M., "Building Theories from Case Study Research", *Acad-*

emy of Management Review, 1989, 14 (4): 532 –550.

Emerson, R. M., "Social Exchange Theory", Annual Review of Sociology, 1976, 2 (1): 335 –362.

Ernst Kossek, E., Lewis, S., Hammer, L. B., "Work – Life Initiatives and Organizational Change: Overcoming Mixed Messages to Move from the Margin to the Mainstream", Human Relations, 2010, 63 (1): 3 –19.

Farh, J., Hackett, R. D., Liang, J., "Individual – Level Cultural Values as Moderators of Perceived Organizational Support – Employee Outcome Relationships in China: Comparing the Effects of Power Distance and Traditionality", Academy of Management Journal, 2007, 50 (3): 715 –729.

Ferguson, M., Carlson, D., Kacmar, K. M., et al., "The Supportive Spouse at Work: Does Being Work – Linked Help?", Journal of Occupational Health Psychology, 2016, 21 (1): 37 –50.

Fisher, C. D., "Happiness at Work", International Journal of Management Reviews, 2010, 12 (4): 384 –412.

Fornell, C., Larcker, D. F. "Equation Models with Unobservable Variables and Measurement Error: Algebra and Statistics", Journal of Marketing Research, 1981, 18 (3): 382 –388.

Glaser, B. G., "The Future of Grounded Theory", Qualitative Health Research, 1999, 9 (6): 836 –845.

Glavin, P., Scott, S., "Work – Family Role Blurring and Work – Family Conflict: The Moderating Influence of Job Resources and Job Demands", Work and Occupations, 2012, 39 (1): 71 –98.

Gouldner, A. W., "The Norm of Reciprocity: A Preliminary Statement",

American Sociological Review, 1960, 25 (2): 161-178.

Greenhaus, J. H., Powell, G. N., "When Work and Family are Allies: A Theory of Work-Family Enrichment", *Academy of Management Review*, 2006, 31 (1): 72-92.

Greenhaus, J. H., Ziegert, J. C., Allen, T. D., "When Family-Supportive Supervision Matters: Relations between Multiple Sources of Support and Work-Family Balance", *Journal of Vocational Behavior*, 2012, 80 (2): 266-275.

Grzywacz, J. G., "Work-Family Spillover and Health During Midlife: Is Managing Conflict Everything?", *American Journal of Health Promotion*, 2000, 14: 236-243.

Grzywacz, J. G., Butler, A. B., "The Impact of Job Characteristics on Work-to-Family Facilitation: Testing a Theory and Distinguishing a Construct", *Journal of Occupational Health Psychology*, 2005, 10 (2): 97-109.

Grzywacz, J. G., Marks, N. F., "Family, Work, Work-Family Spillover, and Problem Drinking During Midlife", *Journal of Marriage and Family*, 2000, 62 (2): 336-348.

Grzywacz, J. G., Marks, N. F., "Reconceptualizing the Work-Family Interface: An Ecological Perspective on the Correlates of Positive and Negative Spillover Between Work and Family", *Journal of Occupational Health Psychology*, 2000, 5 (1): 111-126.

Haar, J. M., Bardoel, E. A., "Positive Spillover from the Work-Family Interface: A Study of Australian Employees", *Asia Pacific Journal of Human Resources*, 2008, 46 (3): 275-287.

Halbesleben, J. R., Neveu, J. P., Paustian – Underdahl, S. C., et al., "Getting to the 'COR' Understanding the Role of Resources in Conservation of Resources Theory", *Journal of Management*, 2014, 40 (5): 1334 – 1364.

Hall, D. T., Richter, J., "Balancing Work Life and Home Life: What can Organizations do to Help?", *Academy of Management Perspectives*, 1988, 2 (3): 213 – 223.

Hammer, L. B., Kossek, E. E., Bodner, T., et al., "Measurement Development and Validation of the Family Supportive Supervisor Behavior Short – Form (FSSB – SF)", *Journal of Occupational Health Psychology*, 2013, 18 (3): 285 – 296.

Hammer, L. B., Kossek, E. E., Yragui, N. L., et al., "Development and Validation of a Multidimensional Measure of Family Supportive Supervisor Behaviors (FSSB)", *Journal of Management*, 2009, 35 (4): 837 – 856.

Hecht, T. D., Allen, N. J., "A Longitudinal Examination of the Work – Nonwork Boundary Strength Construct", *Journal of Organizational Behavior*, 2009, 30 (7): 839 – 862.

Heskiau, R., McCarthy, J. M., "A Work – Family Enrichment Intervention: Transferring Resources across Life Domains", *Journal of Applied Psychology*, 2020, 106 (10): 1573 – 1585.

Hirschi, A., Shockley, K. M., Zacher, H., "Achieving Work – Family Balance: An Action Regulation Model", *Academy of Management Review*, 2019, 44 (1): 150 – 171.

Hobfoll, S. E., "Conservation of Resource Caravans and Engaged Settings", *Journal of Occupational and Organizational Psychology*, 2011, 84 (1): 116 – 122.

Hobfoll, S. E., "Conservation of Resources: A New Attempt at Conceptualizing Stress", *American Psychologist*, 1989, 44 (3): 513 – 524.

Hobfoll, S. E., "Social and Psychological Resources and Adaptation", *Review of General Psychology*, 2002, 6 (4): 307 – 324.

Hobfoll, S. E., "The Influence of Culture, Community, and the Nested – Self in the Stress Process: Advancing Conservation of Resources Theory", *Applied Psychology*, 2001, 50 (3): 337 – 421.

Hobfoll, S. E., Halbesleben, J., Neveu, J. P., et al., "Conservation of Resources in the Organizational Context: The Reality of Resources and their Consequences", *Annual Review of Organizational Psychology and Organizational Behavior*, 2018, 5: 103 – 128.

Holmes, John G., "The Exchange Process in Close Relationships", in *The Justice Motive in Social Behavior*, Boston: Springer, 1981.

Homans, G. C., "The Humanities and the Social Sciences", *American Behavioral Scientist*, 1961, 4 (8): 3 – 6.

Huang, M. H., Cheng, Z. H., "The Effects of Inter – Role Conflicts on Turnover Intention among Frontline Service Providers: Does Gender Matter?", *The Service Industries Journal*, 2012, 32 (3): 367 – 381.

Hunter, E. M., Perry, S. J., Carlson, D. S., et al., "Linking Team Resources to Work – Family Enrichment and Satisfaction", *Journal of Vocational Behavior*, 2010, 77 (2): 304 – 312.

Ilies, R., Wilson, K. S., Wagner, D. T., "The Spillover of Daily Job Satisfaction onto Employees Family Lives: The Facilitating Role of Work –

Family Integration", *Academy of Management Journal*, 2009, 52 (1): 87 - 102.

Isen, A. M., Baron, R. A., "Positive Affect as a Factor in Organizational Behavior", *Research in Organizational Behavior*, 1991, 13: 1 - 53.

Jaga, A., Bagraim, J., "The Relationship Between Work - Family Enrichment and Work - Family Satisfaction Outcomes", *South African Journal of Psychology*, 2011, 41 (1): 52 - 62.

Judge, T. A., Bono, J. E., "Relationship of Core Self - Evaluations Traits - Self - Esteem, Generalized Self - Efficacy, Locus of Control, and Emotional Stability——With Job Satisfaction and Job Performance: A Meta - Analysis", *Journal of Applied Psychology*, 2001, 86 (1): 80 - 92.

Judge, T. A., Bono, J. E., Erez, A., et al., "Core Self - Evaluations and Job and Life Satisfaction: The Role of Self - Concordance and Goal Attainment", *Journal of Applied Psychology*, 2005, 90 (2): 257 - 268.

Judge, T. A., Bono, J. E., Locke, E. A., "Personality and Job Satisfaction: The Mediating Role of Job Characteristics", *Journal of Applied Psychology*, 2000, 85 (2): 237 - 249.

Judge, T. A., Erez, A., Bono, J. E., et al., "The Core Self - Evaluations Scale: Development of a Measure", *Personnel Psychology*, 2003, 56 (2): 303 - 331.

Judge, T. A., Locke, E. A., Durham, C. C., et al., "Dispositional Effects on Job and Life Satisfaction: The Role of Core Evaluations", *Journal of Applied Psychology*, 1998, 83 (1): 17 - 34.

Kacmar, K. M., Crawford, W. S., Carlson, D. S., et al., "A Short and Valid Measure of Work – Family Enrichment", *Journal of Occupational Health Psychology*, 2014, 19 (1): 32 – 45.

Koopmann, J., Lanaj, K., Bono, J., et al., "Daily Shifts in Regulatory Focus: The Influence of Work Events and Implications for Employee Well – Being", *Journal of Organizational Behavior*, 2016, 37 (8): 1293 – 1316.

Kossek, E. E., Lautsch, B. A., "Work – Family Boundary Management Styles in Organizations: A Cross – Level Model", *Organizational Psychology Review*, 2012, 2 (2): 152 – 171.

Kossek, E. E., Ruderman, M. N., Braddy, P. W., et al., "Work – Nonwork Boundary Management Profiles: A Person – Centered Approach", *Journal of Vocational Behavior*, 2012, 81 (1): 112 – 128.

Kreiner, G. E., "Consequences of Work – Home Segmentation or Integration: A Person – Environment Fit Perspective", *Journal of Organizational Behavior: The International Journal of Industrial, Occupational and Organizational Psychology and Behavior*, 2006, 27 (4): 485 – 507.

Lapierre L. M., Li Y., Kwan H. K., et al., "A Meta – Analysis of the Antecedents of Work – Family Enrichment", *Journal of Organizational Behavior*, 2018, 39 (4): 385 – 401.

Lee, E., Chang, J. Y., Kim, H., "The Work – Family Interface in Korea: Can Family Life Enrich Work Life?", *The International Journal of Human Resource Management*, 2011, 22 (9): 2032 – 2053.

Lee, J., Peccei, R., "Perceived Organizational Support and Affective Commitment: The Mediating Role of Organization – Based Self – Esteem in the Context of Job Insecurity", *Journal of Organizational Behavior*,

2007, 28 (6): 661 – 685.

Lingard, H. C., Francis, V., Turner, M., "The Rhythms of Project Life: A Longitudinal Analysis of Work Hours and Work – Life Experiences in Construction", *Construction Management and Economics*, 2010, 28 (10): 1085 – 1098.

Lingard, H. C., Francis, V., Turner, M., "Work – Family Enrichment in the Australian Construction Industry: Implications for Job Design", *Construction Management and Economics*, 2010, 28 (5): 467 – 480.

Liu, C., Spector, P. E., Shi, L., "Cross – National Job Stress: A Quantitative and Qualitative Study", *Journal of Organizational Behavior*, 2007, 28 (2): 209 – 239.

Luthans, F., Norman, S. M., Avolio, B. J., et al., "The Mediating Role of Psychological Capital in the Supportive Organizational Climate – Employee Performance Relationship", *Journal of Organizational Behavior*, 2008, 29 (2): 219 – 238.

MacCallum, R. C., Browne, M. W., Sugawara, H. M., "Power Analysis and Determination of Sample Size for Covariance Structure Modeling", *Psychological Methods*, 1996, 1 (2): 130 – 149.

Mael, F., Ashforth, B. E., "Alumni and Their Alma Mater: A Partial Test of the Reformulated Model of Organizational Identification", *Journal of Organizational Behavior*, 1992, 13 (2): 103 – 123.

Marks, S. R., "Multiple Roles and Role Strain: Some Notes on Human Energy, Time and Commitment", *American Sociological Review*, 1977, 42 (6): 921 – 936.

Masterson, S. S., Lewis, K., Goldman, B. M., et al., "Integrating

Justice and Social Exchange: The Differing Effects of Fair Procedures and Treatment on Work Relationships", *Academy of Management Journal*, 2000, 43: 738-748.

Masuda, A. D., McNall, L. A., Allen, T. D., et al., "Examining the Constructs of Work-to-Family Enrichment and Positive Spillover", *Journal of Vocational Behavior*, 2012, 80 (1): 197-210.

Matthews, R. A., Barnes-Farrell, J. L., Bulger, C. A., "Advancing Measurement of Work and Family Domain Boundary Characteristics", *Journal of Vocational Behavior*, 2010, 77 (3): 447-460.

Mauno, S., Rantanen, M., "Contextual and Dispositional Coping Resources as Predictors of Work-Family Conflict and Enrichment: Which of These Resources or Their Combinations are the Most Beneficial?", *Journal of Family and Economic Issues*, 2013, 34 (1): 87-104.

McNall, L. A., Masuda, A. D., Nicklin, J. M., "Flexible Work Arrangements, Job Satisfaction, and Turnover Intentions: The Mediating Role of Work-to-Family Enrichment", *The Journal of Psychology*, 2009, 144 (1): 61-81.

McNall, L. A., Masuda, A. D., Shanock, L. R., et al., "Interaction of Core Self-Evaluations and Perceived Organizational Support on Work-to-Family Enrichment", *The Journal of Psychology*, 2011, 145 (2): 133-149.

McNall, L. A., Nicklin, J. M., Masuda, A. D., "A Meta-Analytic Review of the Consequences Associated with Work-Family Enrichment", *Journal of Business and Psychology*, 2010, 25 (3): 381-396.

McNall, L. A., Nicklin, J. M., Masuda, A. D., "A Meta-Analytic

Review of the Consequences Associated with Work – Family Enrichment", *Journal of Business and Psychology*, 2010, 25 (3): 381 – 396.

McNall, L. A., Scott, L. D., Nicklin, J. M., "Do Positive Affectivity and Boundary Preferences Matter for Work – Family Enrichment? A Study of Human Service Workers", *Journal of Occupational Health Psychology*, 2015, 20 (1): 93 – 104.

Meeker, B. F., "Decisions and Exchange", *American Sociological Review*, 1971, 36: 485 – 495.

Michel, J. S., Clark, M. A., "Has it Been Affect all Along? A Test of Work – to – Family and Family – to – Work Models of Conflict, Enrichment, and Satisfaction", *Personality and Individual Differences*, 2009, 47 (3): 163 – 168.

Mishra, P., Bhatnagar, J., Gupta, R., et al., "How Work – Family Enrichment Influence Innovative Work Behavior: Role of Psychological Capital and Supervisory Support", *Journal of Management and Organization*, 2019, 25 (1): 58 – 80.

Molm, L. D., "Dependence and Risk: Transforming the Structure of Social Exchange", *Social Psychology Quarterly*, 1994, 57: 163 – 176.

Morelli, N. A., Cunningham, C. J., "Not all Resources are Created Equal: COR Theory, Values, and Stress", *The Journal of Psychology*, 2012, 146 (4): 393 – 415.

Morgan, J. M., Reynolds, C. M., Nelson, T. J., et al., "Tales from the Fields: Sources of Employee Identification in Agribusiness", *Management Communication Quarterly*, 2004 (17): 360 – 395.

Nahrgang, J. D., Morgeson, F. P., Ilies, R., "The Development of

Leader – Member Exchanges: Exploring How Personality and Performance Influence Leader and Member Relationships over Time", *Organizational Behavior and Human Decision Processes*, 2009, 108 (2): 256 – 266.

Nippert – Eng Christena E., *Home and Work: Negotiating Boundaries Through Everyday Life*, Chicago: University Chicago Press, 1996.

Olson – Buchanan, J. B., Boswell, W. R., "Blurring Boundaries: Correlates of Integration and Segmentation between Work and Nonwork", *Journal of Vocational Behavior*, 2006, 68 (3): 432 – 445.

Parasuraman, S., Greenhaus, J. H., "Toward Reducing Some Critical Gaps in Work – Family Research", *Human Resource Management Review*, 2002, 12 (3): 299 – 312.

Powell, G. N., Greenhaus, J. H., "Sex, Gender, and Decisions at the Family – Work Interface", *Journal of Management*, 2010, 36 (4): 1011 – 1039.

Powell, G. N., Greenhaus, J. H., "Sex, Gender, and the Work – to – Family Interface: Exploring Negative and Positive Interdependencies", *Academy of Management Journal*, 2010, 53 (3): 513 – 534.

Powell, G. N., Greenhaus, J. H., Allen, T. D., et al., "Introduction to Special Topic Forum: Advancing and Expanding Work – Life Theory from Multiple Perspectives", *Academy of Management Review*, 2019, 44 (1): 54 – 71.

Preacher, K. J., Hayes, A. F., "SPSS and SAS Procedures for Estimating Indirect Effects in Simple Mediation Models", *Behavior Research Methods, Instruments & Computers*, 2004, 36 (4): 717 – 731.

Rhoades, L., Eisenberger, R., "Perceived Organizational Support: A

Review of the Literature", *Journal of Applied Psychology*, 2002, 87 (4): 698 – 714.

Rhoades, L., Eisenberger, R., Armeli, S., "Affective Commitment to the Organization: The Contribution of Perceived Organizational Support", *Journal of Applied Psychology*, 2002, 86 (5): 825 – 836.

Riggle, R. J., Edmondson, D. R., Hansen, J. D., "A Meta – Analysis of the Relationship between Perceived Organizational Support and Job Outcomes: 20 Years of Research", *Journal of Business Research*, 2009, 62 (10): 1027 – 1030.

Robertson, I. T., Cooper, C. L., "Full Engagement: The Integration of Employee Engagement and Psychological Well – Being", *Leadership and Organization Development Journal*, 2010, 31 (4): 324 – 336.

Rothbard, N. P., "Enriching or Depleting? The Dynamics of Engagement in Work and Family Roles", *Administrative Science Quarterly*, 2001, 46: 655 – 684.

Ruderman, M. N., Ohlott, P. J., Panzer, K., et al., "Benefits of Multiple Roles for Managerial Women", *Academy of Management Journal*, 2002, 45 (2): 369 – 386.

Russo M., Buonocore F., Carmeli A., et al., "When Family Supportive Supervisors Meet Employees' Need for Caring: Implications for Work – Family Enrichment and Thriving", *Journal of Management*, 2018, 44 (4): 1678 – 1702.

Scandura, T. A., Williams, E. A., "Research Methodology in Management: Current Practices, Trends, and Implications for Future Research", *Academy of Management Journal*, 2000, 43 (6): 1248 – 1264.

Schaffer, B. S., Riordan, C. M., "A Review of Cross – Cultural Methodologies for Organizational Research: A Best – Practices Approach", *Organizational Research Methods*, 2003, 6 (2): 169 – 215.

Shapiro, J. A. M., "New Developments in the Employee – Organization Relationship", *Journal of Organizational Behavior*, 2003, 24 (5): 443 – 450.

Shore, L. M., Tetrick, L. E., Lynch, P., et al., "Social and Economic Exchange: Construct Development and Validation", *Journal of Applied Social Psychology*, 2006, 36 (4): 837 – 867.

Sieber, S. D., "Toward a Theory of Role Accumulation", *American Sociological Review*, 1974, 39 (4): 567 – 578.

Siu, O., Lu, J., Lu, C., et al., "Testing a Model of Work – Family Enrichment: The Effects of Social Resources and Affect in Academy of Management Proceedings", *Academy of Management*, 2011, 11 (1): 1 – 6.

Siu, O. L., Lu, J. F., Brough, P., et al., "Role Resources and Work – Family Enrichment: The Role of Work Engagement", *Journal of Vocational Behavior*, 2010, 77 (3): 470 – 480.

Sonnentag, S., "Psychological Detachment from Work During Leisure Time: The Benefits of Mentally Disengaging from Work", *Current Directions in Psychological Science*, 2012, 21 (2): 114 – 118.

Stanton, J. M., Sinar, E. F., Balzer, W. K., et al., "Issues and Strategies for Reducing the Length of Self – Report Scales", *Personnel Psychology*, 2002, 55 (1): 167 – 194.

Straub, C., "Antecedents and Organizational Consequences of Family Supportive Supervisor Behavior: A Multilevel Conceptual Framework for Research", *Human Resource Management Review*, 2012, 22 (1): 15 – 26.

Tang, S. W., Siu, O. L., Cheung, F., "A Study of Work – Family Enrichment among Chinese Employees: The Mediating Role between Work Support and Job Satisfaction", *Applied Psychology*, 2014, 63 (1): 130 – 150.

Taylor, B. L., Del Campo, R. G., Blancero, D. M., "Work – Family Conflict/Facilitation and the Role of Workplace Supports for US Hispanic Professionals", *Journal of Organizational Behavior*, 2009, 30 (5): 643 – 664.

Tement, S., Korunka, C., "Does Trait Affectivity Predict Work – to – Family Conflict and Enrichment beyond Job Characteristics?", *The Journal of Psychology*, 2013, 147 (2): 197 – 216.

ten Brummelhuis, L. L., Bakker, A. B., "A Resource Perspective on the Work – Home Interface: The Work – Home Resources Model", *American Psychologist*, 2012, 67 (7): 545 – 556.

Tsui, A. S., "Editor's Introduction Autonomy of Inquiry: Shaping the Future of Emerging Scientific Communities", *Management and Organization Review*, 2009, 5 (1): 1 – 14.

van Bavel, J., Schwartz, C. R., Esteve, A., "The Reversal of the Gender Gap in Education and Its Consequences for Family Life", *Annual Review of Sociology*, 2018, 44: 341 – 360.

van Steenbergen, E. F., Kluwer, E. S., Karney, B. R., "Work – Family Enrichment, Work – Family Conflict, and Marital Satisfaction: A Dyadic Analysis", *Journal of Occupational Health Psychology*, 2014, 19

(2): 182.

Voydanoff, P., "Incorporating Community into Work and Family Research: A Review of Basic Relationships", *Human Relations*, 2001, 54: 1609 –1637.

Wayne, J. H., Casper, W. J., Matthews, R. A., et al., "Family – Supportive Organization Perceptions and Organizational Commitment: The Mediating Role of Work – Family Conflict and Enrichment and Partner Attitudes", *Journal of Applied Psychology*, 2013, 98 (4): 606 –622.

Wayne, J. H., Grzywacz, J. G., Carlson, D. S., et al., "Work – Family Facilitation: A Theoretical Explanation and Model of Primary Antecedents and Consequences", *Human Resource Management Review*, 2007, 17 (1): 63 –76.

Wayne, J. H., Musisca, N., Fleeson, W., "Considering the Role of Personality in the Work – Family Experience: Relationships of the Big Five to Work – Family Conflict and Facilitation", *Journal of Vocational Behavior*, 2004, 64 (1): 108 –130.

Wayne, J. H., Randel, A. E., Stevens, J., "The Role of Identity and Work – Family Support in Work – Family Enrichment and Its Work – Related Consequences", *Journal of Vocational Behavior*, 2006, 69 (3): 445 –461.

Wayne, Julie H., et al., "Predictors and Processes of Satisfaction with Work – Family Balance: Examining the Role of Personal, Work, and Family Resources and Conflict and Enrichment", *Human Resource Management*, 2020, 59 (1): 25 –42.

Wayne, S. J., Shore, L. M., Liden, R. C., "Perceived Organizational

Support and Leader – Member Exchange: A Social Exchange Perspective", *Academy of Management Journal*, 1997, 40 (1): 82 –111.

Winkel, D. E., Clayton, R. W., "Transitioning between Work and Family Roles as a Function of Boundary Flexibility and Role Salience", *Journal of Vocational Behavior*, 2010, 76 (2): 336 –343.

Witt, L. A., Carlson, D. S., "The Work – Family Interface and Job Performance: Moderating Effects of Conscientiousness and Perceived Organizational Support", *Journal of Occupational Health Psychology*, 2006, 11 (4): 343 –357.

Wu, C., Hunter, E. M., Sublett, L. W., "Gaining Affective Resources for Work – Family Enrichment: A Multisource Experience Sampling Study of Micro – Role Transitions", *Journal of Vocational Behavior*, 2021, 125: 103 –541.

Yedirira, S., Hamartab, "Emotional Expression and Spousal Support as Predictors of Marital Satisfaction: The Case of Turkey", *Educational Sciences: Theory & Practice*, 2015, 6: 1549 –1558.

Zhang, H., Kwong Kwan, H., Everett, A. M., et al., "Servant Leadership, Organizational Identification, and Work – to – Family Enrichment: The Moderating Role of Work Climate for Sharing Family Concerns", *Human Resource Management*, 2012, 51 (5): 747 –767.

Zhang, H., Zhou, X., Wang, Y., et al., "Work – to – Family Enrichment and Voice Behavior in China: The Role of Modernity", *Frontiers of Business Research in China*, 2011, 5 (2): 199 –218.

Zhang, Y., Xu, S., Jin, J., et al., "The Within and Cross Domain Effects of Work – Family Enrichment: A Meta – Analysis", *Journal of*

Vocational Behavior, 2018, 10 (4): 210 -227.

Zheng, X. M., Zhu, W. C., Zhao, H. X., et al., "Employee Well - Being in Organizations: Theoretical Model, Scale Development, and Cross - Cultural Validation", *Journal of Organizational Behavior*, 2015, 3662: 1 -644.